Collection dirigée par Jeannine Balland

Les révoltés de décembre

DU MÊME AUTEUR

Editions Seghers-Laffont :

L'épopée des Vaudois. Couronné par l'Académie française, 1976.
L'épopée des Camisards. Sélectionné par le Club Pour Vous-Hachette.
La Provence des rebelles.
Le dieu aux pommes d'or.

Editions Horizons de France :

Les Alpilles, au cœur de la Provence. Collection Visages du Monde. Introduction de Jean Giono.
Durance et Lubéron, Provence inconnue. Même collection. (Grand Prix rhodanien de littérature, 1959)
Ventoux et Comtat Venaissin.

Chez d'autres éditeurs :

Voici la Provence. Flammarion.
Sur les traces d'Hercule. Editions des Deux-Mondes.
La Provence sous le mistral. Illustrations d'Auguste Chabaud, Editions Les Chants du Rhône, réédition par Editions de Culture provençale, Raphèle-les-Arles.
L'eau d'amour. Carnet I, Jeheber.
Eglises et chapelles de Provence. Pays d'Arles, dans le tome régional du *Dictionnaire des églises.* Robert Laffont.
Eygalières et Mollèges. Des origines au XVIe siècle. C.N.R.S.
Eygalières-en-Provence. Contributions aux études méditerranéennes. Couverture de Mario Prassinos.
La cathédrale Saint-Trophime d'Arles. Editions du Cadran.
Les hôtels et les fontaines d'Aix-en-Provence. Editions du Cadran.
Le chemin des écoliers. Carnet II, Mistral, Cavaillon.
Noël en Provence. Lions International. Illustrations de Roland Oudot et de Mario Prassinos. Hors commerce.
Le voyageur de Provence. Hachette.
La Provence près du ciel. Illustrations d'Yves Brayer. Mistral, Cavaillon.
Les châteaux des Bouches-du-Rhône. Nouvelles Editions latines. Prix du Tourisme rhodanien.
Les Alpilles. Editions de Culture provençale et méridionale.
Le Ventoux et le Comtat Venaissin. Editions F. Lanore.
Les contrebandiers de l'Evangile. Roman. Editions F. Lanore.
Les belles heures du Pays d'Arles. Editions Jeanne Laffitte.
Provence du souvenir. Albin Michel.
La Provence et l'amour. Editions F. Lanore.
Entre l'eau et le vent... Aquarelle-frontispice d'Yves Brayer (exemplaires numérotés hors commerce). Chez l'auteur.
« *Rencontres...* » E. Barthélemy, Avignon.

En souvenir de ma mère, Solange Arnaud-Pezet.
Pour ma femme et mes enfants.

Le Pays Bleu dans lequel j'ai vécu n'a plus la couleur de l'espérance. Les personnages de ce roman seraient-ils les derniers amis qui m'entourent encore de lumière ?

M. P.

Première Partie

LES CHEMINS DE L'OMBRE

1

Robert Serre, compagnon du devoir, cheminait en cette fin janvier 1847 sur la route de Montluçon. La neige avait retardé sa marche. Un ciel bas et gris annonçait à nouveau le mauvais temps. Il avait hâte de rejoindre la prochaine Mère[1] où il avait fait étape, un an auparavant, en se rendant à Buzançais d'où, presque à la fin de son apprentissage chez un maître menuisier, il avait dû s'enfuir, au moment de la révolte.

L'étape était à Néris, petite bourgade à une heure de marche de Montluçon. Le jour baissait. Un vent de bise soufflait, venant des hauteurs, soulevant la neige. Avec son sac, lourd de ses outils, malgré ses vingt ans et son courage, il ne put arriver avant la nuit à l'Accueil.

Il aperçut une grange au bord de la route et s'y installa, inquiet malgré tout, car la région n'était pas sûre : détrousseurs de voyageurs égarés, diligences attaquées par des brigands qui ne reculaient pas devant le crime ne rassuraient pas les honnêtes gens, et même Serre-Cœur-Fidèle, le compagnon menuisier qui avait pourtant l'habitude des rixes entre compagnons de métiers différents.

La grange à demi remplie de paille était assez loin de la ferme dont on devinait le toit de chaume et la cheminée laissant échapper un ruban de fumée. D'un coup d'épaule,

1. Hôtellerie du compagnonnage.

il se débarrassa de son sac et planta son bâton de compagnon dans le sol.

Tout à coup, un homme jeune sauta non loin de lui, saisit son baluchon, prêt à s'enfuir.

— Holà ! cria Serre. N'aie crainte, l'ami ! Je ne suis ni un brigand ni un vagabond !

L'homme, indécis, s'apprêtait à quitter les lieux malgré les assurances reçues, mais Serre, avec force, renouvela ses bonnes intentions :

— Je suis Cœur-Fidèle, un apprenti menuisier !

L'homme, alors, s'approcha. La blancheur de la neige amoncelée sur l'aire envoyait des reflets dans la pénombre de la grange. Le compagnon alla à la rencontre de l'inconnu, grand et sec, un visage dur, dont les cheveux et la vareuse étaient garnis de fétus de paille.

— Je me dirige vers Néris, non loin d'ici. J'ai dû fuir ; mon maître était avec les révoltés de Buzançais, et j'ai eu peur d'être arrêté à mon tour. Et toi, d'où viens-tu ? interrogea Serre.

— De Buzançais, laissa tomber gravement l'homme, après un instant de silence. Je travaillais aux Grandes Forges, avec mon père et mon frère aîné. Tous deux ont été arrêtés. Mon père a été fusillé et mon frère emprisonné.

— Est-ce possible ! Tu es donc de ce pays qui m'a accueilli il y a un an, et où les ouvriers n'arrivaient pas à nourrir leur famille !

— C'est terrible, la faim. Nous étions cinq dans la famille. Ma mère et ma jeune sœur se sont réfugiées chez le grand-père, à la campagne. J'ai dû fuir, comme toi ; j'étais parmi ceux qui ont brisé les machines.

— Quel est ton nom ?

— Michot Paulien. Je vais avoir vingt-cinq ans dans quelques jours. Triste anniversaire... murmura le jeune ouvrier, accablé, en s'asseyant sur un billot de bois, la tête entre les mains.

— Michot... oui, je crois avoir déjà entendu ce nom. Le Maître connaissait ton père. Ils se rencontraient dans une ferme avec d'autres, ceux au ventre vide, qui ne pouvaient plus s'acheter de pain. Ils ont fini par piller les réserves des « Gros ». Je ne t'ai jamais rencontré, à Buzançais. Le dimanche, je me rendais à un bourg, où un compagnon, Gavot comme moi, était en apprentissage. Je suis né à Manosque. J'ai encore mes vieux là-bas. Mon père est cordonnier. C'est lui qui a fabriqué mes godillots. Regarde ! C'est du solide ! fit le compagnon en montrant l'un de ses gros souliers en levant le pied.

Le proscrit, machinalement, releva la tête. Son regard ne fit qu'effleurer le pied, puis le visage de son compagnon, pour se porter vers l'arc de l'ouverture où se découpaient la plaine et les arbres recouverts de neige.

Serre le laissa à sa douleur, en disant simplement :

— Viens partager la miche et le fromage.

Michot ne bougea pas. Il se redressa, releva le col de sa vareuse, passa lentement ses mains sur ses joues rougies par le froid, crispées par la douleur, posa un instant la main sur l'épaule de son compagnon, puis se jeta sur la litière qu'il avait brusquement abandonnée quelques instants auparavant.

L'aube pointait à peine lorsque Serre se réveilla, enfoncé dans la paille.

Son compagnon était déjà debout. Sa silhouette noire se détachait à l'entrée de la grange, immobile devant la blancheur qui s'étendait vers les monts. Serre vint près de lui.

— Si tu le veux bien, nous allons faire route ensemble. Justine, la mère aubergiste, nous accueillera. Nous prendrons un peu de vrai repos. Avec cette neige qui recouvre tout, il ne faudra pas s'égarer.

— Je connais, répliqua Michot, plus détendu que la veille. Il n'y aura qu'à suivre la ligne des ormeaux qui bordent l'ancienne route et, à tout prix, éviter Montluçon. Toi, tu ne risques rien ! En ce qui me concerne, la police a mon signalement, certainement transmis par la préfecture de Châteauroux.

— Il faut arriver à Néris avant le milieu du jour. Il ne neige plus. Avant de partir, partageons les provisions qui me restent.

Après ce maigre repas, ils s'enfoncèrent rapidement dans la vallée, en suivant les lignes d'arbres. Au loin, devant eux, ils aperçurent les premières habitations de Montluçon.

Malgré le froid et le verglas, des charretiers sortaient de la ville. Ils évitèrent l'agglomération et, vers midi, ils atteignirent la petite bourgade de Néris.

Ils n'étaient plus qu'à une centaine de mètres de l'auberge lorsqu'un homme grand et maigre, baluchon accroché à une longue canne, venant en sens inverse, de l'autre côté de la Mère, s'arrêta à vingt mètres de distance et les interpella :

— Compagnons ? cria-t-il, en brandissant sa canne.

Comme il ne reçut pas de réponse, il continua :

— Quel côté ? Quel devoir ? en s'adressant plus particulièrement à Serre, en qui il reconnut un compagnon.

— Compagnon du devoir, Cœur-Fidèle ! finit par répondre Serre.

Michot, se sachant recherché, s'était mis à l'écart, préférant ne pas attirer l'attention sur lui.

— Vous n'êtes donc pas ouvrier ? dit l'homme avec arrogance.

— Non !

— En ce cas, vous n'êtes pas compagnon ! reprit l'étranger, avec plus d'arrogance encore.

— Je suis compagnon, je finis mon Tour.

— Drôle de Tour.

— Ne m'insultez pas !

— Si vous avez du cœur, Cœur-Fidèle, reprit l'homme avec mépris, pour quelles raisons refusez-vous le topage [1] ?

— J'ai mes raisons pour cela.

— Tope, coterie ! Quelle vocation ? s'écria l'homme bâti en athlète.

A cette interpellation, Serre, à qui les lois de sa Société défendaient le topage, en arborant le ruban de paix, s'abstint de répondre et continua de marcher droit à son adversaire. Le combat semblait inévitable. Michot était décidé à prendre des risques pour aider son nouvel ami.

1. Accord, signe d'amitié que deux hommes se témoignent en frappant de la main celle de l'autre, ouverte, tendue en avant.

Serre avançait toujours. Lorsqu'il ne fut qu'à quelques mètres de l'étranger, celui-ci, dont la longue canne était prête à frapper, cria à nouveau :

— Vous l'aurez voulu ! Entre compagnons, on se doit la main tendue du compagnon. Et celui-là ? questionna-t-il en désignant Michot qui s'était débarrassé de son sac, prêt à intervenir.

— C'est un révolté de Buzançais qui a la police à ses trousses.

L'homme s'avança vers Michot.

— Tope là, toi aussi. Je suis pour Dieu, mais plus encore pour les crève-la-faim. Pour Dieu et la République !

Justine et son mari étaient sur le seuil de l'auberge. Ils savaient qu'il ne fallait pas intervenir dans les différends entre compagnons. Ils furent heureux de constater, à l'attitude des trois hommes, que cela se terminait bien. Et c'était peut-être rare.

— Entrez, les hommes ! Vous pataugez dans la neige. C'est une mélasse, le temps se radoucit, dit Justine, du pas de la porte.

Tous trois ajustèrent leurs sacs et entrèrent dans la salle, suivis par l'homme et la femme.

— Cœur-Fidèle !

— Morvandais-Sans-Crainte ! firent les deux compagnons en embrassant la Mère.

— « Les hommes qui n'ont pas d'amis sont bien malheureux sur la terre... » entonna d'une voix mâle le Morvandais.

— Paulien Michot, de Buzançais, dit l'ouvrier proscrit.

— Ah ! tu viens de là-haut. Quelle misère, mon petit gars ! Bordelais-Cœur-Aimable, de passage hier, m'a tout raconté. Firmin, va tirer deux seaux d'eau du puits et verse-les dans la grande bassine, et place-la sur le feu, afin qu'ils fassent toilette. Je vois qu'ils en ont grand besoin.

— Tu as raison, la Mère. On ne sent pas encore le sauvage, mais ça ne va pas tarder, répliqua en riant le Morvandais, en s'asseyant sur un banc près de l'âtre.

— Après l'eau, apporte ton ratafia. On a besoin de remontant avant tout ! Puis on se « calera » avec ta soupe au lard et ton jambon.

— D'accord ! affirma Serre.

« Toilette et pitance
Sont à notre convenance ! »

— Mais c'est qu'il est poète, celui-là ! dit en riant Firmin, chargé de deux seaux ruisselants dont l'eau éclaboussait sur son ventre avantageux et sur ses sabots.

Coup de remontant avalé, toilette faite dans la cuisine, pitance largement honorée avec quelques chopines, la vie devint plus belle pour les trois hommes perdus, en ce rude hiver, sur les routes de France.

Après le repas et le repos devant les flammes vinrent les confidences, les projets...

— Je rentre à Manosque, expliqua Serre. Il y a plus d'un an que je n'ai pas vu mes anciens et mes amis qui se préparent pour le grand jour et la délivrance. Les Gavots ont le cœur ardent.

— J'en conviens, compagnon du devoir. Par délivrance, tu veux parler de cette République qui s'annonce ?

— Oui, Morvandais !

— Si c'est la fraternité, j'en veux bien. Dans mon Tour, autrefois, j'en ai rencontré des hommes et des femmes, des nantis et des malheureux. Parmi eux, il y avait des Rouges et des Blancs, comme vous dites en Provence. Mon expérience m'a appris que la politique n'est rien ; le vrai, ce sont les hommes qui le font. J'ai connu des royalistes, des Blancs, comme tu dis, charitables, et qui essayaient de soulager la misère, et des Rouges qui trahissaient leurs amis. Le compagnonnage, pour moi, c'est une bonne école de la vie.

» Tel que vous me voyez, avant d'être compagnon, je me suis engagé, et j'ai servi sous les ordres du duc d'Aumale, l'un des fils du roi. C'était notre dieu, pour nous, dans nos vingt ans. Il fallait le voir à la tête de ses troupes, superbe sur son cheval noir, sans casquette de général, mais fonçant, sabre au clair, au milieu des combats, sous la mitraille.

» Je l'ai revu un jour à Mâcon avec Joinville, son frère. Les autres, je ne les connais pas, mais lui aurait dû être roi ; à la place de ce « mou » qu'est son père. D'ailleurs, il n'aime plus la Cour, il est digne de ses ancêtres Condé.

— Vous êtes donc royaliste ? interrompit Michot, surpris.

— Non, je suis pour le peuple qui souffre, mais des hommes tels que ce prince ne peuvent exploiter le pauvre monde. Ce qu'il faut, c'est que nos dirigeants soient bien conseillés, contrairement à ceux qui profitent autour du roi.

— La République supprimera les privilèges, affirma Michot. Chez nous, en Berry, les « Gros » exploitent les ouvriers, les paysans. Ce ne sont pas ceux qui travaillent qui mangent à leur faim. Pour un peu de pain, mon père a été fusillé.

— Je partage ta souffrance, crois-moi, mon gars. J'ai tant vu de misères en parcourant les routes. Je reviens du Midi et rentre pour toujours dans mon village du Morvan où je reprendrai mon métier de tailleur de pierre. Le voyage que je viens de m'offrir, c'est en quelque sorte un Tour d'Honneur avant la vieillesse, pour revoir des compagnons établis, des jeunes qui, malgré les dures lois du compagnonnage, parcourent la France pour mieux apprendre leur métier. Ils transmettent les consignes, leur idéal de justice, malgré la rigueur des règles du compagnonnage, que Perdiguier, notre maître, désire perpétuer.

» Malgré tout, le Tour m'a appris la sagesse, et je me souviens d'une page d'un vieux livre que m'avait prêté le curé de mon village. Il datait d'avant la grande révolution. L'auteur était un philosophe qui s'appelait Montesquieu. Dans ce passage, il était écrit : « Toutes les Républiques sont bonnes, mais elles ne valent que par ce que valent les républicains », c'est-à-dire les hommes.

— C'est très juste, répondit Serre. C'est pour cela qu'il faudra éduquer le peuple, rendre les hommes plus vertueux pour mériter la République, bien savoir la représenter lorsque arrivera le suffrage universel.

— Assez de politique ! La Mère, apporte-nous encore un peu de ton ratafia ! Nous passerons la nuit ici.

— Ce n'est pas dangereux ? s'inquiéta Michot.

— Rassure-toi, fit l'aubergiste en versant l'alcool dans les gobelets, la police évite de se frotter aux compagnons.

Le lendemain, après une bonne nuit de repos, dans un vrai lit, les trois hommes se séparèrent.

Le ciel était bleu et le soleil faisait briller les cristaux de neige qui, pendant la nuit, s'étaient à nouveau durcis sur les branches. Des chandelles de glace pendaient au toit de l'auberge.

Après avoir embrassé la Mère et son homme, tous trois restèrent un moment silencieux, et l'Ancien fut le premier à rompre le silence :

— Bonne route, les amis ! Excuse ma brutalité du premier moment, Cœur-Fidèle, et toi, Michot, bon vent pour la République, afin que tous les hommes se tendent un jour la main !

— Si tu reviens un jour à Manosque, arrête-toi à la place de la Fontaine. Il n'y a qu'un cordonnier, c'est mon père !

— J'aimerais bien revoir la chapelle de Toutes Aures, de Tous les Vents, où j'ai sculpté ta belle pierre de Provence. Et toi, Serre, où iras-tu, après Manosque ?

— Je suis attendu chez un Dignitaire de Toulon qui doit m'employer en menuiserie.

— La pierre, le bois, leur donner une âme, de la chaleur de nos doigts et de notre cœur, c'est encore plus vrai que la République, compagnon !

Serre dressa son bâton au ruban vert en signe d'adieu et de paix, puis se retourna vers le soleil, vers la route du Sud, en prenant Michot par le bras.

Malgré le temps vif, le soleil brillait. Des bribes d'un chant leur parvenaient. C'était de la joie lancée vers le ciel par Morvandais-Sans-Crainte, qui avait sans doute hâte de retrouver son village dans son Morvan natal.

— Je la connais, dit Serre qui avait entendu quelques paroles emportées par le vent. Les Anciens la fredonnaient parfois à la fin de leur Tour :

Jadis, sur le beau Tour de France,
Je promenais mes pas errants,
Je n'allais pas en diligence,
J'avais deux jambes et vingt ans,
J'avais alors bonne prestance,
Travail, amour, et l'âge heureux :
Je n'ai gardé que l'espérance,
Bon pied, bon œil et cœur joyeux.
Ami, sur ce beau Tour de France,
J'ai bien lassé mes pieds poudreux ;
Dans les chantiers de la Provence
J'ai fatigué mes bras nerveux ;
Dans les rêves de la science
J'ai consumé mon âge heureux ;
Dans les bras de la Providence
Je repose mon cœur pieux.

Serre-Cœur-Fidèle avait convaincu son compagnon de le suivre dans les Basses-Alpes.

— Tu verras, lui avait-il dit, tu seras plus en sûreté chez les Gavots que dans le Centre. La police du roi a bien d'autres chats à fouetter, ces temps-ci. La cruelle répression de Buzançais a ému la France entière.

— Je vengerai mon père !

— La vengance est un plat qui se mange froid. Chez nous, on t'oubliera. Je te présenterai mes amis des Alpes. La résistance à l'oppression est bien organisée. Je t'introduirai dans des assemblées secrètes qu'on appelle « chambrées ».

— Chambrées, qu'est-ce que cela signifie ?

— Ce n'est pas la chambre à coucher, bien sûr, avait répondu Serre en riant, c'est l'ensemble des affiliés réunis dans un local. A l'époque où j'ai pris la route, les réunions se faisaient presque publiquement, dans des salles de café.

C'était en quelque sorte une « République au village », avait conclu Serre avec importance.

Les deux nouveaux amis se dirigèrent vers Lyon où Serre connaissait le propriétaire d'un coche d'eau où ils « prendraient » le Rhône pour rejoindre Avignon.

Après bien des haltes hospitalières jalonnant les routes suivies par les compagnons, ils arrivèrent à la fin de février à Lyon.

Ils eurent la chance de trouver le coche à quai.

— Te voilà, Cœur-Fidèle ! Toujours sur les routes, je constate ! Si je me souviens bien, nous nous étions rencontrés à Avignon, lorsque j'étais à quai. Tu as débarqué à Valence, c'est bien ça ?

— C'est exact. Je te présente un ami, Paulien Michot, un « forgeron » du Centre qui va travailler dans le Midi.

— Je n'ai pas encore de chaudière à vapeur sur ma « gondole », fit en riant le batelier. Par contre, j'ai besoin d'un menuisier pour me réparer un longeron qui mouille. Suis-moi.

Et tous deux descendirent dans la cale. Après examen de la fuite, Serre déclara :

— Il me faudra deux jours pour réparer.

— Je vais avertir un ami marinier afin qu'il nous aide à tirer avec un cheval l'avant du coche sur la plage de radoub. Au sec, tu pourras mieux travailler. Bien entendu, tu prendras tes repas avec nous. Ton ami « forgeur » peut rester, et vous profiterez gratuitement de la descente.

— C'est pas de refus. Ce que j'ai gagné comme apprenti diminue, et mon ami est sans ressources.

Serre ne s'étendit pas sur la situation délicate de Michot.

— Dans trois jours, il faut descendre. Le service voyageurs ne peut être interrompu longtemps. Sinon, la diligence reçoit nos clients. Nous aurons des arrêts à Valence, Pont-Saint-Esprit et Avignon.

— Tout dépend du marinier. Si on amène au sec, je répare, et dans deux jours vous pourrez prendre l'eau.

— Je vais tout de suite au quai des marchandises. Dans l'après-midi, j'espère « tirer » avec le cheval.

— En attendant, puis-je faire visiter le vieux Lyon à mon ami ?

— Bien sûr, compagnon ! Mais, pour le travail, ne sois pas en retard !

— Cœur-Fidèle n'a qu'une parole !

Quittant les quais du Rhône, les deux amis entrèrent dans la vieille ville. Des rues montueuses, caladées, comme en Provence, leur permirent d'atteindre la cathédrale Notre-Dame de Fourvière.

Sur la place, ils admirèrent le déploiement de l'ancienne métropole des Gaules.

— A Buzançais, mon père nous a raconté la révolte des canuts, ces ouvriers et ouvrières en soie qui ont brisé les nouveaux métiers à tisser qui, peu à peu, remplaçaient l'antique canette, d'où leur nom de canuts.

— Oui, des compagnons de la région, dont Lyonnais-La-Vertu, un Ancien qui était à Lyon à l'époque de la révolte, ont vécu cette flambée plus importante que celle de Buzançais. Ces ouvriers tisserands vivaient pour la plupart dans les quartiers pauvres de la Croix-Rousse. D'après Lyonnais-La-Vertu, ils étaient les plus malheureux de la terre : mal payés, se nourrissant à peine, ils avaient un teint pâle, un corps maigre. De l'atelier où ils travaillaient dix heures par jour ils se rendaient dans leurs taudis où, très souvent, si la famille était nombreuse, on n'avait qu'une mauvaise soupe et une tranche de pain sec pour la journée. La misère des misères, quoi ! ponctua Serre.

— A quelle époque cela se passait-il ? questionna Michot.

— En 1831. Il y eut un deuxième soulèvement en 1834, férocement réprimé par l'armée, comme la première fois. Certains émeutiers avaient même brandi le drapeau noir.

— Le drapeau des anarchistes !

— Oui, celui des sociétés secrètes. En Provence, tu rencontreras certainement des affiliés à ces *carbonari* qui désirent libérer leur patrie italienne. Lyonnais-La-Vertu m'avait appris que notre grand poète Lamartine, député de Mâcon, avait pris leur défense à l'Assemblée.

Michot fixa machinalement le bâton de compagnon de son nouvel ami, où était enroulé le ruban vert.

— Tu aimes mieux le vert que le noir, laissa-t-il tomber.

— C'est autre chose, c'est une autre espérance, et c'est mon Devoir qui me l'impose. En Provence, dans l'une des réunions des *Compagnons menuisiers du Devoir*, nous avons décidé que, quoi qu'il arrive, le vert serait notre ralliement, en cas de danger. Une fraternité que rien ne pourrait briser, un soutien jusqu'à la mort. Nous sommes peu, dans cette confrérie nouvelle, et nous en sommes fiers et prenons des risques en transgressant certaines de nos lois.

— Ruban-Vert, dit Michot, saisissant le bâton pour en caresser le ruban, je t'admire et suivrai toujours ta route : celle de l'honneur, du courage et de la fidélité.

Les deux amis, après avoir descendu le Rhône sans encombre jusqu'à Avignon, furent reçus chez un maître menuisier où Serre avait travaillé plusieurs semaines lors de son départ.

En cette capitale rhodanienne, il s'était également perfectionné dans l'art de l'ébénisterie. Son séjour avait été récompensé par les éloges du maître ; aussi, lui et Michot furent les bienvenus.

— Cœur-Fidèle, reviens-tu pour le Grand Concours du Saint Devoir de Liberté qui aura lieu la semaine prochaine ?

— Non, maître, nous avons parcouru une longue route. Je m'en retourne au village avec un ami.

— J'ai reçu en début d'année un Gavot comme toi. Il était de Barcelonnette. Il faisait route vers Bordeaux, après un arrêt à Montpellier, où il était attendu chez un Dignitaire. Ton ami est-il compagnon ? interrogea-t-il en désignant Paulien.

— Non ! Il a dû fuir de Buzançais en début d'année, et je l'ai invité à me suivre dans mon pays.

Le Dignitaire ne posa pas de questions concernant les raisons de la fuite de Michot.

— Nous avons la place pour vous loger tous les deux.

— Nous repartons demain ! Il va nous falloir trois ou quatre jours pour traverser les plateaux de Vaucluse. Nous préférons les chemins hauts que je connais bien.

— Je comprends... Ce soir, à notre grande table, nous recevons des compagnons de trois ordres : compagnons *reçus*, compagnons *finis*, et compagnons *invités*. On vous inscrira dans les invités.

A la fin mars, couverts de poussière, après avoir profité de l'hospitalité des fermes de la région du Ventoux, dépensé les quelques écus que Serre possédait encore, ils arrivèrent devant la porte Saunerie, ouvrant, au midi, les remparts de Manosque.

C'était à la fin du jour. Ils gravirent la rue Longue, s'arrêtèrent un instant sur la petite place de Notre-Dame de Romigier où jaillissait un jet d'eau au-dessus d'une vasque.

— C'est ici, sous ces ormeaux, que je jouais, enfant, fit Serre en s'approchant de la vasque ruisselante.

Michot avança à son tour, et tous deux, avant de continuer leur montée, rafraîchissant leur visage et leur gosier. Au fond de la place, deux vieilles vêtues de noir s'enfoncèrent sous le porche de l'église.

Ils rechargèrent leur sac sur les épaules. Quelques instants après, Serre entra dans le clair-obscur de la boutique de son père, suivi de son nouvel ami.

Le vieil homme, à la tête dégarnie, laissa tomber le tranchet qui raclait le bord d'un soulier appuyé contre sa poitrine. Il leva la tête et, par-dessus ses lunettes, reconnut son fils. Il se dressa, le soulier tomba dans la bassine d'eau où trempait une plaque de cuir.

— Père, bientôt nous serons réunis ! Mon Tour s'achève.

Et Serre se pressa contre son père dont les lunettes avaient glissé sur l'établi encombré de clous et de débris de cuir.

Une porte s'ouvrit au fond du couloir. Sa mère, toute menue, se précipita :

— C'est notre fils ! Que de jours, que de mois sans nouvelles !

— Nous avons eu deux fois de tes nouvelles, finit par articuler le père. En 1845, peu après ton départ, par un compagnon qui venait d'Avignon, et il y a six mois, par un roulier qui arrivait de Néris.

— Ce n'est pas facile d'envoyer des lettres. Le service des postes n'est pas régulier. Mais je pensais souvent à vous, à Manosque, à nos amis.

— Combien de fois le forgeron, notre voisin, nous a demandé de tes nouvelles !

— As-tu enfin terminé tes épreuves ? interrogea le père.

— Je suis attendu à Toulon, puis, après, ce sera le retour pour toujours ! Je pense pouvoir m'installer à Apt dans un an, le maître menuisier se fait vieux.

— Tu ne « rouleras » plus, j'espère ; et il faut bien un jour prendre femme. Dépêche-toi, on se fait vieux, et nous aimerions connaître notre bru avant de disparaître, dit la mère, qui n'avait pas lâché les mains de son fils.

— Et des petits Serre que vous nous amèneriez. Apt n'est pas très loin...

— Bien sûr !

Et le fils les entoura affectueusement de ses bras. Ils étaient à présent l'un contre l'autre. Le père avait ôté son tablier de cuir, et la mère, la tête appuyée contre l'épaule de son mari, essuyait ses joues humides avec son tablier noir.

Ils avaient été tellement surpris par la brusque apparition de leur fils qu'ils n'avaient point fait attention à Michot. Se ressaisissant le premier, le cordonnier se tourna vers l'étranger :

— Excusez-nous, il y a plus d'un an que Robert était parti pour son Tour. L'émotion nous a enlevé la politesse...

— Ce n'est rien. J'aimerais bien retrouver les miens, moi aussi, répondit Paulien, subitement soucieux.

— C'est un ami de Buzançais qui va travailler dans le Midi, coupa Serre. Il n'est pas compagnon, mais ceux qui m'attendent à l'Arsenal de Toulon vont sûrement lui trouver de l'embauche.

— C'est dur, vous savez, de se caser en ville, dit le vieux en se tournant vers Paulien.

Le compagnon ne s'attarda pas à conter les malheurs de son ami, pour ne pas effrayer ses parents. Lui aussi avait dû fuir, et, pour faire diversion, il entraîna Michot dans la petite cuisine qui s'ouvrait au fond du couloir. Rien n'avait changé depuis son départ : le fourneau noir, le petit placard, la table poussée contre le mur, près d'une fenêtre protégée de barreaux, quatre chaises au siège de bois. Une soupe gargotait dans une marmite en terre cuite.

— Tiens, prends ces verres ! fit Serre en les tendant à son ami, tandis qu'il sortait une bouteille de vin du placard.

Les deux vieux s'étaient assis et souriaient en contemplant les nouveaux venus.

— Dans la cour, il y a la pompe avec un morceau de savon de Marseille, au-dessus de la pile[1]. Après la « rinçolette » de rouge, nous ferons toilette, pas pour aller voir les filles, mais pour être en forme après une bonne nuit de repos.

— Louise est souvent venue aux nouvelles. Ses visites se sont un peu espacées, dit la mère.

— C'était une belle fille, bien ronde, comme je les aime, répliqua Serre. Qu'est-elle devenue ?

— Elle a pris homme, le ménage s'est installé à Forcalquier. Lui travaille aux champs, elle entretient la maison des fermiers.

— Je la regretterai. Mais on ne s'était rien promis, dit le garçon en remplissant à nouveau les verres.

— Une de perdue, dix de retrouvées ! clama Michot dont le visage s'éclaira d'un large sourire.

— Ce qui est plus important que tout, c'est le Cercle. Les républicains sont-ils toujours prêts pour le Grand Jour ? interrogea Serre.

— Toujours, et de plus en plus nombreux. Il y a même des femmes aussi ardentes que les hommes. Buisson, notre maire, préside souvent les assemblées. Les principaux chefs de la Montagne se sont réunis dernièrement à l'occasion de la foire de Mane.

— La Montagne ? interrogea Michot.

---

1. Bassin en pierre servant de déversoir.

— C'est la société la plus importante pour les républicains. A Paris, à Lyon, à Marseille et dans toutes les grandes villes, elle a des adhérents, des messagers qui transmettent non seulement les idées, les nouvelles, mais des ordres à exécuter lorsque Paris et les grandes centrales seront prêts pour chasser le roi et installer la démocratie !

— Tu crois vraiment que ce jour béni arrivera ? dit Michot.

— Je te l'ai expliqué tant de fois au cours de notre voyage. C'est une question de mois. Dans le Var, ce sont les plus fanatiques. Ils vont accueillir un révolté comme toi à bras ouverts.

Serre changea de sujet ; le père avait dressé l'oreille en entendant le mot révolté.

— Allons faire toilette dans la cour, avant que la nuit arrive ! clama-t-il pour faire diversion, et il entraîna Michot derrière lui.

— Vous vous changerez de chemise, dit la mère en s'avançant vers la porte donnant sur la cour. Depuis longtemps tout est rangé dans l'armoire de ta chambre, en attendant ton retour. Ton ami couchera dans le lit-cage.

Les deux jeunes hommes se dénudèrent. L'eau giclait de la pompe. Dans la pénombre, la mère les observait. Des rires fusaient chaque fois que l'un d'eux actionnait la pompe d'où l'eau, à grands jets, éclaboussait leurs torses.

Le séjour des deux amis fut plus long que prévu. Compagnon Cœur-Fidèle désirait rester avec les siens, ses amis. Il s'apercevait aussi qu'un début de bonheur transformait Michot, sensible à la fois à l'atmosphère familiale et à la filière des réunions manosquines. Il était emporté vers ce bonheur tranquille et vers cette fraternité à venir.

Michot unissait alors la mort de son père à ce combat, comme un sacrifice pour la République et pour les générations à venir.

Cependant, il fallut se résoudre au départ. Deux raisons essentielles, en cette fin avril, poussèrent les deux amis à quitter les Basses-Alpes.

Serre avait averti le Dignitaire des compagnons qu'il serait à Toulon dans le courant du mois de mai ; Michot désirait prendre contact le plus tôt possible avec Campdoras, l'un des chefs des chambrées du Var, afin d'avoir du travail et, surtout, de s'insérer dans ce front de combat du Midi où, inconnu des services de police, il pourrait mieux se glisser dans la chaîne de la résistance.

Par ailleurs, Buisson, le maire de Manosque, et Ailhaud les avaient chargés de transmettre des documents aux Varois, concernant les effectifs de cette Armée de l'Ombre des Alpes, qui devait agir en parfaite coordination avec ceux de la Provence-Basse, le moment venu.

Le cordonnier et sa femme se consolèrent de ce départ ; ils savaient désormais que leur fils était passé expert en l'art de la menuiserie et qu'il serait près d'eux s'il arrivait quoi que ce soit dans leur famille.

Si son titre de compagnon permettait un sauf-conduit permanent à Cœur-Fidèle, il n'en était pas de même pour Michot. Il aurait été regrettable qu'il se fasse prendre au moment où toute son ardeur, maintenue sans cesse par son ami, se fixait en cette Provence d'accueil où il désirait lutter pour la République.

C'est donc par des chemins écartés qu'ils traversèrent les monts et les plateaux du Haut Var, s'arrêtant en des lieux sûrs, conseillés par leurs amis de Manosque.

C'est ainsi qu'après des haltes et des arrêts chaleureux à Rians, à Varages, où ils furent reçus chez des artisans faïenciers, ils arrivèrent après six jours de voyage à Barjols.

En cette petite cité, célèbre par sa fête païenne des Tripettes, ils n'avaient aucune maison ou ferme amie à laquelle s'adresser, cette étape n'avait pas été prévue sur leur route.

Il s'était mis à pleuvoir ; des trombes d'eau les avaient empêchés de se diriger vers le hameau de Correns sur les rives de l'Argens.

Ils s'arrêtèrent donc à Barjols, bloqués par un violent

orage. Ils décidèrent de passer la nuit à l'auberge du Pont d'Or.

Serre avait reçu vingt francs de ses parents, et Michot avait travaillé chez un fermier pendant son séjour à Manosque. Ils n'étaient donc pas complètement démunis d'argent.

— Une fois n'est pas coutume. Nous allons faire les bourgeois, dit Serre.

— Et si on me demande mon identité, mon lieu de travail ? Je ne suis pas un compagnon, interrogea Michot, perplexe.

— Ne crains rien, rétorqua Serre en entrant dans la salle et en saluant avec son bâton au ruban vert.

Michot suivit. Une servante accorte vint les recevoir.

— Peut-on se restaurer et avoir une chambre ? demanda Serre.

— Je vais avertir le maître.

Un gros homme moustachu, serviette sur l'épaule, arriva du fond de la salle.

— Deux repas et une chambre ? Ici, on paie d'avance, dit-il avec méfiance. Compagnon du devoir, à ce que je vois, reprit-il en s'adressant à Serre.

— Compagnon menuisier du Devoir de Liberté !

— Ah oui ! de Liberté... répondit le gros homme en tortillant sa moustache. Et votre ami, compagnon aussi ?

— Il est attendu à l'Arsenal de Toulon pour être embauché comme chaudronnier.

— C'est bon ! Mais deux écus pour les repas et la nuit. Une seule nuit. Demain, c'est le jour de la diligence, et je ne peux pas vous garder plus longtemps. Il y a un « transport » important et deux gendarmes escortant la diligence, termina l'homme en scrutant le visage des deux arrivants.

Serre plaisanta :

— Nous ne sommes ni des brigands ni de mauvais payeurs.

Et il sortit deux écus de sa poche.

L'aubergiste les empocha prestement et héla la soubrette :

— Annette, conduis-les à la chambre du fond ; contrôle les lits et si les brocs sont pleins.

Annette, enjôleuse et souriante, obéit.

— Veuillez me suivre, les compagnons ! Ici on ne rit pas souvent, ajouta-t-elle avec un clin d'œil.

Pendant le repas frugal qui leur fut servi, l'aubergiste et sa femme les observèrent longuement. N'ayant rien à se reprocher, après s'être restaurés, ils se dirigèrent vers leur chambre.

Michot entra le premier. Serre allait le suivre quand la serveuse, en le frôlant, lui murmura :

— Dans un moment, je serai dans la chambre qui se trouve au fond. Tu n'auras qu'à te présenter, si ça te dit.

Serre ne répondit pas. Il entra dans la chambre à son tour et allait raconter le manège amoureux de la servante à son ami quand, au dernier moment, il se retint. Cela faisait des semaines qu'il était sans compagne. Il y avait bien eu quelques aventures au fil de ses haltes. A Buzançais même, il fréquentait de temps à autre une jeune Berrichonne mais, depuis, c'était l'abstinence ; de plus, c'était le printemps, cela vous remue toujours un homme jeune ; et sa Louise manosquine ne l'avait pas attendu.

Il n'y avait pas vraiment de lit et tous deux rangèrent leur sac près de leur paillasse respective. C'étaient simplement deux litières posées chacune sur un bâti de bois, avec des draps grossiers et une couverture.

— J'ai un « besoin », dit Serre lorsque son compagnon eut éteint le bougeoir.

Et il sortit...

Il longea le corridor et frappa à la porte du fond qui s'entrebâilla. La fille le fit entrer dans l'obscurité et l'attira à elle. Il sentit son corps recouvert par une seule chemise de nuit. La prise fut rapide et violente.

Après l'amour, Annette en riant le retint nu, maintenant sa tête entre ses cuisses.

— Tu es mon prisonnier, murmura-t-elle. Je te lâche si tu m'envoies le beau gars qui est avec toi.

— Il ne faut pas qu'il se montre trop. Il est en fuite...

— En fuite ? fit la fille en desserrant légèrement ses cuisses.

— Oui, il est poursuivi par la police.

— Ah ! Je vois... Je te laisse partir, mais c'est un écu. Que veux-tu, la vie est dure. Je ne gagne que la pitance et le logement. Il faut que je me débrouille.

— C'est bon, voici un écu, mais ne dis rien à personne.

— Bien sûr, amour. Si un jour tu reviens par ici, pense à ton Annette du Pont d'Or.

— Oui, d'accord, tu es une belle fille.

Et rapidement il s'éclipsa. C'est en regagnant leur chambre qu'il regretta cette confidence concernant la fuite de Michot.

Son absence avait été relativement brève, et son ami ronflait déjà lorsqu'il se jeta encore à demi vêtu sur sa couche.

De bon matin, des va-et-vient, des bruits de vaisselle les réveillèrent.

Malgré sa fatigue, Serre avait mal dormi. Il avait réfléchi aux conséquences de son imprudente confidence au sujet de son ami qui, déjà, était debout, avait sorti son rasoir et se taillait la barbe devant un morceau de miroir qu'il gardait toujours sur lui.

Ne pouvant garder son secret plus longtemps, Serre lui raconta sa brève étreinte avec la fille.

— Tu es un chaud lapin, déclara Michot en riant. J'aurais bien aimé l'avoir dans mon lit. Mais c'est un principe de Berrichon : ne pas chasser sur le terrain des autres.

— Il y a autre chose, dit Serre, gêné.

Michot se retourna, le visage ruisselant sous l'eau qu'il déversait à présent sur sa tête et son torse nu. Il se redressa et, tout en s'essuyant le corps, il interrogea son ami planté devant lui :

— Qu'est-il arrivé ?

— C'est ma faute ! C'est une drôle de garce ! Elle désirait faire l'amour avec toi...

— Il fallait venir me chercher ! On avait des lieues dans les jambes, mais avec ton consentement je me serais décidé !

— Oui, mais, sans prendre garde, j'ai simplement dit que

tu ne devais pas trop te faire remarquer et que tu avais la police à tes trousses.

— Ça, c'est autre chose. Mais qui pourrait me repérer dans ce coin perdu ?

Des hennissements de chevaux, des appels dans la cour indiquèrent l'arrivée de la diligence annoncée la veille par l'aubergiste.

Le soleil était déjà haut. Après les pluies diluviennes de la veille, c'était le printemps revenu, la gaieté des villageois qui s'interpellaient sur la route.

Les deux amis, sac au dos, s'apprêtaient à franchir le porche lorsqu'ils aperçurent les deux gendarmes qui escortaient le « transport » diriger leur regard vers eux, tandis que l'aubergiste les désignait de la main.

Serre et Michot furent saisis de stupeur. Certainement la servante avait rapporté la confidence de son amoureux d'un instant.

Les deux gendarmes se dirigèrent vers eux. Aussitôt ils bondirent au milieu de la route, traversèrent en courant un bosquet accroché au flanc d'une colline haute.

Les deux gendarmes sautèrent sur leur cheval, et une folle poursuite s'engagea.

Serre et Michot entendaient des appels au bas du ravin où coulait une rivière écumante. Leur sac les gênait et, pour mieux gravir la montagne, ils allaient s'en débarrasser lorsque Serre arrêta son ami :

— Les documents confiés par Buisson ! Nous n'avons plus le temps de nous arrêter pour les récupérer au fond de nos sacs ! Gardons-les. Nous pourrons arriver à Correns, chez ceux qui nous cacheront un certain temps.

Haletants, tous deux reprirent leur montée. Heureusement, la forêt de chênes était à présent plus épaisse.

Malgré cela, on entendait encore des appels sur les flancs de la montagne du Bessillon dans laquelle ils pourraient se cacher. Les gendarmes avaient dû abandonner leurs chevaux pour continuer la poursuite à pied.

Puis les appels se firent plus lointains.

A la fin du jour, harassés, ils se cachèrent dans une grotte dont l'entrée était obstruée par des fourrés épineux. Heureusement, ils avaient quelques provisions dans leurs sacs et une gourde pleine d'eau.

Serre, abattu, ne cessait de répéter :

— C'est ma faute ! Et cette garce qui nous a dénoncés !

— Ne te lamente plus ! On en verra d'autres ! Pense que dans quelques mois la France sera libérée de la monarchie ; et nous serons libres ! Libres, tu entends, et la justice sera la même pour tous !

— En attendant, on nous recherche. Il faut nous cacher pendant quelques jours. Reste dans la grotte, je vais explorer les alentours.

Serre se débarrassa de son sac, qu'il posa à terre contre la roche, en recommandant à son ami de ne pas sortir de son refuge.

Le soleil déclinait. Serre, après une heure de marche à travers la forêt, n'avait rencontré que solitude et silence.

Cela le réconforta ; sans aucun doute, les recherches avaient dû être abandonnées, mais lui et son compagnon ne pouvaient rester indéfiniment au fond d'une grotte.

Il s'était bien repéré, afin de pouvoir retrouver sans difficulté le chemin du retour.

Il allait revenir vers la grotte quand il lui sembla entendre un aboiement de chien de l'autre côté d'un ravin qui se trouvait devant lui.

Lentement, en prenant les plus grandes précautions, il se dirigea vers ces jappements de plus en plus nourris qui s'élevaient à présent d'en bas. Il franchit le ravin et un épais rideau de chênes. Tout à coup, il se trouva à l'orée d'une clairière. Il se plaqua au sol, retenant son souffle : un homme était assis sur un tronc, devant une cabane en bois.

Pipe aux dents, il semblait jouer avec un jeune chien qui farandolait autour de lui.

Non loin de là s'élevait un imposant monticule recouvert de mousse. D'un orifice central s'échappait de la fumée. Il n'y avait aucun doute : il s'agissait là d'une meule de charbonnier. Serre en connaissait plusieurs dans sa région. Il avait, dans son adolescence, aidé un de ces charbonniers italiens à dresser une meule avec des petits rondins taillés dans des branches de chêne, à les équilibrer en forme de cône, en laissant un tirage suffisant, afin que le bois se carbonise lentement pour devenir peu à peu ce charbon de bois, léger et apprécié, que l'Italien allait vendre par petits sacs à Manosque.

Toujours masqué par un fourré, il observa longuement l'homme, qui devait avoir une soixantaine d'années. Son visage buriné était paisible. Vêtu d'un pantalon serré aux chevilles, d'un sarrau noir maintenu par une ceinture de corde, il caressait à présent son chien à longs poils qui se frottait contre ses jambes repliées.

Serre hésita puis, avec assurance, avança lentement vers l'homme qui se dressa, une serpe à la main, dans un geste de défense. Le chien bondit en aboyant furieusement.

Le visage calme et résolu du jeune intrus détendit le charbonnier.

— *Cosa volete ?*

— Aucun mal, rassurez-vous, repartit en souriant Serre qui comprenait bien l'italien mais ne pouvait s'exprimer couramment en cette langue. Je suis compagnon du devoir, reçu en menuiserie. Avec un ami, nous nous sommes égarés.

Il s'était arrêté au milieu de la clairière. L'homme avança vers cet inconnu qui venait troubler sa vie solitaire. Il fit taire son chien et, après un moment d'hésitation, saisit la main que lui tendait Serre.

— *Sono carbonaro, venite con me nelle capana.*

Serre lui emboîta le pas et entra dans la cabane. Elle était meublée d'une vieille table sur laquelle se trouvait une bouteille de vin et de trois chaises en mauvais état.

— *In Primavera sono sempre qui, lavoro per un padrone de Correns. Tutti i quindici giorni vado a fare le proviste.*

Le charbonnier le fit asseoir. Serre, pour le mettre en confiance, lui expliqua qu'il connaissait le travail des *carbonari*.

Le Piémontais raconta alors, après avoir versé du vin dans deux gobelets, sa fuite d'Italie après une révolte à Turin contre le duc de Savoie qui, poussé par l'Eglise, persécutait les vaudois des vallées piémontaises, refuge, depuis des siècles, de ces « contrebandiers de l'Evangile » qui rejetaient les richesses et l'asservissement de Rome pour suivre les paroles du Christ dans leur pureté, pour les pauvres contre les riches.

Ravi d'entendre ces paroles, il n'eut plus aucun doute sur les bonnes intentions du charbonnier, et il relata leur fuite à travers la forêt.

— *Sono valdese, amico ! Sempre valdese de Torre Pellice ! Benvenuto i disgraziati. Vivo li Republicani !*

Après ces paroles généreuses et réconfortantes, tout joyeux, Serre s'en retourna pour annoncer la bonne aubaine à son compagnon.

Le soleil ne filtrait plus que timidement à travers la clairière lorsqu'ils arrivèrent à la cabane où le charbonnier les attendait.

— *Salute, figlio mio !* fit l'homme en embrassant Michot.

Ces affectueuses paroles, après la frayeur du matin, mirent du baume au cœur du Berrichon. Deux exilés : l'un qui se battait pour du pain et de la justice, l'autre pour sa foi, l'humilité et le partage.

Tandis que le vieux Piémontais ravivait de la braise sous une grille posée sur un socle de fer, pour faire griller trois saucisses commençant à grésiller, Serre se remémora un passage de la Bible que Lyonnais-La-Vertu lui récitait souvent :

« Il a écouté la parole des humbles, et il n'a pas méprisé leur prière. Car il a regardé du ciel sur la terre pour entendre les gémissements des captifs, et affranchir les fils de ceux qui ont été mis à mort. »

En cette soirée parfumée par les senteurs de la forêt, coupées par l'odeur plus âcre de la fumée de la meule, les trois hommes, après le repas, restaient silencieux.

Serre se souvenait de ces *carbonari*, la plus importante des sociétés secrètes, dont le rituel avait été repris par les compagnonnages de Franche-Comté et de Provence. La première orientation avait été chrétienne, antiabsolutiste et patriotique à la fois, avec un rituel proche de celui de la maçonnerie réglant les cérémonies initiatiques : le serment, le respect du secret.

Elle avait été en ses débuts le levain unificateur de ce *Risorgimento* qui devait conduire plus tard à l'unité italienne.

Après ce long silence, la fatigue provoquée par la fuite effrénée de la journée aidant, les deux amis avaient hâte de prendre du repos.

Le charbonnier les conduisit sous un abri en partie empli de paille et, enroulés dans une couverture, ils ne tardèrent pas à s'endormir.

Le lendemain, Serre et Michot aidèrent le charbonnier dans son travail.

Tout paraissait calme aux alentours. Dans deux ou trois jours, ils espéraient bien pouvoir gagner sans encombre la région du Var, afin de transmettre les rapports confiés par les Bas-Alpins à leurs amis varois. Par ailleurs, Serre était attendu par le Dignitaire à Toulon, et Michot devait trouver un emploi au plus vite.

La veille de leur départ, ils s'attardèrent plus longtemps après le repas du soir.

— Que représente cette gravure accrochée au-dessus de votre lit ? interrogea Michot.

— C'est le chandelier vaudois, dont la flamme entourée des sept étoiles est notre signe d'espérance, le symbole des vaudois, expliqua l'Italien qui s'exprima en français nuancé d'italianisme, pour répondre à Michot.

— Il est orné d'une belle devise : *Lux Lucet in Tenebris*, remarqua Serre.

— Oui, la lumière brille dans les ténèbres. Elle figure dans toutes les bibles vaudoises. J'en possède une très ancienne, écrite en langue provençale, la langue des vaudois. Notre Maître, Pierre Valdo, il y a des siècles, fit traduire les Ecritures en langue populaire, afin que tous, par nos Barbes, nos Conducteurs, dans les vallées et à travers l'Europe, connaissent la vraie foi, la seule, celle du Christ qui enseigne charité, amour et partage. Et l'Eglise de

Rome, entourée de richesses, d'intolérance, s'était éloignée de la pureté évangélique.

» Nos ancêtres vaudois furent brûlés sur les bûchers de l'Inquisition, traqués à travers l'Europe. Dans nos veillées, en Piémont, on raconte la vie de ces persécutés qui se réunissaient dans des granges isolées, dans des grottes. Près de mon village se trouve encore l'un de ces refuges, *La chiesa della Tana* (l'église de la Grotte).

— Les premiers vaudois étaient donc du canton de Vaud, en Suisse ? fit Serre qui buvait les paroles du vieil homme.

— Non, vaudois vient de Valdo, un riche Lyonnais qui, après avoir entendu la complainte d'un ménestrel sous l'une de ses fenêtres, décida de partager tous ses biens entre les pauvres de la grande cité de la soie.

— C'est merveilleux ! s'écria Michot. Des hommes ont souffert, mais d'autres ont essayé de les réconforter et de les libérer dans la fraternité !

— Oui, et la lumière de notre humble chandelier pourrait aussi devenir la grande clarté de votre prochaine République !

— Espérons-le !

Le lendemain, au lever du jour, les deux hommes firent leurs adieux au charbonnier. Le calme de la forêt, l'accueil du Piémontais les avaient ragaillardis.

Sac sur l'épaule, ils atteignirent vers le milieu du jour les rives de l'Argens et, par le vallon Sourn, fleuri de pâquerettes, la bourgade de Correns aux murailles couleur de miel.

— Il ferait bon vivre dans ce coin de paradis, déclara Michot, lorsqu'ils franchirent le vieux pont jeté sur la rivière écumante.

— Ton Berry a également de beaux paysages, du charme et une âme profonde. Le cœur de la France bat vers la Loire.

— Pour nous, mineurs, forgeurs, ouvriers d'usine, on n'a jamais ce soleil, cette lumière, et ça, vois-tu, c'est de la joie dans le ciel.

— Bien sûr, notre mer nous a permis tant de rencontres avec d'autres hommes ! Il y a sûrement de l'amour dans la lumière. La terre du Soleil a connu aussi les massacres. Notre vaudois charbonnier aurait pu te raconter la longue souffrance des Cathares, sur cette terre de dissidence où les hommes et les idées se sont souvent mêlés.

Serre-Cœur-Fidèle, qui avait beaucoup voyagé, aurait pu continuer, mais tout à coup il s'arrêta :

— C'est ici que nous passerons la nuit.

Et il montra avec la main une vieille bâtisse dont le dessus du porche portait une enseigne rouillée représentant, en un découpage sommaire, une enclume.

— C'est là que Durand, un ami du 35e de ligne, dans lequel a servi mon père, s'était établi après avoir tiré au sort. On venait de très loin pour lui commander des fers, des socs, des grilles. Il est mort il y a deux ans, mais sa femme, que nous avons reçue à Manosque après la disparition de son époux, va être heureuse de nous recevoir.

La veuve du forgeron les accueillit avec joie. Pour elle renaissaient ainsi tant de souvenirs qu'évoqua Serre pendant le repas. Ils eurent donc, après leurs tribulations mouvementées, une autre heure d'amitié, mais ils avaient hâte de gagner Le Luc qui n'était plus qu'à quelques lieues.

Grâce à leur hôtesse qui les présenta à un roulier de passage, ils purent, perchés à l'arrière du convoi, atteindre leur dernière étape en fin d'après-midi.

2

Serre savait où trouver Campdoras et son ami David, chef de chambrée au Luc. C'est ainsi qu'ils entrèrent avec grande émotion au Café Central, où se tenait le Cercle des Républicains.

— Serre ! C'est pas possible ! Un Manosquin de passage nous a appris ton retour il y a quelques jours. Tu nous apportes donc des consignes et des rapports concernant les démocrates Gavots ! s'exclama le responsable du cercle.

— Oui, nous en sommes porteurs, mais le plus important est dans ma tête. Et cela s'est trouvé justifié ; nous avons eu la police à nos trousses.

— C'est ma faute, affirma Michot. J'ai pris part à la révolte à Buzançais, où Serre était en emploi. Nous nous sommes rencontrés au moment de notre fuite. La répression a été terrible.

— Je l'ai entendu dire, mais ici tu seras en sécurité. Ce n'est pas une « réserve » de Blancs, mais une grande « cuvée » de Rouges. Une chambrée de mise au point se tiendra demain soir, ici même, au premier étage. On te présentera après le rapport de notre ami Gavot.

— Pour mieux l'insérer dans nos groupes, il faut lui trouver un emploi. Je dois me rendre à Toulon où l'on m'attend. J'ai pensé en parler au Dignitaire...

— Il vaut mieux qu'il reste au Luc. Je connais bien le contremaître de la bouchonnerie, qui le casera sûrement dans la fabrique. En attendant, restez au cercle, vous y logerez et prendrez les repas.

Michot ne sut que balbutier des remerciements. Si la mort de son père, le sort de son frère, de sa mère et de sa jeune sœur revenaient souvent en torturant son âme, l'accueil chaleureux des Méridionaux lui allait droit au cœur, diminuait sa douleur et l'affermissait dans le combat qu'il s'était juré de livrer aux forces de l'ombre.

Le lendemain soir, au cercle, la salle était pleine à craquer. Il y avait là, debout ou assis sur des bancs, des artisans, des ouvriers bouchonniers, des paysans, des femmes de la fabrique, dont certaines avaient amené avec elles de jeunes enfants.

Il y avait des appels, des rires, mais aussi de la gravité dans le groupe de quelques anciens assis derrière une table, au fond de la grande salle.

Par mesure de précaution, on avait posté trois hommes à l'entrée du rez-de-chaussée, afin d'éviter toute surprise. Car malgré l'adhésion massive des « Lucquois » et de ceux de la région à cette volonté de changement, il y avait des mouvements de troupes vers la côte.

Après une assez longue attente, un homme grand, aux cheveux noirs, le visage entouré d'une barbe épaisse, vêtu d'une redingote sombre, fit son apparition. Le silence s'établit. Tous se retournèrent vers cet homme jeune, au regard pénétrant, qui serrait des mains en fendant la foule.

Lorsqu'il arriva à la table, les anciens se dressèrent. C'est alors que l'assistance, d'abord silencieuse, se déchaîna en criant :

— Campdoras ! Campdoras ! Vive la République ! A bas les Blancs !

Campdoras imposa le silence avec de grands saluts de bras. Le calme revenu, il prit la parole :

— Mes amis, excusez mon retard, j'ai dû reprendre quelques jours de service à bord du *Pingouin* en baie de Saint-Tropez. J'ai soigné des marins blessés dans une manœuvre. Mon devoir de chirurgien passe avant tout. Mais j'arrive à l'instant de La Garde-Freinet où, avec David et Duteil, nous avons tenu une réunion. Tout sera prêt quand le moment sera venu. Mais attention, pas de provocations inutiles contre les ennemis de la République. Soyons responsables et déterminés. Ce grand mouvement qui s'annonce va libérer la France, donner du pain, du travail et, surtout, de la dignité au peuple !

Campdoras dut s'interrompre, des applaudissements frénétiques s'élevèrent.

Lorsque le silence revint, il continua :

— La grande chaîne de la démocratie s'étend à présent dans toute la France, et notre Midi est à la pointe du combat grâce à nos sociétés, à nos amis *carbonari*, aux compagnons. Serre nous apporte la grande amitié des Bas-Alpins. Leurs rapports viennent de nous être transmis par ce compagnon qui a traversé la France, écouté ceux qui parlaient de misère, mais aussi d'espoir. Nous ne les décevrons pas. Voici Serre-Cœur-Fidèle et son bâton au ruban vert !

Serre s'avança près de la table, salué par des applaudissements prolongés.

— Mes compagnons ! Je ne suis pas fort pour les discours mais soyez assurés que les Gavots sont prêts à se battre pour la République. Après la réunion, je transmettrai des renseignements plus secrets à nos chefs. Pour l'instant, je tiens à vous présenter Paulien Michot qui a dû s'enfuir après la révolte de Buzançais. Son père a été fusillé, son frère est en prison. Qui, mieux que lui, mérite notre soutien et son entrée dans la chambrée !

— A mort les tyrans ! Vive Michot !

Ces cris furent lancés par une jeune femme, debout sur une estrade.

— Vive Pauline ! Pauline ! Pauline ! scanda l'assistance.

Cette dernière, fier et beau visage de fille du soleil, cria une nouvelle fois sa fougue pour terrasser les oppresseurs.

— Mes compagnes de la fabrique et moi sommes prêtes, quoi qu'il arrive, à nous battre pour vivre dignement, supprimer l'exploitation des travailleurs par les « Gros ». Unissez-vous, comme nous l'ordonnent nos chefs !

Essoufflée par cette tirade, elle sauta de l'estrade, vacilla un instant, en heurtant Michot qui se trouvait non loin de là.

— Pardonne-moi, fit-elle, toute rouge, échevelée et haletante.

— Je te pardonne bien volontiers. J'aimerais qu'il y ait des femmes de ta trempe dans les usines de mon pays.

— Il y en a sûrement, mais tu ne les connais pas...

Paulien Michot, grâce au responsable du cercle et à un ami de Campdoras, Daumas, trouva un emploi à la fabrique de bouchons.

Le liège était l'une des ressources importantes de la région. La fabrique du Luc comptait une cinquantaine d'ouvriers qui se partageaient en ateliers. Les femmes étaient chargées du calibrage et de l'affinage des bouchons. Pauline Durand faisait partie de ce groupe.

Le soir, à la sortie, Michot, parfois, la raccompagnait jusque devant sa porte.

Le dimanche, Pauline partait très souvent en carriole avec quelques ouvrières de la fabrique. Elles organisaient des réunions pour informer les habitants des fermes isolées qui ne pouvaient assister aux chambrées.

Quelquefois, des jeunes hommes suivaient dans une autre carriole. Ces assemblées, parfois très réduites, se tenaient après un frugal repas, dans un bois, dans une grange, ou dans la cour d'une ferme.

Pauline Durand, orpheline très jeune, avait été élevée par les sœurs au couvent du Beausset, près de Toulon. Elle savait lire et écrire et, avec fougue, commentait les articles que faisait paraître la Jeune Montagne du Var, l'une des plus dynamiques sociétés républicaines du Midi.

On était en août. Quatre mois déjà que Paulien Michot faisait partie de la Jeune Montagne, dont il était devenu très vite un membre influent, grâce à l'ardeur de sa jeunesse. On l'écoutait, on connaissait ses malheurs, et on l'aimait.

Lors d'une chambrée tenue à La Garde-Freinet où s'était

établi Campdoras, il avait fait la connaissance de Duteil, rédacteur au *Peuple souverain* à Marseille. Poursuivi par la police de Louis-Philippe, il était obligé de se déplacer sans cesse. Malgré cela, en secret, on se passait ses articles, tenant en haleine non seulement les travailleurs, mais encore une petite bourgeoisie teintée de rouge, qui fréquentait à présent les chambrées.

Dans le Midi, comme à Paris et dans le reste de la France, on était en attente. On devinait que, en cette année 1847, une force profonde était en gestation et ne demandait qu'à submerger une monarchie décadente.

Peu à peu, Paulien prit l'habitude de se confier à Pauline ; un sentiment, tout d'abord de camaraderie dans la lutte alors qu'ils étaient dans une même solitude, les attira mutuellement l'un vers l'autre. Cet amour qui ne demandait qu'à s'épanouir se déclara lors d'un voyage des deux jeunes gens à Toulon.

— Après Buzançais, Serre m'a aidé à survivre. Il travaille à l'Arsenal. Veux-tu m'accompagner ? Campdoras nous prête sa voiturette, et je connais bien son petit cheval.

Pauline hésita, puis se décida :

— D'accord, mais nous partirons au lever du jour, afin de nous arrêter quelques instants à Cuers. Le cercle y rassemble autant de monde qu'au Luc. Avec la petite carriole du dimanche, nous ne pouvons aller très loin. Ce sera l'occasion pour informer nos amis de nos dernières résolutions.

On était à la fin août, époque de la grande fête annuelle des bouchonniers du Var qui se tenait chaque année dans un centre différent. Il y avait eu un bal sur la place, un défilé avec des drapeaux tricolores avec, le soir du premier jour, un grand feu sur la place, que les jeunes gens avaient sauté comme ils le faisaient pour la fête aux origines païennes de la Saint-Jean.

Malgré l'interdiction du sous-préfet, le cercle avait été pavoisé aux trois couleurs. Le maire avait fermé les yeux, préférant quitter Le Luc pour se rendre à sa maison de campagne avec sa famille.

C'est ainsi qu'en ce matin de fête se décida le voyage

à Toulon. Le temps était radieux. La lumière éclatante sur la route blanche poudrait les étendues vallonnées. Une joie atmosphérique grisait les deux jeunes gens.

Pauline avait une jupe noire et un corsage blanc, son visage avait perdu cette dureté de combat qu'on lui connaissait dans les assemblées. Sa chevelure flottait au vent tiède de l'été et, pour la première fois, peut-être, elle renversait la tête sur son siège, épanouie, buvant le ciel.

Paulien, pantalon à grosses côtes, blouse bleue, large casquette bien enfoncée, conduisait en souriant. Un bonheur jamais perçu comme en cet instant dans sa vie de misère emplissait son âme.

Pauline, assise à son côté, posa sa tête sur l'épaule de son ami. De la joie semblait voltiger au rythme régulier du trot du petit cheval.

Avant d'entrer dans Cuers dont on devinait au loin les premières demeures, Paulien arrêta son attelage. Il avait aperçu un torrent débouchant d'un vallon, et il désirait désaltérer le cheval.

Une fois au sol, la soulevant par la taille, il aida Pauline à descendre de la voiturette. Le ventre de sa compagne glissa sur sa poitrine, puis ses deux seins, débordant du corsage entrouvert, frôlèrent son visage. Brusquement il enfouit sa tête entre ces seins durs, d'un blanc laiteux, et, lorsque, casquette à terre, il pressa sa bouche sur les lèvres de sa compagne, celle-ci ne se déroba pas mais, au contraire, le serra dans ses bras, en murmurant :

— Petit amour de républicain, voudrais-tu me prendre dans le pré fleuri que j'aperçois ? Pour une fois, la République peut attendre.

Paulien conduisit le cheval au bord du torrent. De l'écume ourlait son poitrail. Il attendit que l'animal se soit désaltéré ; alors il prit Pauline par le cou, et tous deux s'enfoncèrent vers la lisière du bois bordant le pré et le torrent.

A Cuers, Pauline, redevenue l'âpre militante, se dirigea dans la rue principale, accompagnée par son amant encore soûlé de bonheur. Ils entrèrent dans une forge où un homme grand, barbu, au torse nu et luisant, actionnait un soufflet qui faisait jaillir des étincelles autour d'une barre de fer rougie.

L'homme lâcha le soufflet en apercevant les deux arrivants. Il se frotta les mains sur son tablier de cuir, puis s'exclama :

— Pauline Durand ? Quelles nouvelles apportes-tu ? Nous avons décidé lors d'une des dernières réunions au cercle de nous rendre au Luc pour vous donner des informations sur des mouvements qui se préparent à Toulon. L'Arsenal est sous haute surveillance. Un malaise règne dans la ville, et Daumas va rencontrer prochainement Dupont, rédacteur du *Démocrate du Var*. Son journal a été interdit.

— Je sais, j'ai rencontré Daumas au Luc, coupa Michot.

— Qui es-tu ?

— Un de nos plus fidèles « montagnards », Antonin. Nous nous rendons justement à Toulon, où nous espérons rencontrer Serre.

— Serre-Cœur-Fidèle, qui ne le connaît pas, ce Gavot ? Ce pur des purs ! Par quel moyen êtes-vous venus ?

— Avec la voiturette de Campdoras que nous avons laissée à l'entrée de Cuers.

— En voiturette ! Comme les bourgeois !

— Y a-t-il le responsable du cercle ?

— Non, il travaille aux champs, comme les autres. Nous ne sommes pas en fête, comme les bouchonniers ! dit en riant le forgeron. Mais avancez-vous donc. Il faut se rafraîchir, par cette chaleur ! Et dans la forge, j'ai souvent le gosier sec.

— C'est pas de refus ! dit Pauline, acquiesçant.

— Entrez donc !

Et le forgeron ouvrit une porte donnant dans une petite cuisine. Il prit une gargoulette pansue et remplit trois verres d'une eau très fraîche que tous trois avalèrent rapidement.

— Et j'ai du remontant, fit-il en ouvrant un placard où, sous une cloche grillagée, il y avait du fromage et du lait caillé.

— Nous n'avons pas le temps. Nous désirons arriver à Toulon avant la nuit, déclara Michot.

— Je connais le petit cheval de Campdoras. Il vient de trotter plusieurs heures. Je vous conseille de vous arrêter à La Valette pour y faire reposer votre animal et y passer la nuit. Voici une adresse.

Le forgeron tira un tiroir, sortit un bout de carton où était inscrit : « Au Coq Pendu ».

— L'aubergiste est un ami. Présentez-vous de ma part, en disant que vous êtes des responsables de la Jeune Montagne. Et je suis sûr que le repas et le logement pour vous et le cheval seront gratuits. Excusez de vous recevoir ainsi. Dans la journée, ma femme travaille dans une ferme, et je n'ai même pas d'apprenti. Celui que j'avais a quitté sa famille pour commencer son Tour.

— Dépêchons-nous, Paulien ! Le cheval s'est peut-être détaché !

— Au revoir, les enfants ! Bon vent et à bientôt pour le grand jour !

Paulien et Pauline arrivèrent sur la place où était attaché le cheval au cou duquel Paulien avait accroché un sac d'avoine.

Pauline caressa l'animal puis monta dans la voiturette.

— En route, « mon mari ». Je me crois en voyage de noces !

Paulien ne répondit pas. Il fixa longuement le visage de Pauline, rangea la mangeoire, puis sauta à son tour dans la voiturette en saisissant les guides.

De jeunes enfants qui entouraient l'attelage agitèrent les bras tandis qu'ils gagnaient la petite route.

L'accueil reçu au Coq Pendu, grâce à la recommandation du forgeron, fut, comme prévu, très chaleureux. L'aubergiste, le lendemain matin, leur conseilla de laisser cheval et voiturette dans l'écurie de l'auberge :

— Par les temps qui courent, il vaut mieux ne pas se faire trop remarquer.

— Je suis bien placé pour le savoir, répliqua Michot, en se souvenant de sa fuite dans le bois du Bessillon en compagnie de Serre qu'il avait hâte de revoir.

— Je me rends au marché de Toulon avec ma vieille carriole. Je vous emmène, c'est moins voyant que votre voiturette de luxe avec son cheval harnaché de rouge. Vous reprendrez votre attelage à votre retour. Vous trouverez bien une occasion pour vous ramener. D'ailleurs, le trajet peut se faire à pied. Une lieue seulement sépare Toulon de La Valette.

La carriole de l'aubergiste n'allait pas aussi vite que le souple attelage de Campdoras. Malgré tout, au milieu de la matinée, ils étaient sur la place du Marché.

— Nous remonterons demain, dit Michot à l'aubergiste. On se reverra à La Valette. Nous gagnerons Le Luc, et nous reprendrons le travail à la fabrique.

— Pour y être bien payés, répliqua ironiquement l'aubergiste en leur serrant la main. De toute façon, pour vous, au Coq Pendu, ce sera toujours le même prix.

Et, avec un large sourire, paniers aux bras, il gagna le centre du marché d'où parvenaient des appels, des cris, des roulements de chariots sur les pavés.

— Nous irons attendre Serre devant l'Arsenal, à la sortie des ouvriers. En attendant, grimpons au-dessus de la ville pour voir la mer. Tu connais Toulon, montre-moi le chemin.

— Viens, dit-elle en riant, nous allons prendre un raccourci par une vieille ruelle où il y a des filles.

— Des filles ?

— Oui, celles qui offrent leurs corps aux matelots et à d'autres...

Il ne répondit pas et suivit Pauline qui, déjà, l'entraînait vers une ruelle montueuse. Celle-ci était déserte. Il n'y avait qu'un estaminet dont les portes étaient ouvertes.

En passant, Michot plongea un œil vers une salle noyée dans la pénombre. Il aperçut une femme opulente, cigarette aux lèvres, qui rinçait des verres. Apparition furtive d'un monde qu'il n'avait jamais rencontré en sa campagne berrichonne.

Pauline ne l'avait pas attendu. Elle faisait des signes, vers le haut de la ruelle. Il la rattrapa à grandes enjambées, et, tous deux, enlacés, abordèrent un plateau dominant le port et le large.

Michot fut ébloui. Il n'avait jamais vu la mer, cette immensité qui se déployait par-delà les mâts et les voiles des navires. Le soleil, déjà haut dans le ciel, ourlait les vagues d'un poudroiement de lumière. Ils s'assirent sur un rocher.

— C'est dans cette ville que ma mère m'a mise au monde. Je ne l'ai pas connue, elle est morte des suites de ses couches. Une infection, paraît-il. C'est ce que m'a appris mon père, plus tard. Il travaillait à l'Arsenal, lui aussi, où il fut écrasé par une poutre. J'avais six ans. J'étais orpheline. J'avais bien un vieil oncle qui habitait Le Luc ; mais très âgé, infirme, il ne put me garder et me confia aux sœurs du couvent du Beausset.

La joie de Pauline s'était évanouie. Ses yeux fixaient obstinément l'horizon, tandis que, pour la première fois, elle évoquait son enfance malheureuse. Peut-être le grand élan, la communion en leur chair, en ce jour où, vraiment, elle avait été prise par un homme, avaient contribué à cette confidence. Souvenirs qu'elle avait amèrement gardés en elle, en se jetant à corps perdu dans le désir d'un monde meilleur, dans le combat pour tout oublier.

Tout oublier, même son premier emploi dans une ferme d'un grand propriétaire où, à l'âge de quinze ans, les sœurs l'avaient placée. Elle y était restée deux longues années, travaillant dans les champs. Le jour, comme une bête, sous la surveillance des valets de ferme, préparant les repas des journaliers deux fois par jour, couchant dans une grange.

C'est un soir d'été que deux journaliers avaient essayé de la violer, en la maintenant l'un après l'autre. Ses cris avaient alerté les chiens ; l'un d'eux tira si fort sur sa corde qu'elle se rompit. L'animal, un berger allemand que Pauline caressait souvent, bondit dans la grange et attaqua les deux hommes. Pauline s'enfuit et, au petit matin, elle se trouvait sur la route, hagarde, la robe déchirée, des griffures sur les joues. En chancelant, elle put atteindre le couvent du Beausset, où les sœurs qui l'avaient élevée la soignèrent pendant plusieurs semaines. La mère supérieure à qui elle avait raconté ses malheurs ne voulut pas porter plainte. Le propriétaire de la ferme était riche et considéré ; il faisait par ailleurs des dons au couvent. Elle proposa simplement à Pauline d'entrer dans les ordres et de prononcer ses vœux.

Pauline refusa. Elle refusait, à dix-huit ans, d'être retirée du monde dont elle connaissait les misères et les souffrances, et elle se jura de se donner tout entière, pour lutter contre l'injustice, l'exploitation des humbles.

Son vieil oncle décéda dans sa petite maison du Luc. Elle en hérita, et le Cercle républicain qu'elle commençait à fréquenter lui trouva une place à la fabrique.

Devenue silencieuse, Pauline regardait toujours les miroitements de la mer. Elle offrait à cette draperie scintillante ses souffrances, avec un élan vers une nouvelle lumière.

Cette dernière période de son adolescence, elle ne la confia pas à Michot. Il apprit simplement comment la petite maison du Luc lui avait échu.

De son côté, il continuait à contempler la mer ; un lointain murmure lui parvenait, plus sourd, plus éternel que les rumeurs qui montaient de la ville.

— Alors, on y va ! dit-il joyeusement en embrassant Pauline qui sembla sortir d'une longue torpeur.

— Espérons que Serre sera à l'Arsenal !

Tous deux se postèrent à la sortie des ateliers, devant la grande porte. En bras de chemise ou en blouson court serré à la taille sur des pantalons noirs, plusieurs dizaines d'ouvriers se mirent à sortir en groupes.

Il y avait les équipes de chaudronniers, de plombiers, d'ajusteurs, de forgerons. Des femmes attendaient sur la place, avec leurs enfants.

Un flot important défila, puis se clairsema. Déçu de ne pas apercevoir Serre, le couple allait se renseigner à l'intérieur quand, subitement, Pauline, qui connaissait l'Arsenal, clama :

— Je me souviens, les menuisiers sortent par une porte latérale ! Courons vite !

Et elle entraîna Paulien sur l'un des côtés de l'immense bâtiment.

Ils arrivèrent au moment où l'un des contremaîtres fermait les portes de l'atelier de menuiserie situé au fond de l'Arsenal.

— Connaissez-vous un ouvrier du nom de Robert Serre ? Il y a environ quatre mois qu'il travaille à l'Arsenal.

L'homme, de haute stature, un mouchoir à carreaux noué autour du cou, réfléchit et dit :

— Ce nom me dit quelque chose. Entrez, nous allons voir sur le tableau des équipes.

Tous trois entrèrent. Une lumière diffuse éclairait le bureau d'entrée. L'homme consulta une liste, puis déclara :

— C'est exact, nous avons bien un Robert Serre. C'est un permanent. Il commence le matin à six heures et sort à cinq, l'après-midi. Veuillez me suivre.

Tous trois suivirent un étroit passage ménagé entre deux rangées d'établis. Des hommes, assis sur des poutres, prenaient sur place un maigre repas. Tout au fond, ils aperçurent Serre discutant avec vivacité avec deux autres permanents. Pauline se précipita :

— Serre !

Le menuisier se dressa, courut vers elle, et l'embrassa en riant, puis Paulien, à son tour, se jeta dans les bras de son ami :

— Nous t'attendions pour la fête des bouchonniers ! Quatre mois déjà, sans nous être revus !

— J'espérais pouvoir me libérer trois jours. Mais, ici, c'est impossible. On travaille douze heures par jour. Les permanents, qui ne sortent pas à midi, ont droit à une pause d'une demi-heure. Ils sont de plus en plus nombreux, on gagne davantage, deux sous sur un salaire de trois francs, mais c'est toujours ça. Et pour ceux qui font partie des cercles, nous pouvons nous rencontrer dans les ateliers, sans surveillance. Au moment de votre arrivée, j'étais avec deux autres compagnons qui ont accompli leur Tour, comme moi. Daumas a présidé plusieurs réunions, il y a un mois, et nous a transmis de grandes nouvelles venant de Paris, ajouta-t-il. D'après lui, le gouvernement ne tiendra pas six mois.

— Daumas nous a en effet mis au courant dans une chambrée, au Luc.

— Il a même organisé une réunion dans la cale d'un cargo.

— Les soldats de la garnison de Toulon, ceux de l'infanterie de marine, sont avec nous ! s'écria Serre, en mordant dans une tranche de pain garnie de deux anchois. Fais passer le rouge, qu'on fasse glisser, dit-il à son compagnon d'atelier. On peut rien vous offrir, mais rendez-vous à cinq heures, sur le port. Les jours sont longs, et la vie est belle, et aujourd'hui plus belle encore, grâce à vous deux ! Je dois reprendre la chaîne, les contremaîtres vont à nouveau circuler dans quelques instants. Rendez-vous donc à La Rascasse, près de la grande darse.

— Je connais, dit Pauline, en embrassant une nouvelle fois Serre sur les deux joues.

La Rascasse était un café-restaurant à la devanture verdâtre, tenu par un pêcheur. Le matin, à l'aube, il partait en mer placer ses filets, et revenait le soir avec sa barque chargée du produit de sa pêche que sa femme vendait à l'étalage sur le grand marché. La profession était très surveillée, les pêches n'étaient pas toujours abondantes, et le petit restaurant permettait au ménage de joindre les deux bouts.

— Je préfère ma barque et la mer à ton établi, disait-il souvent à Serre qui avait pris pension chez lui.

Paulien et Pauline furent exacts au rendez-vous. Serre arriva peu après, en les entraînant à l'intérieur de la petite salle où l'épouse du pêcheur les accueillit.

— J'ai deux invités de marque. Prépare-nous une bonne friture.

— D'accord, Robert.

— Apporte-nous un pichet, en attendant !

— Et de l'eau fraîche pour moi, dit Pauline, en souriant à la patronne.

Les trois amis prirent place devant une table. La chaleur du jour, ramassée sur la place, entrait par bouffées. Pauline secoua sa chevelure, ouvrit son corsage.

— Peut-on avoir un broc d'eau et une serviette ? dit-elle à la femme qui apportait les boissons.

— Bien sûr, ma fille. Suis-moi.

Et elle l'entraîna au fond du couloir.

— J'aurais besoin aussi d'un « nettoyage », intervint Paulien.

— Tu viendras dans ma chambre après le repas. J'ai ce qu'il faut. Cela nous rappellera le temps de nos vagabondages.

— Vagabondages... fit Paulien. Tu crois...

— Je sais, ce n'est pas le mot, surtout en ce qui te concerne. C'était seulement le rappel de notre amitié.

— Je comprends.

Et Paulien lui serra longuement la main par-dessus la table.

Pauline, toute fraîche, arrivait. Elle but à grands traits l'eau offerte.

— Ça fait du bien, après notre longue route, et surtout en ce mois d'août qui n'en finit pas de « cagnarder ».

— Au fait, j'ai oublié de vous demander... Comment avez-vous voyagé ?

— Avec l'attelage de Campdoras.

— Quoi ? Notre cher chirurgien de marine vous a confié voiturette et petit cheval ! Un attelage qu'il cajole comme la prunelle de ses yeux !

— Oui, et nous en sommes fiers, assura Pauline.

— Et où l'avez-vous garé ?

— Nous l'avons, sur ses conseils, confié à l'aubergiste du Coq Pendu, de La Valette.

— Il a eu raison. C'est un ami, et un « bon ». Toulon n'est pas très sûr.

— C'est le forgeron de Cuers qui nous a recommandés à lui.

— Je vois. Vous étiez dans la grande famille. Avec ces deux, il y a du franc-maçon, du *carbonari* et, par-dessus tout, la même flamme républicaine ! A Toulon, ça remue, mes amis. La troupe sera bientôt du bon côté, grâce à Daumas.

Serre s'arrêta de parler en observant son ami et Pauline serrés l'un contre l'autre, de l'autre côté de la table.

— Je suis curieux, fit-il en souriant, mais vous deux, qu'est-ce que c'est ? Du compagnonnage ou un prochain mariage ?

Paulien ne répondit pas. Il se tourna simplement vers Pauline qui, après un moment de silence, et en caressant la tête de Michot, finit par déclarer :

— Les deux.

— Un mariage, oui, mais en République, appuya Paulien en embrassant sa compagne.

Après le repas, le pêcheur, enfin revenu du port, au grand soulagement de son épouse, car des pêcheurs, des débardeurs, des charretiers arrivaient pour prendre une chope, montra une alcôve à Pauline où elle pourrait passer la nuit.

— Quant à toi, dit-il en s'adressant à Paulien, tu te mettras « au vert » en partageant la chambre de Robert. Son lit est petit. La femme va t'installer une paillasse près de la fenêtre, à ses côtés.

Le lendemain, Serre, à regret, accompagna ses deux amis sur le port où un charretier qui allait à Cuers voulut bien les déposer à La Valette.

— Vous aurez de mes nouvelles par Daumas ! Il fait la liaison entre les cercles ! Et mon salut fraternel aux Lucquois !

Après un arrêt au Coq Pendu, le couple repartit avec l'attelage. Le soir, au crépuscule, ils arrivaient au Luc, ramenaient l'attelage dans l'écurie qu'un Lucquois louait à Campdoras. Celui-ci était absent, ayant dû rejoindre son bord dans la rade de Saint-Tropez.

Au moment de se séparer, après un dernier baiser, Pauline dit à son amant :

— Demain, tu pourras donner ton congé au responsable du cercle qui t'hébergeait. A la sortie de la fabrique, tu logeras chez moi, chez nous, à présent, et pour toujours, je l'espère.

Cet immense bonheur, Paulien aurait voulu le partager avec les siens, et c'est avec mélancolie que, pour la dernière fois, il regagna sa chambre au Cercle de la Jeune Montagne.

Il allait atteindre le Cercle, quand il revint précipitamment à l'écurie. Le cheval dételé plongeait son museau dans la mangeoire. Il leva la tête en apercevant Michot qui bondissait vers la voiturette. Fébrilement, ce dernier passa la main sous le siège :

— Le voilà ! s'écria-t-il devant le cheval qui le regardait avec des yeux affectueux. J'avais oublié le bâton au ruban vert offert par mon ami, petit cheval !

L'animal avait l'habitude d'entendre certains hommes lui parler. Il secoua la tête en hennissant, tandis que Paulien brandissait devant lui le bâton de Serre-Cœur-Fidèle.

« Pauline et l'amitié éternelle, le signe de la lutte et de la fraternité », murmura-t-il en embrassant le ruban vert.

C'est à son retour de Thuir, dans les Pyrénées-Orientales dont il était originaire, que Campdoras, dans une chambrée de La Garde-Freinet, tint ses amis bouchonniers du Var au courant de la détermination des Languedociens pour lutter et renverser le régime :

— Tous réclament leur droit à l'existence, contre les grands propriétaires, les usuriers qui oppriment les petits paysans.

» Pour les vignerons, il n'y a point de répit non plus, expliqua Campdoras. Ceux qui ont réussi à posséder quelques vignes sont écrasés par la concurrence des grands, et bientôt, peut-être, il y aura même du vin d'Algérie. On leur a même supprimé le droit, reconnu par d'anciens usages, de distiller un peu d'eau-de-vie, cette « blanche » qui les ravigote, qui sert à soigner les plaies et à conserver quelques fruits pour les jours de fête. Face aux prétentions de l'aristocratie foncière légitimiste, les paysans, peu à peu, entrent dans le socialisme. Mes amis, laisserons-nous rétablir la dîme, les corvées, par les descendants des nobles, et les nouveaux bourgeois ?

— Il faut arrêter ces abus, redonner l'entière possession

de la terre à ceux qui la travaillent ! clama Duteil qui assistait à la réunion.

— J'ai été le porte-parole des Varois. Les Languedociens connaissent notre union avec les Vauclusiens et les Bas-Alpins. Une fois allumée, de ville en ville, de village en village, la révolte dressera tout le Midi comme un seul homme.

A l'issue de cette réunion, les membres de la Jeune Montagne décidèrent de profiter d'un calme relatif dans la surveillance, et des beaux jours de l'automne, pour rencontrer les républicains de Saint-Tropez où était stationné le bâtiment de guerre de Campdoras.

On était en octobre. Les jours avaient diminué. Pour la première fois dans l'histoire des chambrées, la réunion eut lieu dans une vaste grotte dominant la baie de Saint-Tropez.

Campdoras y avait invité des marins gagnés à la Cause. C'est à la pâle lueur de lanternes de charretiers que les Tropéziens avaient apportées que se déroula la réunion.

Les pêcheurs étaient nombreux, leur rude vie ne leur laissait pas le temps d'assister à des chambrées, d'écouter les responsables des cercles donnant des informations sur l'état d'esprit des Provençaux de l'intérieur. Ils étaient « de la mer », avant tout. Mais, ce soir-là, après avoir écouté Campdoras et Duteil, un patron pêcheur influent dans le Golfe, ils comprirent qu'ils devaient faire front avec ceux de la terre, avec les artisans et les ouvriers des villes.

Quelques Lucquois étaient présents. Pauline et Michot préparaient les prochaines visites dominicales aux vendangeurs, à ceux qui olivaient, main-d'œuvre saisonnière venue très souvent des Basses-Alpes, transmettant des nouvelles du Pays Gavot, et même de plus haut, par ces bergers de la transhumance qui, en octobre, retournaient avec leurs troupeaux en descendant la vallée de la Durance, voie de civilisation pastorale à travers les siècles, mais aussi route de l'exil pour les persécutés, voie des retours et des départs sans fin pour les vaudois, sillon de la dissidence vers ces hauteurs inclémentes où, tant de fois, l'homme a résisté pour sa foi ou sa liberté.

Il y avait des siècles que les montagnards comme les pêcheurs, entre ciel et rocs, ou entre ciel et mer, étaient isolés du monde.

En cette soirée d'automne, ces hommes réunis dans une grotte communiaient, unissaient avec ferveur l'âpre vie pastorale des humbles à celle du monde de la mer. Voix innombrables se confondant par-delà les monts, par-delà les fleuves et les champs, qui arrivaient vers les rivages de la mer latine, dont les vagues, ce soir-là, mugissaient dans la nuit.

Le patron pêcheur invita les compagnons à prier pour les deux pêcheurs disparus en mer lors de la tempête d'équinoxe. Tous les pêcheurs s'agenouillèrent face à la mer dont on devinait l'immensité et les dangers dans les ténèbres. Les visages, éclairés par les lanternes, tremblaient dans ces rougeoiements, dans ce mystère de la prière des pauvres.

Puis ce fut le retour. Les lanternes se balancèrent lentement dans la nuit, en une guirlande lumineuse glissant sur les rochers.

Campdoras invita Duteil à son bord, tout saisi encore par cette prière insolite au fond d'une grotte. Et le marin se laissa aller à conter la légende de saint Mandrier, patron des pêcheurs de la côte :

— Il y a bien longtemps survint un jour un gros mauvais temps sur la mer. Les petits bâtiments qui font le cabotage de la côte de Provence furent obligés de chercher à la hâte un refuge dans les diverses criques de la côte. Comme d'habitude, il vint mouiller à Saint-Mandrier une grande quantité de ces bateaux.

» Chacun trouva là un calme de la mer, et un abri contre le vent, qui faisaient bénir l'heureuse disposition de la côte ; et plus d'un esprit naïf autant que croyant rapporta à la puissante intervention du saint de l'endroit la bonté du mouillage du creux Saint-Georges, la solidité de la tenue des ancres sur ce fond. Les marins de toutes les époques ont bien su que, quel que soit le mauvais temps qui règne au large, tout navire qui atteint un endroit d'où il peut voir la chapelle de Saint-Mandrier est désormais à l'abri de tout danger.

» Parmi les tartanes qui étaient venues se réfugier devant le prieuré, il y en avait une qui était commandée par un vieux et honnête capitaine, craignant Dieu, et accomplissant dévotement les prescriptions de la religion. Ce brave homme ne manqua pas de rendre grâce au Tout-Puissant, à haute voix, et la tête découverte, dès que la voile fut serrée.

» Comme le lendemain était un dimanche, il fit mettre la chaloupe à la mer, se proposant, quel que fût le temps, de ne pas appareiller sans être allé faire une prière au grand saint qui protégeait le pays.

» Pendant la nuit, la tempête cessa, et, comme cela se voit souvent sur les côtes de Provence, le vent tomba tout à coup. La mer s'aplanit rapidement, si bien que, dès les premières lueurs du jour, chaque patron de barque voyant le calme revenu, se disposa à continuer son voyage.

» Le vieux capitaine, qui n'avait pas été des derniers à consulter le temps, ayant couché sur le pont pour mieux surveiller tout ce qui touchait à la sécurité de sa tartane, appela ses matelots et leur dit :

» — Mes enfants, le beau temps est revenu, chaque barque en relâche est prête à faire route, nous allons imiter nos collègues. Mais, avant d'appareiller, il nous faut descendre à terre. C'est dimanche, aujourd'hui, il nous faut tous aller entendre la messe du grand saint Mandrier, ne laissant à bord que le mousse qui, en sa qualité d'enfant, est plus innocent, et a moins besoin que nous autres, hommes, pauvres pêcheurs, de demander la rémission de ses péchés.

» Les matelots étaient de solides garçons aimant le plaisir, portant plus d'une peccadille sur la conscience sans s'en inquiéter beaucoup, et aimant mieux chanter la gaudriole que les cantiques de l'Eglise. La proposition du capitaine ne leur sourit que tout juste, car ils trouvaient absolument inutile de perdre leur temps à aller voir fumer les maigres cierges de la chapelle du prieuré. Mais, comme le vieux capitaine avait, malgré son extrême bonté, une volonté ferme, et qu'il savait se faire obéir à l'occasion, personne ne dit rien.

» Ils embarquèrent donc dans la chaloupe sans souffler mot, et quelques instants après, ils abordaient devant le prieuré. Sauter à l'eau et tirer la frêle embarcation sur le sable fut l'affaire d'un instant pour ces solides gaillards, et les voilà suivant leur capitaine dans l'allée de pins et d'oliviers qui conduisait à l'église.

» La messe allait commencer ; la cloche appelait les fidèles de ses sons argentins, et le bon capitaine, pressé d'arriver, eut le malheur de ne pas jeter de temps en temps un coup d'œil derrière lui pour surveiller son monde, qu'il aurait ainsi moralement forcé à le suivre dans le sanctuaire. Arrivé sur le seuil de la chapelle, il se hâta d'entrer, et de se jeter à genoux, pour implorer la bonté divine.

» Les quatre garnements qui n'avaient suivi jusque-là leur patron que sous la pression de son commandement, ralentissent alors le pas, se regardent, avancent sans entrain jusque sur la porte de l'église, jetant un coup d'œil curieux, mais non recueilli, dans l'intérieur.

» Or, voyant dans la demi-obscurité qu'il n'y avait là qu'un vieux prêtre et deux ou trois dévots ou dévotes du siècle précédent, ils se grattèrent le front, indécis un moment, puis se retournèrent pour voir si quelque gentille fillette ne venait pas entendre la messe, et, finalement, les voilà détournés de la pieuse démarche que le patron voulait leur faire accomplir.

» Derrière un mur peu élevé, et que des fragments de verre ne hérissaient pas, il y avait un verger plantureux. Qui sait, pensèrent les *mau fatans*[1], les figues-fleurs sont peut-être mûres, et, d'un bond, ils envahissent le jardin du pauvre curé qui, étant à l'autel à cette heure, ne pouvait surveiller sa mince prébende, exposée à la rapacité des gens malintentionnés ; d'autant plus que la vieille servante, à moitié sourde, d'ailleurs, était dévotement à genoux près du patron de la tartane.

» Les figues-fleurs avaient passé, celles de la seconde sai-

1. Mauvais garçons.

son étaient encore vertes, les raisins n'étaient pas mûrs, les salades étaient montées en fleurs, les choux étaient mangés par les chenilles, bref, rien n'était à prendre, dans ce jardin.

» Les rapaces matelots courent çà et là, avec un dépit croissant, ils vont être obligés de s'en retourner les mains vides, quand, s'approchant d'un petit appentis en bois, placé au fond du jardin, ils entendent caqueter des volailles.

» Le diable leur souffle à l'oreille qu'elles sont grasses, que le jeune coq qui vient de chanter ferait un fameux rôti pour le soir même, et que le plumer, l'apprêter, le manger, serait une agréable occupation une fois qu'ils seraient en mer, c'est-à-dire quand, l'antenne brassée vent arrière, la bonnette mise en place et gonflée par le vent, il n'y aurait plus qu'à attendre d'avoir atteint le but du voyage.

» Aucun des pillards ne parla, mais rien qu'en se regardant, et d'un seul coup d'œil, chacun comprit l'autre. Comment cela se fit-il ? Je n'en sais rien, mais en un tour de main, deux poulets sont attrapés par les pattes, et le plus alerte des quatre matelots court en deux bonds les porter au bateau où il les cache sous le banc de l'avant, sans qu'ils aient le temps de pousser un cri.

» La messe finissait juste à ce moment ; le bon capitaine, après avoir dévotement trempé ses doigts dans le bénitier, sort de l'église et retrouve ses hommes sur le perron, ne se doutant pas qu'ils avaient fait leurs dévotions d'une singulière façon.

» Quelques instants après, ils étaient tous à la plage, et bientôt à bord, prenant les dispositions pour l'appareillage.

» Le soleil était radieux ; il s'élevait déjà derrière la presqu'île de Giens. Les autres bateaux avaient dérapé et faisaient route ; les plus retardataires étaient déjà au moins au pic de leur câble.

» Le capitaine leur dit :

» — Allons, mes garçons, la journée est bien commencée, mettons-nous à l'ouvrage, et vous verrez que nous ne serons pas les derniers, ce soir, à atteindre le port.

» En un tour de main, le mousse est monté au sommet de l'antenne ; le novice le suit à mi-hauteur, et la voile est déployée ; trois matelots se mettent à tirer sur le câble, pour rentrer l'ancre à bord. Ils sont bientôt à pic, mais quand il s'agit de déraper, c'est autre chose ; l'ancre ne peut pas venir ; c'est en vain que le quatrième matelot et le mousse viennent joindre leurs efforts, l'ancre ne peut quitter le fond.

» — Servez-vous du guindeau ! dit le capitaine, impatienté lorsqu'il voit qu'ils ne peuvent en venir à bout ; mais hélas, le guindeau est impuissant.

» — Frappez un palan sur le câble et halez dessus !

» Ce qui est dit est fait, et le capitaine, stupéfait, constate qu'on n'a pas gagné un pouce de longueur.

» Il gourmande ses hommes, il les excite à déployer toutes leurs forces ; mais les efforts de tous réunis sont vains ; l'ancre a dû s'engager dans une roche, et c'est pour cela qu'elle ne peut être retirée.

» Mais c'est étrange ! se dit le vieux patron, depuis cinquante ans que je navigue, j'ai relâché cent fois devant Saint-Mandrier, sans entendre dire à personne que le fond y fût de roche, à certains endroits... Je croyais que c'était un fond de mattes, et je l'ai constaté si souvent que j'en suis absolument certain.

» Pendant ce temps, tous les autres navires, grands et petits, s'éloignaient, et la brise les poussait mollement, sans effort.

» Le pauvre capitaine était morfondu, de rester ainsi au mouillage ; et l'équipage était haletant de fatigue, couvert de sueur, quoiqu'il ne fît pas bien chaud. Le vieux patron va sur le beaupré, il regarde son ancre : l'eau était transparente d'une manière admirable, cette ancre reposait doucement sur une matte, ses pattes n'étaient pas engagées, c'était vraiment à ne pas y croire.

» Un dernier effort est commandé, et comme il est aussi impuissant que les précédents, le capitaine se frappe le front de la main ; tout à coup, une idée venait de lui traverser l'esprit.

» Prenant un air sévère, il leur dit :

» — Enfants, ceci n'est pas naturel ; c'est la première fois que les efforts de quatre hommes réunis n'ont pu ébranler notre pauvre petit grappin couché sur les algues du fond ;

il doit y avoir là quelque chose d'extraordinaire, n'auriez-vous pas commis quelque méfait, à terre, au lieu de rester à mes côtés à entendre la messe ?

» Cette parole fit frissonner les matelots qui, depuis une heure, suaient sang et eau, sans comprendre pourquoi leurs efforts étaient paralysés ; et comme, en définitive, ils n'étaient pas incorrigibles et endurcis, quoique peu religieux d'ordinaire, ils avouèrent le vol des poulets au capitaine.

» — Hâtons-nous de les rapporter, leur dit-il, et allons demander pardon au grand saint Mandrier, car, sans cela, nous mourrions tous avant la nuit prochaine.

» Ce qui fut fait ; les quatre matelots rapportèrent pieds nus les poules volées jusqu'au poulailler du prieuré. Le capitaine, qui les suivait, acheta un gros cierge qu'il alluma devant le saint, et qui devait brûler pendant la journée tout entière.

» Chacun fit un acte de contrition à genoux, en se frappant la poitrine de trois vigoureux *mea culpa* ; puis ils reprirent le chemin du bateau.

» Cette fois, l'ancre vint à bord sans aucune peine et, quelques minutes après, la tartane continuait son voyage, rattrapant sans effort les autres navires qui l'avaient devancée.

Ainsi termina Campdoras, tout imprégné encore de la prière nocturne des pêcheurs du Golfe.

Duteil se tourna vers l'un des hublots de la cabine :

— Les vagues grondent plus fort. Un mauvais temps est-il prévu ?

— Non, mais depuis quelques jours, c'est le marin qui souffle. Les pêcheurs le redoutent. Tu te reposeras sur la couchette du haut, mais il faudra que tu quittes le *Pingouin* avant l'aube. Les officiers peuvent te surprendre. Un civil n'est pas admis à bord.

— Nous avons les cercles et les chambrées bien en main. Notre réunion à Saint-Tropez va faire tache d'huile, mais il y a longtemps que nous n'avons pas de nouvelles des Marseillais, du Cercle de l'Union et de Poncy. J'y suis repéré.

Il faudrait y envoyer un messager peu connu encore dans la région, un homme de confiance, qui apporterait des renseignements sur nos dernières réunions.

Campdoras réfléchit. Puis s'exclama avec ardeur :

— J'ai trouvé ! Nous confierons cette mission à Michot, c'est l'un des plus sûrs, et des plus ardents parmi nous ; et nouveau venu dans la région, les services de police ne doivent pas l'avoir encore sur leurs listes. Dès notre arrivée au Luc, et si nous pouvons lui obtenir un congé à la fabrique, nous lui demanderons de se rendre à Marseille. La fin de l'année approche, et le temps presse. Toutes les liaisons doivent être faites.

3

Pour les républicains du Var, en ce mois de décembre 1847, où l'on sentait le monde des campagnes et celui des cités en attente d'un grand sursaut de liberté, il fallait que la chaîne d'union soude tous ceux qui espéraient. C'est dans ce climat d'attente et de résurrection que les chefs des sociétés secrètes, des écrivains et des poètes se faisaient entendre dans les chambrées et les cercles d'Union. La Jeune Montagne du Var, sur la proposition de Campdoras, confia à Michot, encore inconnu des agents de répression de la région, la mission de prendre contact avec Charles Poncy, le poète-maçon, ami de Duteil, l'un des chefs varois et rédacteur à la gazette *L'Ere nouvelle* et, à Marseille, fondateur du journal *Le Peuple souverain*.

— Voici la lettre destinée à Poncy, épingle-la sous ta vareuse, dit-il en l'accompagnant sur les quais de Toulon où un roulier était prêt à partir, blouse bleue, taillole rouge, debout près de ses trois chevaux noirs attelés en flèche au lourd chariot chargé de bouchons et de résine.

Pauline, grâce à l'appui de Daumas, fut autorisée à accompagner son amant. Sur un signe du Rouge, c'était le surnom du roulier, ils s'assirent jambes pendantes sur un côté du long tablier de bois, tandis que le roulier, faisant claquer son fouet en tirant le cheval de tête par la bride, mettait en branle le convoi qui démarra au lever du jour.

— Vive [1] ! cria simplement Duteil, en agitant son chapeau noir au-dessus de sa tête.

— Vive ! répondirent en chœur les deux voyageurs et le roulier.

Quelques voiles et quelques cheminées s'élevaient de la darse de Castigneau sous un ciel bas et gris. Bientôt les quais se noyèrent dans une lueur blafarde, et le convoi attaqua la route montueuse pour entrer dans les gorges d'Ollioules. Le soleil fit une timide apparition au-dessus des collines couvertes de chênes-lièges. Sur le plat, le chariot allait plus vite et le roulier se hissait alors auprès des deux jeunes gens.

La frimousse rouge de Pauline apparaissait sous son capuchon de drap, des mèches brunes s'échappaient parfois de sa capuche, tremblant dans le vent.

— C'est le marin qui souffle ! fit le Rouge, il apporte la pluie ! J'espère que nous y échapperons jusqu'à l'auberge où nous passerons la nuit.

— Je préfère le mistral, déclara Pauline avec un sourire malicieux. Il trousse les filles mais il sème du soleil !

En disant ces mots, frileuse, elle se serra contre Paulien qui lui entoura la taille de son bras droit.

— On aura plus chaud cette nuit, si la paillasse est bien garnie !

Et il lui mordit les lèvres.

Le Rouge galopait à présent près des chevaux ; de nouveau, la côte était rude. Il revint vers les amoureux en faisant claquer joyeusement son fouet.

— Nous arriverons au Beausset avant midi, les enfants ! Nous n'aurons pas besoin de mettre la bâche et, peut-être, si *lou manjo fango* [2] prend le dessus, nous arriverons à Marseille avec le « beau [3] ».

— De quelle région êtes-vous ? questionna Paulien.

— Je suis de partout, je n'ai pas d'attache, mes vieux m'ont élevé dans le Nord, près d'Arras, ils ont connu la guerre, le froid et mon père a été tué au 7e Hussards de

1. Abréviation de « Vive la République ! »
2. Le mistral.
3. Le beau temps.

Napoléon. J'ai appris qu'en décembre quarante on avait ramené ses cendres à Paris. On « brillait » sous l'Empereur, mais que de morts, que de misères pour les petits ! Et, pourtant, les bonapartistes reviennent en force, car la misère est plus noire qu'avant. Tu l'as connue à Buzançais, paraît-il, Duteil me l'a appris.

— Oui, j'ai tout quitté en ce décembre noir de quarante-six. Tout ! Mère, sœur, frère. Ce dernier est en prison.

— Et ton père?

— Fusillé !

Paulien serra plus fort la main de Pauline. Le Rouge ne répondit pas, il sauta du chariot, courut vers le cheval de tête en faisant claquer son fouet en un tourbillon vers le ciel, comme un défi.

Pour rompre avec la douleur qu'on lisait sur le visage figé de Paulien, le Rouge reprit gaiement :

— Moi, orphelin très tôt, par la faute du Corse, à l'âge de dix-huit ans, j'ai tiré au sort pour accomplir mon temps. J'ai eu le mauvais numéro. N'ayant pas l'argent nécessaire pour me faire remplacer, je suis parti dans les zouaves au moment de la Conquête. J'ai fait partie du corps expéditionnaire d'Alger. L'Algérie... fit-il, rêveur, c'était le bon temps. Enfant du Nord, j'aimais cette blancheur des minarets, le bivouac dans le désert... J'ai eu une fille superbe, mais c'est au retour à Toulon que j'ai rencontré ma Louise et que je suis resté dans le Midi. Un grand Midi, clama-t-il en riant, puisque la route, c'est comme la marine, on n'est pas souvent à la maison. Mais quelle amitié, entre nous, les enfants ! Dans la misère de nos campagnes, dans les villes où il n'y a que les « Gros » qui profitent, nous, sur les routes, nous sommes libres, nous mangeons à notre faim et, tiens-toi bien, comme ton ami Serre que j'ai rencontré à Toulon, nous sommes des sortes de compagnons de l'Aventure et de la Liberté. Nous transmettons les nouvelles au fil de nos haltes, où nous rencontrons ceux du Nord et ceux du Midi.

— Ceux du Languedoc nous ont aidés à Buzançais. Ils s'y trouvaient en étape, se dirigeant vers Lyon. Serre, mon compagnon du Tour, descendait vers le Midi.

— C'est l'heure de la pause ! clama le roulier en caressant ses bêtes. Elles ont besoin de se remonter elles aussi.

Et il saisit le licol du cheval de flèche pour diriger l'attelage vers une aire ombragée où coulait un mince filet d'eau.

Michot et sa compagne le suivirent.

— Les bêtes avant nous ! cria-t-il en accrochant un sac d'avoine au cou de chaque cheval. D'habitude, je dételle, mais aujourd'hui nous sommes pressés devant la pluie qui menace. Assoyons-nous sur ce rocher pendant que je vous offre un repas de roulier.

Avec ses larges mains et secouant sa tête encadrée de cheveux gris, il offrit fromage de chèvre, saucisses, olives et fit jaillir d'une outre en peau de mouton un vin rouge épais et fort dont il emplit des gobelets de fer-blanc.

— Pas pour moi ! dit Pauline. Je boirai l'eau de la source.

— Tu as raison, reprit Paulien, *l'aigo fa veni pouli* (l'eau embellit).

— Mais tu as appris notre langue, garçon !

— Pauline connaît quelques proverbes dans sa langue natale.

— Elle est belle, fit le Rouge à l'oreille de Paulien. Tu vas la marier ?

— J'aimerais bien. Mais c'est pas le moment. Nous ferons des noces en République. J'espère qu'elle arrivera bientôt.

— A vous deux, à la Bonne[1] cette fois, clama le Rouge, en levant son gobelet. Il faut y aller si nous voulons arriver à l'auberge où nous passerons la nuit.

En disant ces mots, il se dressa comme un jeune, caressa les chevaux, enleva les sacs tandis que Pauline et Paulien renfermaient les gobelets et les restes du frugal repas dans le caisson de la charrette.

Après avoir fait boire les chevaux, il revint vers les jeunes, souleva Pauline sans façon et la posa sur la charrette.

— Ça, c'est une fille ! clama-t-il en lui lançant une tape sur les fesses.

---

1. *La Bonne*, expression populaire en ces années quarante pour désirer une vraie République par opposition à celle escamotée lors de la Révolution de 1830.

— C'est du privé, « le Roulage », rétorqua en riant le garçon.

Ils arrivèrent au Beausset au coucher du soleil. Des gamins coururent en criant derrière le convoi jusqu'à la sortie du bourg. La nuit tombait vite en ce décembre relativement doux mais orageux. Quelques instants, ils passèrent devant un couvent. Pauline se serra contre Paulien :

— Tu vois, c'est ici que j'ai été élevée par les sœurs dès l'âge de six ans.

— Je sais, tu m'as raconté. Je connais ta vie et tes malheurs. Mais bientôt on sera heureux.

— Je désire tant ce monde meilleur ! A la fabrique, les femmes sont plus enragées que les hommes encore. En travaillant, elles arrivent tout juste à nourrir leurs enfants. Certaines sont veuves. La Jeannine a quitté pour aller à Toulon. Elle habite le Mourillon. Je l'ai aperçue un soir avant de te connaître. Elle ne m'a pas vue et s'est engouffrée dans une taverne avec un homme. Vendre son corps pour nourrir ses enfants, ne trouves-tu pas cela abominable ?

— Ne dis plus rien ! Je t'en prie ! fit Paulien en se tournant vers le roulier qui gesticulait en faisant entrer son attelage sous un porche.

— Voici l'auberge du Roulage. Je conduis les chevaux à l'écurie et je vous rejoins dans la salle !

Ils entrèrent dans une grande salle voûtée au fond de laquelle pétillait un bon feu de bois. L'aubergiste s'avança :

— C'est pour le repas et la nuit ? fit-il en essuyant ses mains à un tablier de toile.

Au même moment le Rouge entra par une porte basse.

— Bon vent, roulier ! clama l'aubergiste. J'attendais ton passage comme chaque mois.

— Voici des amis, fit le roulier. Tu vas nous servir une bonne soupe à l'oignon, c'est le secret de ta Louise.

Effectivement, le bruit de casseroles que l'on entendait dans une arrière-salle cessa et la Louise s'avança vers les arrivants, avec son haut chignon, serviette sur l'épaule.

— Rouge, tiens-toi ; ce soir nous avons des étrangers. Ne

raconte pas trop d'histoires, des affaires de notre pauvre monde.

— Je vous offre une pinte, dit l'aubergiste, en les faisant asseoir près d'une table.

Il apporta un pichet et il servit dans des gobelets d'étain.

— Pas pour moi, fit Pauline. J'en boirai une demi-pinte au repas.

— Elle s'y connaît, la citoyenne, rétorqua le Rouge en s'esclaffant.

— Doucement, dit Michot en se tournant vers trois voyageurs qui discutaient à voix basse près du feu.

— Je les connais, fit l'aubergiste. L'un d'eux est négociant en amandes. Il s'arrête quelquefois à l'auberge. Celui qui nous tourne le dos s'appelle Fieschi. Son père, anarchiste, a lancé la bombe sous la calèche de Louis-Philippe et a été exécuté, mais il voyage sous un faux nom. Il se rend souvent à Marseille chez ses parents corses comme lui. Quant au troisième, je ne l'ai jamais vu. Mais n'ayez crainte, ils ne sont pas pour le régime.

» Louise, tu peux servir nos amis pendant que je monte au premier voir si les lits ont été faits par la servante. Les paillasses ont été rembourrées avec de la paille de maïs. C'est le meilleur, fit-il en se dressant et en clignant un œil vers les jeunes.

Leur repas achevé, le Matelot, c'est ainsi que les rouliers appelaient l'aubergiste, les invita à boire une « goutte [1] » devant le feu.

— Ça tue les microbes ! clama-t-il en avançant un banc de chêne devant les flammes où tous trois prirent place.

L'aubergiste, une fiole à la main, après avoir versé la « goutte » dans le gobelet des hommes, s'assit sur la dalle du foyer, dégusta, posa trois nouvelles bûches sur les braises puis raconta. Les voyageurs avaient gagné leurs chambres. Le silence n'était troublé que par le vent qui ronflait en cette nuit de décembre et le claquement des bûches mordues par les flammes.

— Nous sommes tous, en quelque sorte, des gens du

1. Eau-de-vie.

voyage, des voyageurs de la nuit et du soleil. Rouge, tu es roulier, toi et ta compagne, vous courez vers l'amour et un monde meilleur, et moi, tel que vous me voyez, j'ai bourlingué sur toutes les mers du monde ! Mon grand-père, mon père ont tenu cette auberge. Après la marine, mon père disparu, ma retraite c'est l'auberge et les amis que je retrouve régulièrement : rouliers, colporteurs, compagnons du Tour de France, postillons des diligences. Au temps de Napoléon, mon aïeul me conta une étrange histoire attachée à l'auberge avant que mon grand-père Cyprien en devienne propriétaire :

» C'est un voyageur à cheval qui, un jour, trouva porte close. Cela était insolite. Le lendemain, un voisin se hissa à l'intérieur par une fenêtre. Un horrible spectacle se présenta à lui dans la cuisine : l'aubergiste et sa femme gisaient, la gorge tranchée. La police ne retrouva jamais les coupables de cette tuerie. L'auberge resta fermée un certain temps, le fils unique des aubergistes ayant décidé de la mettre en vente. Il s'enrôla dans l'armée, laissant à un notaire le soin de s'occuper de la vente. Aucun acheteur ne se présenta. Le lieu devint de plus en plus sinistre. Du matin au soir, les jours de pluie ou de vent, les volets battaient, des grincements s'élevaient pareils à ceux d'un navire en détresse. Quelques vagabonds s'y réfugiaient l'hiver. Certains étaient des hors-la-loi ou des déserteurs du célèbre Royal-Cibot [1], régiment du Comtat qui défraya la chronique lors de la campagne de Russie. Les soldats de ce régiment ayant préféré se cacher dans les gorges des Maures plutôt que d'aller mourir dans les neiges russes.

» C'est à cette époque que l'on commença à désigner cette auberge par « Auberge de la Peur ». La police montée de Napoléon y fit, un soir d'hiver, une descente. Elle arrêta plusieurs déserteurs. Certains réussirent à s'enfuir. L'auberge devint à nouveau solitaire et abandonnée. Des années passèrent. En raison de sa mauvaise réputation, l'auberge ne trouvait point d'acquéreur. Subitement, un jour, elle se remit à vivre. Un inconnu, un homme immense, noir de

1. Cibot : cône de pin en provençal. Ce régiment avait pris ce fruit pour emblème. Il fournira des éléments lors de la Terreur blanche.

peau, la loua. Il remit en état la cuisine et les chambres avec l'aide de ses deux fils et d'une servante. Cela se passait pendant la Terreur blanche, époque où l'on tuait les patriotes comme on tue les grives. Vous m'excuserez, je ne suis pas « calé » en histoire, mais cela doit se situer entre 1815 et 1820. Pourtant, les beaux jours de l'auberge semblaient finis. Ce n'étaient plus la bonne chère et les bombances d'autrefois, lorsque les diligences y amenaient des fournées de voyageurs cossus. La pitance n'y était plus abondante. Quelques voyageurs isolés recommencèrent cependant à s'y arrêter pour courtiser la servante jeune et belle. Cette dernière encourageait les avances de ses soupirants. C'étaient en général les plus riches qui avaient ses faveurs. Nombreux furent ceux qui, après s'être glissés dans le lit avec la servante, se mettaient à ronfler, subitement pris de sommeil. La boisson servie au repas y était pour quelque chose. Le lendemain, les malheureux ne trouvaient plus l'amoureuse, ni leur bourse ni leurs bijoux. Ils comprenaient subitement qu'on les avait joués. S'ils menaçaient d'appeler la police, le père et les deux fils sortaient de longs poignards effilés qu'ils pointaient sur la gorge du voyageur trop crédule. La plupart, étant mariés, n'osaient raconter leur mésaventure. De plus, pour leur enlever l'envie de les dénoncer, l'aubergiste leur criait en les mettant à la porte :

» — Entends bien ! C'est toi qui as perdu ton argent au jeu ! Si tu racontes des histoires, ta vie ne vaudra pas un liard. Nous saurons où te trouver et les tiens seront mis au courant !

» Malgré tout, cela finit par se savoir. A présent, on passait rapidement devant l'auberge sans s'y arrêter. L'aubergiste eut de moins en moins de clients, à part quelques voyageurs qui n'étaient pas de la région et qui n'étaient pas toujours riches. C'est alors que de nouvelles rumeurs se répandirent. Un paysan, habitant non loin de l'auberge, raconta que certaines nuits, des chariots chargés entraient puis sortaient à vide. De préférence les nuits sans lune. Un soir, malgré sa frayeur, sa curiosité l'emporta. Il s'approcha près du grand portail. Dans la cour sombre, il vit l'aubergiste tenant un flambeau. Six hommes et ses deux fils déchargeaient des chariots en silence. Un sac tomba à terre. De la vaisselle en argent, des candélabres, des paquets de tabac sortirent du sac entrouvert. Très vite, on enfouit le butin dans le sac. Une autre nuit, par une pluie battante, le paysan aperçut par sa lucarne des hommes à cheval, le visage masqué, galopant vers l'auberge. Il raconta ces scènes insolites à ses amis. Personne, cependant, n'osait avertir la police. On était en pleine Terreur blanche et chacun désirait protéger sa peau. On se doutait bien que l'auberge servait d'entrepôt à un vaste trafic de contrebande. On soupçonna même le fils de l'ancien aubergiste d'être le chef de cette bande.

» Ce n'était qu'une supposition qu'on émettait dans les veillées, lorsque les portes et les fenêtres des maisons isolées étaient bien closes. Bientôt, ce fut une peur panique. Les habitants n'osaient plus sortir le soir. La maréchaussée fut enfin mise au courant. On chargea le paysan, témoin du trafic, d'avertir les gendarmes lorsqu'il entendrait des va-et-vient insolites. Un soir, par une nuit sombre, il entendit des galops de chevaux suivis, quelques instants après, par des roulements de chariots. Il attendit que le calme fût rétabli pour se lancer, sur son cheval de ferme, vers Le Beausset. En une demi-heure, il parcourut les quatre lieues qui le séparaient de ce bourg. Les gendarmes à cheval, avertis, foncèrent vers l'auberge. En arrivant sur les lieux, tout leur parut calme. Le portail était cadenassé.

» — Au nom de la loi, ouvrez ! cria le chef d'escadron.

» Pas de réponse. Avec une barre de fer on enfonça le portail. Tout à coup, six hommes à cheval franchirent une porte opposée donnant dans la campagne. Une poursuite effrénée commença. Les gendarmes avaient de meilleures montures. Cinq bandits furent bientôt cernés et durent se rendre. L'aubergiste et ses deux fils étaient parmi eux. On les ligota et ils furent reconduits à l'auberge. La servante avait réussi à s'enfuir. On perquisitionna. Dans la cave furent trouvés des monceaux de marchandises, vaisselle précieuse, étoffes rares, bijoux, tabac, et des armes. Malheureusement, ce ne fut pas tout. L'un des gendarmes s'approcha d'une citerne. Curieusement, celle-ci était comblée de pierres et de terre fraîche. On conduisit les prisonniers à Toulon. Le lendemain, un inspecteur de police, accompagné de trois terrassiers, revint sur les lieux. On déblaya la citerne. Un affreux spectacle s'offrit aux yeux des terrassiers et du policier. Des corps mutilés en décomposition se présentèrent. On les enveloppa dans des linceuls. On continua à vider la citerne qui était profonde. Dans la boue se mêlaient encore des lambeaux de chair et des ossements.

» L'auberge sanglante fut l'objet de nombreux articles dans les gazettes. Mais la Terreur blanche continuait. On n'osa bientôt plus l'évoquer. Malgré cela, l'aubergiste, ses deux fils et deux de leurs acolytes furent condamnés à mort par pendaison. En juillet 1820, ils furent pendus dans la cour de la prison, payant ainsi pour leurs crimes. Quant à la belle servante qui avait si bien servi d'appât, on ne la revit jamais plus.

Après une bonne nuit de repos et avoir pris quelques provisions pour la fin du voyage, l'attelage prêt à partir, tous trois firent leurs adieux à leurs hôtes.

— Vive la Bonne et à bientôt ! cria le Matelot lorsque le chariot s'ébranla.

Les chevaux bien reposés tiraient ferme, mais le marin continuait à souffler en rafales. Heureusement, c'était la fin du parcours. Quatre lieues à peine les séparaient de Marseille. Vers la mi-journée on atteignit les faubourgs, puis les quais. Paulien et Pauline furent stupéfaits d'être plongés tout à coup dans ce trafic incessant où s'élevaient des cris, des appels de mariniers, des hennissements de chevaux, des odeurs fortes de denrées exotiques. Des uniformes de matelots se mêlaient aux costumes bariolés des Orientaux, aux blouses des débardeurs. Quelques cheminées de navires à vapeur se noyaient dans un frémissement de voiles. Ils se promenèrent un instant au milieu de ce monde de la mer, étranger, sans doute, aux aspirations de ceux de la terre et des cités de l'intérieur.

Le Rouge, vers cinq heures, vint les trouver au lieu où

ils s'étaient donné rendez-vous. Il leur indiqua, non loin du port, la direction de la rue Thubaneau où ils devaient se rendre dans la soirée. Après avoir garé son attelage dans un hangar des docks et dételé ses chevaux dans l'immense écurie destinée aux rouliers de passage, il les entraîna vers le Vieux-Port. La pluie qui menaçait se mit à crépiter. Fort heureusement, ils arrivaient devant la taverne où le Rouge descendait chaque fois qu'il se rendait à Marseille. Rapidement, ils s'engouffrèrent dans la salle faiblement éclairée par deux becs de gaz.

Le patron de la Taverne du Port était un gros homme, chauve et jovial, d'une cinquantaine d'années.

— Quel vent ! s'exclama-t-il.

— C'est pas du bon avec ce temps de chien, répliqua le roulier. Toi, tu es à l'abri, mais nous, ceux de la route, c'est dur.

— Voilà qu'il se lamente, fit en riant le tenancier en se tournant vers les jeunes. Et ceux-là, d'où les sors-tu ?

— Ce sont des amis. Il faut que tu les loges pour la nuit. Je sais qu'à l'occasion tu loues des chambres.

— Pour toi, c'est pas de refus. Si vous voulez me suivre, fit-il.

Il ouvrit une porte où se dressait un escalier en bois. Ils le gravirent, éclairés par le bougeoir du patron, et entrèrent dans une alcôve.

— Je n'ai plus que cet endroit de libre.

— Ça ira, dit Paulien en enlevant sa vareuse et en aidant Pauline à ôter sa cape humide de pluie.

L'homme descendit, les marches de bois craquèrent sous son poids.

Pauline retira son corsage, défit son chignon, faisant couler sa chevelure sur ses épaules nues. Paulien l'admirait dans la pénombre, il fit courir ses lèvres sur les épaules. Elle frissonna, l'attira à elle en se collant farouchement à ses lèvres. Il la courba pour la faire basculer sur le petit lit de camp.

— Pas maintenant, fit-elle dans un souffle, le Rouge nous attend.

Tous deux rajustèrent leurs vêtements à la pâle lueur

d'une veilleuse — minuscule bougie flottant dans un verre empli d'huile — et rejoignirent les deux hommes qui buvaient une chopine en compagnie de trois clients.

— Ils sont sympathiques, tes jeunes, fit le tavernier en se tournant vers eux.

— Ce sont des purs. Des amis de Duteil.

— Alors, ce sera gratuit pour eux.

— Le garçon peut payer. Lors d'une chambrée au Luc, la Jeune Montagne s'est cotisée pour qu'il puisse accomplir sa mission.

— S'il a besoin de moi, il n'a qu'à faire signe. Tu sais, toi, que j'ai ce qu'il faut sous le comptoir.

— Je sais, répliqua le Rouge en lançant une bourrade à son ami. Les Corses vous êtes tous les mêmes. Il vous faut toujours des pétards.

— Et alors, il faut ce qu'il faut, répliqua le patron avec son accent corse tout en se servant à nouveau à boire.

— Je dois vous quitter, fit le Rouge en s'approchant près des amoureux qui s'étaient installés au fond de la salle, en profitant des fromages et des fruits que leur ami leur avait offerts sur le quai. Je suis invité chez des amis au bas de la Canebière et je dois m'occuper du chargement pour le retour. Ne manquez pas la patache de demain midi qui vous ramènera à Toulon ! Et surtout, faites bien attention cette nuit. La rue Thubaneau n'est pas très sûre avec une belle fille au bras, termina le roulier en embrassant Pauline sur les deux joues.

Il serra la main au patron et bientôt disparut sous la pluie qui tombait par intermittence.

— C'est pas un temps de décembre, dit le Corse, attablé avec un débardeur qui venait d'entrer en ôtant son caban et sa large casquette.

— Tu peux le dire, Antoine. Chez nous, à Bastia, il fait toujours soleil ! Et s'il fait froid, la neige est presque chaude, fit-il avec un sourire malicieux. Mais ce temps, c'est du pourri, comme le gouvernement !

Michot et sa compagne savouraient le bonheur d'être

deux à souffrir et à aimer dans ce monde amer, souvent désespéré. Paulien se mit à penser à sa famille, à son père fusillé dans les fossés de Buzançais. Il crispa ses doigts sur le bord de la table, une boule douloureuse lui serra la poitrine, l'empêchant d'achever son maigre repas. Un rêve fou alors le prit. Il vit, dans un éblouissement, des milliers de mains qui se tendaient vers lui, une immense clameur et des ruissellements de drapeaux. Il se tourna alors vers Pauline qui lui sourit. Une clarté semblait auréoler son visage, indicible beauté de l'amour, il l'entoura de ses deux mains et lui murmura : « République », comme dans un rêve. « Elle sera comme toi, jeune et belle, tendant les mains à ceux qui souffrent. »

La nuit était de plus en plus épaisse, la lueur des becs de gaz épars sur la grande avenue avait disparu. Dans cette rue étroite, des reflets de pluie les guidaient sur les pavés, vers le numéro 25 où ils étaient attendus. Car, en ce Cercle de l'Union, présidé par Charles Poncy, on savait qu'un messager envoyé par Duteil devait arriver. L'heure et le jour, dans ce climat de clandestinité, n'avaient pas été précisés. On ne savait même pas le nom de celui qui apporterait les renseignements concernant les républicains du Var. On savait qu'il viendrait de nuit. Et on attendait pour transmettre à Aix, à Avignon, les ordres et coordonner ces feux ardents de la République.

Arrivés au milieu de la rue, Paulien profita de la lueur blafarde de la lune qui glissait entre les nuages pour essayer de trouver le numéro 25 où se tenaient les réunions. Pauline courut vers son compagnon qui s'était détaché d'elle pour examiner les façades. Dans son élan, elle glissa sur les pavés boueux et s'étala dans une flaque. Paulien se précipita :

— Peux-tu te redresser ?

Et il la souleva et vit son visage maculé de boue.

— Ce n'est rien, dit-elle en s'agrippant au pantalon de velours de Paulien. Je dois avoir une égratignure au genou.

A cet instant, une ombre surgit d'un porche, s'approcha

du couple. Paulien sortit un long couteau à cran que Serre lui avait offert à Manosque, prêt à s'en servir. La lame luisait dans sa main. L'ombre eut un recul et murmura :

— Je ne veux que vous aider, j'habite tout près d'ici.

A la voix douce et aimable, tous deux devinèrent que l'ombre était une jeune femme. Paulien rentra son couteau et l'inconnue revint, aida Pauline à se rétablir, sortit un mouchoir pour lui enlever la boue de son visage.

— Mais vous boitez ! s'exclama-t-elle en soutenant Pauline. Venez, on va essayer d'arranger ça.

Tout en soutenant Pauline, tous trois arrivèrent sous le porche. Leur nouvelle amie poussa le loquet d'une vieille porte donnant sur un couloir qui sentait la moisissure.

Arrivés au fond du couloir, la jeune femme tira une clé de son caraco, ouvrit une deuxième porte et ils entrèrent dans une chambre des plus modestes éclairée par une veilleuse. On devinait derrière un rideau accroché à une tringle par des anneaux une bassine et un broc, une glace, ornée de fleurs en papier.

— Dans le quartier, on m'appelle Poupette, fit-elle en posant une lampe à gaz sur une petite table. On y voit mieux maintenant, ajouta-t-elle en allumant le bec.

Et tous deux virent le visage de Poupette, un visage rieur, rose et joufflu, aux lèvres épaisses soulignées d'un rouge vif. Le corps harmonieux d'une jeunette mais de petite taille, enveloppé d'une robe de satin bleu fané. Elle jeta ses escarpins sur le lit.

— Ils prennent l'eau, j'ai besoin de m'en faire payer une paire ! Mais tu es jolie, toi ! s'exclama-t-elle en s'approchant de Pauline avec une serviette humide avec laquelle elle finit de laver le visage et le genou égratigné de la compagne de Paulien.

Celui-ci avait quitté sa large casquette et admirait les deux femmes à présent assises sur le bord du lit, l'unique meuble de la pièce avec un petit placard.

Poupette en sortit une fiole et s'écria :

— Ça pique, mais ça tue le mauvais !

Elle revint vers Pauline, souleva sa robe grise pour soigner le genou où perlaient quelques gouttes de sang.

— Mais tu as de belles cuisses ! s'exclama-t-elle en retroussant le pantalon et en tamponnant la blessure. Tu portes une taillole comme les hommes ? fit-elle en apercevant une bande d'étoffe rouge sous le corset.

— C'est un secret, répondit Paulien en posant deux doigts sur sa bouche.

— Alors vas-y pour le secret et le mystère ! A Marseille, rien ne nous étonne plus !

Subitement, trois coups frappés à la porte interrompirent les bavardages de Poupette.

Rapidement, Pauline rajusta ses vêtements et Paulien sortit son couteau, prêt à tout.

— Ce n'est rien, dit Poupette. C'est Justin qui m'annonce la venue d'un client, d'un ami, fit-elle en se reprenant tandis qu'elle se poudrait devant un petit miroir de poche. Attendez-moi en bas. Ce sera vite fait avec celui-là, c'est un gros bourgeois des Huiles[1]. Justin m'avait annoncé sa visite.

— Nous aurions besoin d'un simple renseignement, dit Michot. Savez-vous où se trouve le cercle où loge Charles Poncy, un maçon en chômage ?

— Sûr, que je le connais. On se croise parfois dans la rue. Je vous retrouve dans un moment.

Michot et Pauline s'esquivèrent et attendirent sous l'auvent. La pluie avait cessé. Bientôt, un homme de forte corpulence surgit dans la nuit et s'engouffra dans le corridor. Une vingtaine de minutes seulement s'écoulèrent. L'homme apparut en maugréant et, à pas pressés, disparut au coin de la rue. Très vite, Poupette les rejoignit et les conduisit devant une vieille demeure en retrait.

— A bientôt, peut-être, fit-elle en embrassant Pauline. A présent vous savez où je crèche.

Un instant, ils fixèrent le fond noir de la rue où Poupette s'était engloutie.

Une porte basse était devant eux. Michot frappa avec le bâton orné du ruban vert qui ne le quittait jamais. Un guichet grillagé s'ouvrit :

---

1. Industries marseillaises.

— Que voulez-vous ? fit une voix rude.

— Nous sommes envoyés par Duteil, répondit doucement Michot, tout en tirant la lettre bourrée de documents qu'il présenta.

La porte s'entrebâilla, une main saisit la lettre. On entendit le déchirement de l'enveloppe.

— C'est bon, entrez !

— Alors c'est toi, Michot, qui a pu s'enfuir de Buzançais ! Et la fille, qui est-ce ?

— Une amie du Luc qui fréquente nos chambrées pour la bonne cause.

Tous deux entrèrent dans une pièce enfumée où trônait un poêle de fonte autour duquel six hommes étaient assis. Sur une table de nombreux feuillets, un numéro du *Peuple souverain*, un encrier se mêlaient en désordre.

— Depuis quelques jours on attendait votre visite, dit un homme de haute stature d'une quarantaine d'années. Je suis Charles Poncy. Bienvenue aux envoyés de Duteil et de Daumas, et nous connaissons déjà le travail de Pauline Durand que voici, amis de la Montagne ! Elle est partout, chez les bouchonniers, dans les chambrées, semant le courage et l'espoir auprès des femmes.

— Et je vais continuer tant que la Bonne ne sera pas là ! clama-t-elle.

Et, à la grande surprise de Michot et des assistants, elle se hissa sur un banc, défit son corsage et son corset et déroula de sa ceinture une longue et large étoffe rouge qu'elle brandit au-dessus de sa tête en la faisant flotter vers le portrait d'Imbert, symbole des républicains marseillais.

— Vive les femmes de la République ! crièrent tous les hommes dressés qui entouraient à présent cette nouvelle déesse de la liberté.

Mais la réunion ne faisait que commencer.

Pauline Durand était transfigurée au milieu de ces hommes, frémissants à l'idée de bouleverser et de changer le monde. Tous l'embrassèrent tandis qu'elle enroulait sa large ceinture rouge autour de sa taille par-dessus sa jupe : flamme de l'espoir au grand jour.

A haute voix, Poncy lut la lettre de la Jeune Montagne

du Var adressée à ses amis marseillais, où figuraient le nombre de plus en plus grand des républicains, malgré la surveillance des agents du roi, les résolutions prises dans les chambrées du Luc, de Collobrières, de La Garde-Freinet, de Toulon, de Saint-Tropez, les noms des messagers qui, de ville en ville, de village en village transmettaient les mots d'ordre, en cette année 1847, que tous pressentaient décisive.

— Il faut être prêts pour le grand jour ! clama Poncy. Tous unis avec le mouvement parisien, avec notre grand Lamartine et Louis Blanc.

— Tu as raison, mais Paris n'est pas tout. Tous les ouvriers, tous les paysans du Nord et du Midi doivent faire en sorte que ce soit la nation tout entière qui soit la Grande République, répliqua Alphonse Maillet, un poète du peuple, ami de Poncy.

— Il ne faut plus de Buzançais, de révoltes écrasées dans le sang. Nous étions seuls, face à la famine, à l'injustice. Mon père a été exécuté avec d'autres ouvriers.

— On connaît ton malheur, Michot, mais espère toujours et malgré tout. Buzançais récemment, mais aussi le soulèvement de Marseille qui, en 1834, a échoué, doivent nous servir de leçon. C'est Jacques Imbert, notre maître à tous, qui avait préparé la révolte marseillaise en liaison avec les républicains lyonnais. Malheureusement, tous n'étaient pas prêts. Le préfet fit cerner la ville, un brick de l'Etat qui mouillait dans le port braqua ses canons sur la Canebière. Les émeutiers renoncèrent et leur journal *Le Peuple souverain* que nous faisions circuler fut supprimé et l'imprimerie détruite ! Nos anciens, Imbert en tête, avaient suivi, la mort dans l'âme, le soulèvement de ceux de la capitale en 1832. Les républicains parisiens avaient profité des funérailles d'un député populaire, le général Lamarque, pour tenter de soulever la ville : la fusillade crépita, un drapeau rouge fut hissé sur une barricade tandis que les dragons chargeaient. Ce fut comme dans la région de Buzançais, une flamme sans lendemain et des morts sur les pavés. Mais, aujourd'hui, toute la France est prête, face à la misère des villes et des campagnes, la corruption des membres de notre gouvernement et de tous ceux qui profitent de l'incapacité de cette monarchie qui, dans un cadre désuet, malgré la bonne volonté de quelques ministres clairvoyants, ne fait que s'enfoncer. Un monde pourri et peu glorieux va disparaître. Le socialisme est en marche et nous, maillons indissolubles de la chaîne universelle, nous croyons en une ère nouvelle de bonheur et de fraternité.

En terminant cette tirade, Poncy saisit un feuillet et lut un poème qu'il venait d'écrire pour *L'Ere nouvelle* :

Pourtant, si quelque jour, le peuple se cabrait,
Pour devenir un roi, qui l'en empêcherait ?
Quelle digue opposer aux torrents populaires,
Enflés de tant de sang, de pleurs et de colères ?
De stupides soldats ? Des canons étrangers ?
Mais l'on sait que le peuple, à l'heure des dangers,
Quand le poids de sa chaîne et de ses maux s'aggrave,
Secoue un haillon rouge ; avec son fer y grave :
Du pain ou la mort ; puis, noble toréador,
Ecrase le taureau royal aux cornes d'or.

Tous les assistants applaudirent. Pauline, portée par l'enthousiasme, se pendit au cou du poète. Poncy en fut tout secoué, les lèvres de la jeune femme glissèrent sur son visage. Il sentit le frémissement de ce corps contre le sien. En ce court instant, le poète-ouvrier, immobile, tenant sa feuille couverte de sa large écriture, fut ébloui par cette sensualité, cet élan irrésistible de l'espoir. Il n'oubliera jamais, au cours de sa vie, cette rencontre au cercle de la rue Thubaneau.

Pauline, avec vivacité, arracha le poème des mains du poète, serra la feuille contre sa poitrine. Paulien, stupéfait, eut un pincement au cœur. L'ouvrier de Buzançais n'était pas l'homme de ces envols ardents, de ces souffles qui conduiront Lamartine et ses amis vers un socialisme impossible.

C'est en lisant de pareilles strophes que George Sand s'enthousiasmera pour Charles Poncy, comme elle l'avait fait pour Agricol Perdiguier, l'exemple du compagnonnage.

Elle rencontrera Poncy plusieurs fois en cette fin de Monarchie de Juillet. Elle croira avoir trouvé en lui le héraut de cette poésie ouvrière et socialiste qui devait être, selon elle, l'élément indispensable de renouveau intellectuel et moral non seulement pour le prolétariat, mais encore pour toutes les autres classes de la société. C'est ce qui distinguera, tout au moins en ses débuts, l'ère nouvelle de 1848 : idéal de réconciliation générale des classes, d'élaboration d'une société nouvelle, plus fraternelle, sans effusion de sang.

Pauline Durand, c'était autre chose que des élans de poète. C'était le cri d'une lointaine souffrance, d'un amour violent pour la vie, mais la vie de tous les jours, avec des vertiges, des impulsions parfois irraisonnées. Et c'était cela qui avait enflammé les chambrées du Var et, en cette nuit de décembre, ces hommes dans une salle enfumée.

Maillet, après s'être concerté avec Paulien, s'avança au milieu du groupe :

— Notre ami a bien accompli sa mission. Les documents des responsables du Var vont nous permettre d'établir d'autres contacts. Etes-vous d'accord pour que Michot se rende à Aix pour transmettre ces documents et nos consignes à notre ami Dory ?

Après un court silence tous adoptèrent cette résolution. Arnaud prit la parole :

— Pauline Durand rejoindra les chambrées et les fabriques du Var pour rendre compte de nos résolutions, de notre foi inébranlable. Mieux que quiconque, elle maintiendra l'ardeur des républicains. Bien au-dessus des discours, elle sera la chair vivante de notre combat.

— Arnaud a bien parlé, dit Maillet. Il vient de nous confirmer les résolutions prises par les francs-maçons marseillais qui ont contribué à tisser bien avant nous la toile fraternelle de l'entraide au service des hommes. Es-tu d'accord ? interrogea-t-il en se tournant vers Pauline.

Elle se pressa contre Michot. La fougue était tombée. Elle était redevenue simplement l'amante de celui qu'elle aimait. Ses yeux bleus fixèrent un instant ceux de Michot :

— Oui, je partirai seule et transmettrai votre flamme à

ceux qui nous attendent ! Mais, ta mission accomplie, reviens vite chez nous, Michot. Tu vas nous manquer dans les chambrées.

Plus doucement, elle chuchota :

— Et à celle qui t'aime.

— Je te le promets, mais j'ai hâte de rencontrer Dory.

— Tu lui remettras le poème pour qu'il le fasse paraître dans sa gazette, dit Poncy, en lui tendant la feuille que Pauline lui avait rendue.

— Il est temps de nous séparer, dit Maillet qui était le plus ancien du Cercle de l'Union. Nos amis ont eu une rude journée, ils doivent se reposer. Je vais les raccompagner à leur logement, mais avant cela, nous leur tressons une couronne d'amitié et de patriotisme ici où, pour la première fois, a retenti *la Marseillaise*. C'était le 22 juin 1792, François Mireur, délégué du club de Montpellier, l'a entonnée en cette salle où s'étaient réunis les premiers volontaires pour monter à Paris soutenir les patriotes. Il leur fit connaître l'hymne à l'Armée du Rhin composé quelques jours auparavant à Strasbourg par un capitaine du génie, Rouget de Lisle. Hymne qui, comme vous le savez, allait traverser les frontières du monde sous le nom de *Marseillaise*, le chant du bataillon des Marseillais, ces cinq cents volontaires qui avaient répondu à l'appel de Barbaroux : « Cinq cents hommes qui sachent mourir pour la Patrie. » Et, avec eux, quelques jours plus tard, c'était la prise des Tuileries.

Paulien et Pauline, médusés, fixaient les murs et les voûtes de la salle.

— Ce Cercle de l'Union devient pour nous le temple de la liberté, laissa tomber Paulien.

Des larmes coulèrent sur les joues de Pauline.

— *Allons, enfants de la Patrie, le jour de gloire est arrivé*... entonna Maillet en attirant les deux jeunes gens vers la sortie.

Avec leur guide, ils remontèrent la rue. La pluie avait cessé. La lune, par instants, glissait entre deux nuages. Encore éblouis par cette soirée mémorable, ils embrassèrent Maillet qui prit congé devant la Taverne du Port.

4

Comme convenu, le lendemain, Pauline prit la diligence de midi du Service régulier des Messageries.

Les deux jeunes gens restèrent longuement l'un contre l'autre pendant que le postillon plaçait des paquets et des lettres dans une grande malle d'osier. Après la pluie de la veille, c'était à présent le mistral qui balayait la ville, chassant les nuages vers la mer houleuse.

— Vent fou, je t'aime ! Je pars avec lui et le soleil, dit-elle à son ami en l'embrassant. Mais tiens-toi, Michot ! lui cria-t-elle en grimpant dans la patache où s'entassaient déjà une douzaine de voyageurs.

Le postillon, debout sur le siège, fit claquer son fouet et son jeune aide tenant la bride du premier cheval, courut un instant à côté de l'animal, puis sauta sur son dos en élevant le bras en signe d'adieu aux parents, aux amis qui étaient venus accompagner les voyageurs.

Michot resta un instant parmi eux. Machinalement, il agita un carré d'étoffe rouge que Pauline lui avait découpé dans sa taillole, lorsque, après une folle nuit d'amour, ils avaient quitté la taverne.

Paulien se trouva bientôt seul devant le poste des Messageries, rêvant encore au corps de Pauline, à sa Déesse rouge dont il était si passionnément épris depuis quelques mois. Elle effaçait même ses désirs de vengeance et de mort qu'il ruminait toujours après le drame de Buzançais.

Elle était pour lui la vie, l'amour et l'espérance, dans ce Midi qui l'avait accueilli.

Un négociant, ami de Maillet, qui se rendait à Aix en jardinière consentit à emmener Michot. La voiturette où était attelé un fringant camargue blanc ne mit que trois heures pour franchir les quelques lieues qui séparaient Marseille de l'ancienne capitale de la Provence. Le négociant s'arrêta non loin de la ville, au petit hameau de Palette où il avait rendez-vous. Il indiqua à Michot un raccourci, car l'ombre enveloppait déjà la campagne. Au loin se détachait le massif de la Sainte-Victoire, caressé par les derniers rayons du soleil. Des bêlements, des jappements de chiens se firent entendre. Au détour de la petite route apparut un troupeau. Le berger, grand et sec, enveloppé dans une cape de cadis, le salua avec son bâton. Michot s'approcha et se renseigna :

— La Tête Noire, est-ce encore loin ?

— Vous y êtes presque. L'auberge est près de la route, derrière cette colline, fit le berger en pointant son bâton vers le couchant.

Michot s'engagea d'un pas rapide vers la direction indiquée, après avoir une nouvelle fois consulté le plan que lui avait remis Poncy. Arrivé sur la pente de la colline, il aperçut non loin de là une haute bâtisse. Une longue barre de nuages flambait vers le couchant. Avant de continuer son chemin, il se retourna une dernière fois vers cette coulée sonnaillante gagnant la bergerie. Il se revit enfant, lorsqu'il suivait son grand-père berger dans les prairies bordant les rives de l'Indre.

Le troupeau disparut vers Sainte-Victoire, quelques tintements de sonnailles se noyaient dans l'ombre.

Cette vision pastorale, cette quiétude immémoriale de l'homme faisant corps avec son troupeau le réconfortèrent. Un immense désir de paix, de joie de vivre l'envahit. Mais, pour lui, cela n'était qu'un rêve. Il était marqué à jamais par la mort de son père et de ses amis. Il pressa le pas et, bientôt, arriva devant la vieille demeure dont l'entrée donnait sur la route. Il longea une muraille grise entourant une vaste cour où s'activaient des postillons et des domestiques. Hardiment, il franchit le porche, son bâton sur l'épaule. Il détacha son baluchon, le posa à ses pieds, et actionna le heurtoir de bronze. Le coup résonna à l'intérieur. Un homme immense apparut sur le seuil, levant une lanterne devant le visage de Michot.

— Que voulez-vous ? Il n'y a point de place pour vous loger.

— J'ai un message urgent à remettre à M. Dory.

— M. l'avocat, voulez-vous dire ?

— Oui, c'est bien lui que je dois rencontrer, répliqua Michot sans s'émouvoir.

L'homme éleva puis fit descendre la pâle lumière de sa lanterne afin de mieux examiner ce nouvel arrivant qu'il avait pris pour un vagabond.

La tenue de Michot était correcte. Il avait enlevé sa casquette, bien ajusté son caban noir et serré sa taillole autour de sa taille. A son air décidé, le valet comprit que c'était l'un de ces messagers que M. l'avocat recevait très souvent dans le secret de son pavillon qui se trouvait derrière l'auberge.

— Quelle est la personne qui vous envoie ? interrogea-t-il.

— Je viens de la part de M. Charles Poncy.

— Je vais avertir M. l'avocat. Venez avec moi.

Paulien suivit cet homme au visage basané dont les pans de la livrée verdâtre se soulevaient à chaque rafale de vent entrant par la porte ouverte. Le majordome poussa une porte vitrée et fit entrer Michot dans une vaste salle éclairée par des candélabres posés sur de longs coffres de chêne.

— Assoyez-vous, je vais avertir Monsieur, dit-il en désignant une bergère recouverte d'étoffe bleue, puis il s'approcha d'un homme élégamment vêtu, aux favoris argentés, qui bavardait avec un groupe de voyageurs près d'une haute cheminée où flamboyait un énorme tronc de chêne.

L'homme se retourna, jeta un regard vers Michot assis au coin de la bergère, sac et bâton sur les genoux.

Le maître des lieux murmura quelques mots. L'homme noir se courba puis se dirigea vers une petite porte à demi cachée par une tenture.

Michot, intimidé par le luxe de cette salle, ne bougeait pas. Des tapisseries aux murs représentaient des scènes de chasse. Au-dessus de la cheminée était accroché un grand tableau représentant un personnage aux culottes bouffantes vert sombre, au buste serré dans un pourpoint. C'est surtout la tête à la barbe épaisse, aux yeux de jais, qui retint son attention [1].

Ce portrait d'un haut personnage d'avant la Révolution — pour lui il n'y avait que les grands d'Avant et ceux d'Après — lui fit penser à celui d'un seigneur dont le portrait était accroché à l'un des murs de l'église de son village et dont lui avait parlé le curé lorsque, enfant, il entrait dans l'église. Cela le replongea dans ses souvenirs, dans la paix qu'il avait connue, malgré les terribles colères de son père qui n'arrivait pas, avec son salaire, à nourrir sa famille. A dix ans, on avait dû le mettre lui-même au travail dans une ferme.

La petite porte à demi masquée s'ouvrit. Le majordome, après avoir donné des ordres à deux servantes qui s'activaient à mettre le couvert sur des tables, s'avança vers lui :

— M. l'avocat vous attend. Veuillez me suivre, fit-il en esquissant un sourire.

Michot reprit son sac et son bâton et suivit le guide. Ils arrivèrent au fond d'un jardin où se devinait un pavillon en partie masqué par un épais bosquet de chênes. Le vent fit claquer l'unique volet de bois. Ils gravirent un petit escalier. Le majordome frappa trois coups à la porte centrale qui s'ouvrit aussitôt.

— Entrez, Michot ! fit Dory en souriant. Je viens de lire le message de Poncy et son poème que je vais transmettre à l'imprimerie de *L'Ere nouvelle*.

— Avez-vous encore besoin de mes services ? interrogea le majordome en s'inclinant devant Dory.

— Non. Dites simplement à M. de Cazan que j'aurai ce soir un invité à notre table.

— Ce sera fait.

1. Portrait de Henri d'Angoulême, grand prieur de France, amant de la Belle d'Altovitis, poignardé à l'hostellerie de la Tête Noire par le mari, Philippe d'Altovitis, sous le règne de Henri III.

Le majordome s'en alla avec la lanterne fortement secouée à chaque rafale d'un mistral de plus en plus froid.

— M. de Cazan est un homme charmant, vous verrez. Je dîne chaque soir en sa compagnie dans une arrière-salle où l'on est à l'abri des oreilles indiscrètes, fit Dory en entraînant Michot par le bras vers un vestibule.

Il souleva une tenture, et tous deux entrèrent dans une chambre dont le lit poussé dans un coin n'apparaissait être que bien secondaire. La plus grande partie de la pièce était occupée par une table circulaire recouverte de feuillets et de nombreux exemplaires de *L'Ere nouvelle*. Quelques fauteuils au velours cramoisi et fané entouraient la table.

— Prenez place ! fit Dory joyeusement en allumant les bougies d'un chandelier avec un mince rouleau de papier qu'il alluma à la flamme d'une veilleuse posée sur une étagère d'angle. J'ai loué ce pavillon au propriétaire de l'hostellerie et je souhaite y rester le plus longtemps possible ; c'est un endroit discret.

Michot s'enfonça avec une certaine gêne dans le fauteuil. C'était la première fois qu'il profitait de cette aisance bourgeoise. Il se souvenait d'un tel cadre lorsque, enfant, il avait accompagné sa mère dans l'appartement du maire de Buzançais. Son père, alité, ne pouvant plus travailler aux Grandes Forges, l'épouse du maire avait consenti à les recevoir. Elle s'occupait des œuvres charitables présidées par M. le curé. On leur avait donné des bons afin de se procurer du pain gratuitement pendant la maladie du père. Il revoyait sa mère toute menue, toute simple, rougissant devant la dame patronnesse vêtue de noir.

Dory se penchait sur les documents qu'il venait de lui remettre. L'avocat s'attarda longuement sur ces feuillets, sur une grande carte où étaient indiqués des dépôts de munitions, des points de ralliement avec, dans un encadrement rouge, des noms de responsables.

Soudain, Michot oublia sa mission, la quiétude du moment. Ses pensées allèrent vers Pauline dont la fougue proverbiale dans la région du Luc et de Saint-Tropez pouvait lui causer des ennuis sérieux. Il espérait qu'elle n'avait pas laissé échapper sa rancœur pendant le voyage de retour dans la diligence. Il redoutait qu'elle clame son indignation contre les bas salaires, surtout ceux des femmes, et l'exploitation des enfants travaillant parfois dix heures par jour pour permettre à la famille de joindre les deux bouts.

Michot sourit. Il avait appris récemment dans les chambrées, que le régime avait de plus en plus de mal à endiguer le mécontentement, non seulement celui des ouvriers et des paysans, mais aussi celui d'une bourgeoisie industrielle et commerçante qui désirait jouer un rôle dans l'Etat. Dory et son ami de Cazan n'étaient point de cette classe ambitieuse. Ils s'appelaient volontiers les « bourgeois de l'Egalité ». Un socialisme entraîné par l'idéologie des poètes et des intellectuels. Ce n'était point le monde des Lumières, de ces philosophes qui avaient, en partie, préparé la grande révolution. Dory et ses amis le savaient bien. C'était autre chose qui traversait le monde et qui bouillait en eux, que d'autres hommes, récemment, en Angleterre, en Amérique, en Europe occidentale, ressentaient en fixant l'avenir.

Paulien ne connaissait pas ce vertige des hauteurs, le chant de Verdi. Il était simplement de ceux qui souffrent dans le monde ouvrier de tous les jours. Manger à sa faim en travaillant, ne plus connaître les fusillades, c'est à cela qu'il pensait en évoquant Pauline qu'il avait hâte de retrouver, et surtout de « se la marier » en République. Pour lui ce mot était magique. Il y accrochait tous les bonheurs de la terre. Et, subitement, la clarté des bougies lui parut plus belle, lorsque Dory, sec et noir dans sa redingote, brandit le poème de Poncy.

— Michot, demain, à Aix, nous porterons ce poème à notre gazette. La surveillance se relâche ces temps-ci. Ceux de l'ordre font semblant de nous ignorer, mais il y a ces légitimistes, ces exaltés qui désirent mettre un Chambord sur le trône. Ils sont encore plus fous s'ils entendent le mot République. Venez avec moi. Allons voir si notre table est prête pour le repas. Vous dormirez ici, dans le pavillon, continua-t-il. Il y a un lit près de l'alcôve et des bassines pour la toilette.

Intimidé, mais heureux d'être entraîné dans cette ambiance chaleureuse, il suivit Dory dans le vestibule où, dans une bouffée de mistral, surgit une merveilleuse apparition : une jeune femme à la chevelure brune, revêtue d'une ample robe bleue à volants se précipita vers Dory, se pendit à son cou en riant :

— On vous attend, très cher, fit-elle en embrassant fougueusement l'avocat. Notre souper est servi. De Cazan a fait préparer l'une de ces soupes à l'oignon dont le cuisinier a le secret.

Dory dénoua les bras qui s'attardaient autour de son cou et présenta ce tourbillon bleu à Paulien :

— Voici mon amie Elodie de Marignane. Paulien Michot, un rescapé de la révolte de Buzançais, un messager envoyé par Charles Poncy.

— Ainsi, vous connaissez Charles, notre cher poète, murmura-t-elle, songeuse.

— Oui, madame, j'ai cet honneur, répondit Paulien, son sac à la main, mal à l'aise et subjugué par cette beauté d'une distinction naturelle.

— Couvrez-vous, ami, dit-elle avec un charmant sourire. Plus que d'autres, vous méritez notre grande estime. Le courage et le sacrifice de ceux qui ont tout perdu ne sont-ils pas les plus belles marques de noblesse ?

Paulien restait immobile, la casquette à la main, déconcerté par l'apparition, un rêve bleu, à la chair rose, enveloppé de dentelles, une noblesse ancienne — ce qu'il ne savait pas —, mais la plus excentrique et la plus généreuse qui soit, par celle qui était devant lui, rejetée par les salons aixois très légitimistes. Paradoxe. L'arrière-grand-tante d'Elodie, Emilie de Marignane, n'avait-elle pas été la maîtresse, puis l'épouse volage du grand Mirabeau, cet aventurier incorrigible de l'amour, et tribun de la grande révolution ?

Michot crut un instant que cette fille d'un autre monde se laissait entraîner dans le bouillonnement révolutionnaire par fantaisie, en suivant le sillage de son amant. Il devait modifier son jugement par la suite ; sous des dehors enfantins, Elodie, après avoir connu Dory, était entrée de front, comme par défi envers sa caste conservatrice. Peut-être, au début de sa liaison avec l'avocat, cela avait-il été un jeu, mais, peu à peu, au contact de la détresse des humbles, sa passion amoureuse s'était doublée d'une autre encore plus forte, plus exclusive. C'était devenu une raison de vivre pour un idéal, plus important que leur chair et que leur amour. Elodie était autre chose qu'un tourbillon de fête.

Tous trois apparurent bras dessus, bras dessous dans la petite salle à manger réservée au maître des lieux. Ce dernier s'avança vers eux, se courba devant Elodie dont il prit la main pour l'installer à sa table, sur laquelle une soupière en argent laissait échapper une délicieuse odeur de pistou[1].

— Quel beau tableau, murmura de Cazan à l'oreille d'Elodie lorsqu'elle fut assise. Voici unis la noblesse, la bourgeoisie et le peuple. Le grand Mirabeau serait heureux d'être ce soir à notre table.

— Que contez-vous à ma belle ? dit en riant Dory.

— Oh ! rien, je pensais que le mari de son arrière-grand-tante aurait été ravi d'être parmi nous.

— Nous l'honorerons dans peu de temps, croyez-moi. Le boulevard principal deviendra le cours Mirabeau par la volonté de la République.

Une tenture s'écarta, laissant passer le majordome qui s'inclina.

— Faites apporter la suite du repas, ordonna le maître de la Tête Noire.

Un brouhaha, des appels parvenaient de la grande salle. Le majordome se retira, la lourde tenture retomba et le silence revint.

Elodie, radieuse, se tourna vers Paulien, en arrangeant négligemment ses rubans :

— C'est bien, de penser à ce chaud lapin de Mirabeau. Savez-vous comment il a mis le père de la belle Emilie devant le fait accompli ?

— Ne racontez plus cette histoire, fit Dory. Croyez-vous que cela intéresse notre invité ?

1. Basilic.

— Bien sûr, un révolutionnaire doit connaître ceux qui ont illustré 1789, même avec leurs défauts.

Paulien s'arrêta de savourer le civet de lapin que l'on venait de servir. Il était gêné, maladroit dans son maintien à cette table de maître et fut soulagé par cette diversion.

— Vous devez connaître le côté franc-tireur de notre représentant à Versailles en cette année qui avait bouleversé le monde. Son aventure avec Emilie arriva bien avant qu'il devienne célèbre.

Paulien était peu instruit en ce qui concernait l'histoire de France. Il en connaissait quelques épisodes transmis par voie orale par les anciens de son village, ou lors de réunions animées dans les chambrées du Var où l'on évoquait parfois le tribun de la Constituante et sa réponse célèbre à l'envoyé du roi, lors des Etats généraux réunis à Versailles :

« Répondez à votre maître que nous sommes ici par la volonté du peuple et que nous n'en sortirons que par la force des baïonnettes. »

Il ne savait que cela de Mirabeau et, pour lui, ces fières paroles traduisaient toute la grandeur de son combat et de celui de tant de milliers d'hommes : « la volonté du peuple... »

La vie amoureuse tumultueuse de celui qui écrivit un *Essai sur le despotisme*, persécuté par son père et ses anciens amis, lui était inconnue.

Elodie continua son récit :

— Toute la noblesse était sur les rangs pour épouser Emilie quand le jeune Gabriel, fort laid du reste, se joignit au nombre des prétendants. Ayant peu de chances, il usa d'un stratagème. Il réussit à séduire la grand-mère et rencontra quelquefois Emilie en cachette. Lorsque cela se sut, le père et les prétendants se liguèrent contre l'intrus. Le jeune Mirabeau ne se tint pas pour battu. Il réussit à soudoyer une femme de chambre et à se faire ouvrir de bon matin la porte de l'hôtel des Marignane. Aux premiers rayons du soleil, à l'insu de la belle Emilie, il apparut sur le balcon en tenue de nuit, se signalant aux passants par la voix et par le geste. On l'entendit, on le vit, et, quelques jours plus tard, la famille dut s'incliner et il épousait Emilie...

— Ne troublez point notre ami, fit Dory en riant. On ne doit voir en Mirabeau que la grandeur de ses idées et de son éloquence.

— Nous avons nos meneurs, nos combattants, plus près du peuple, peut-être, que Mirabeau, tenta d'expliquer Paulien, que les frasques du tribun n'intéressaient qu'à demi.

— Bien sûr, Michot, la Deuxième République sera aussi grande que la Première.

— Levons nos verres, pour la justice et la fraternité, répliqua de Cazan qui était franc-maçon. Buvons, en cette semaine de Noël, ce petit vin cuit de Palette que les Aixois aiment tant ! Le soir de Noël est sacré. Le plus ancien de la famille arrose une bûche brûlant dans l'âtre en prononçant ces paroles rituelles devant la famille réunie :

Alegre, Alegre !
Mi beùs enfant. Dieù nous alegre,
Eme calendo tout ben ven.
Dieù nous fague la graci de veire l'an que ven,
E se sian pas mai, sieguen pas méns ! [1]

— Votre langue provençale se rapproche de notre patois berrichon. J'ai compris bien des mots, déclara Paulien, surtout la fin : « *A l'an que ven, sieguen pas méns.* » A l'année prochaine, notre grande année de la République, espéronsle, et que nous soyons tous réunis.

S'enhardissant, il leva lui-même le verre de l'union, en clamant :

— Vive la République !

— Vive la République ! répondirent les autres, levant leur verre, en se dressant.

1. Allégresse, Allégresse !
Mes beaux enfants. Dieu nous réjouisse,
Noël annonce la lumière, des récoltes prochaines,
Dieu nous fasse la grâce de voir l'an qui vient,
Et si nous ne sommes pas plus, ne soyons pas moins.

Elodie et les trois hommes, à la fin du repas, se dirigèrent vers la grande salle. Un groupe de voyageurs se chauffait devant la cheminée. Dory s'adressa à Michot :

— Je vais te remettre des documents de la plus haute importance, pour nos amis du Var et de Marseille. Michot est encore inconnu dans la région, dit l'avocat en se tournant vers de Cazan. Il n'est pas encore signalé dans le Midi. Cependant, il faut s'attendre à ce que les suspects ayant participé à la révolte de Buzançais soient repérés d'un jour à l'autre.

— Je suis sur mes gardes, n'ayez crainte, affirma Paulien.

— Les plus dangereux, continua Dory, sont peut-être les légitimistes qui, eux aussi, se réunissent en secret. Je suis tenu au courant par l'un de mes amis. Ils complotent sans cesse, ont leurs agents à travers la France, et espèrent mettre sur le trône Henri V, le petit-fils de Charles X, pour eux le véritable roi. Certains connaissent mes activités, mais me laissent en paix pour l'instant. Peut-être en raison de la présence d'Elodie à mes côtés, fit-il en inclinant sa tête sur celle de son amante.

— Voyez-vous ça, monsieur l'avocat, ainsi je vous sers de couverture, vous utilisez une femme pour agir, pour vous protéger de ceux qui m'ont définitivement rayée de leur monde ?

— Calmez-vous, mon amour ! Croyez-vous que nos routes s'embarrassent de tels préjugés ? Ne vont-elles point en plein ciel ?

— Et voilà le verbe de l'amoureux, répliqua la jeune femme en se serrant contre Dory. Je vous aime, vous le savez, murmura-t-elle, pour tout, comme amant, mais, surtout, comme compagnon de la même route, avec tous les autres, avec ceux qui sont pour les faibles contre les forts.

Michot, gêné, demeurait silencieux. Il pensait à Pauline, à son prochain retour dans le Var.

— Je dois aller retrouver mes hôtes, certains sont des habitués de la Tête Noire. Il faut aussi préparer cette semaine de Noël avec mes collaborateurs. Nous attendons de nombreux voyageurs et même des Aixois, déclara de Cazan.

— Elodie et moi espérons passer ces fêtes chez vous, dit Dory. En raison des événements qui s'annoncent, je dois rester encore quelques jours à Aix. Nous irons à notre ferme de Lambesc en début d'année pour demeurer quelques heures avec mes parents âgés. De là, nous nous rendrons à Avignon.

— Avez-vous reçu de mauvaises nouvelles de Vaucluse? interrogea Cazan.

— Pas exactement. Cependant, les cercles et les clubs d'Avignon en relation avec ceux de la Drôme, ont de sérieux problèmes de personnes, et sont divisés sur les grandes lignes à suivre dans les prochains mois. Il serait malheureux de compromettre notre union par la faute de quelques-uns. Un récent courrier de Londres m'apprend qu'Alphonse Gent en personne va se rendre à Avignon pour essayer de rétablir cette union si nécessaire à notre cause. Gent m'a fait part de son désir. Il souhaite me tenir au courant des rencontres internationales de Londres. Je l'ai rencontré plusieurs fois à Lyon au cours de ces dernières années.

— Michot, voici le compte rendu de nos activités en pays d'Aix, les rapports des Bas-Alpins qu'il faut transmettre à nos amis de Marseille, puis à ceux du Var.

Dory sortit un épais dossier cacheté de sa redingote. Il le tendit à Michot qui le glissa dans la poche de son caban.

— Avant de partir, mets-le dans ton sac, sous les provisions de route qu'on te remettra. C'est plus sûr, continua l'avocat. Avec ton sac et ton bâton au ruban vert, on te prendra pour un compagnon.

— Un bâton au ruban vert? s'étonna Elodie. Pouvez-vous me le montrer?

— Vous le verrez demain lorsque nous souhaiterons bonne route à notre ami. Nous avons tous besoin de repos, répliqua Dory en l'entraînant vers l'escalier conduisant aux chambres du premier étage.

— Au fait, dit de Cazan en s'adressant à Michot qui s'apprêtait de son côté à quitter la salle, demain, Victor, le chef de cuisine, se rend à Marseille en cabriolet pour effectuer un achat de poissons, voulez-vous en profiter pour vous en retourner ?

— Très volontiers. Cela m'évitera d'attendre le négociant qui m'a donné rendez-vous pour le retour en début d'après-midi. Plus vite je serai à Marseille, mieux cela vaudra.

Paulien, après avoir vivement remercié le maître de maison, se glissa dans le jardin séparant l'hostellerie du pavillon. La lune éclairait le bosquet. Très rapidement, pour échapper au mistral qui soufflait toujours en rafales, il franchit le seuil, referma la porte à double tour, et, guidé par la lumière qui brillait à l'angle du corridor, il entra dans la pièce circulaire. Il enleva ses lourds godillots avec soulagement, après avoir mis tous les documents au fond de son sac. Malgré le froid, le pavillon n'étant pas chauffé, il fit une rapide toilette dans l'alcôve attenante, puis se faufila avec plaisir sous les couvertures. Harassé, mais heureux d'avoir accompli sa mission, il ne tarda pas à tomber dans un profond sommeil.

Une vive lueur et des crépitements le réveillèrent en sursaut au milieu de la nuit. Effrayé, il sauta du lit : la petite alcôve attenante était embrasée. Par la lucarne aux vitres brisées, le mistral attisait les flammes qui commençaient à lécher l'intérieur du pavillon. Il n'eut que le temps d'enfiler son pantalon et de prendre son sac auquel était attaché son bâton, et il courut à perdre haleine vers l'hostellerie. Il frappa de grands coups à la porte en criant : « Au feu ! Au feu ! » Un domestique ouvrit, aperçut au loin les flammes et, de son côté, alerta le personnel, de Cazan et les voyageurs endormis.

De Cazan et Dory furent les premiers sur les lieux, bientôt rejoints par les domestiques et quelques voyageurs.

— Tous dans les écuries pour prendre des seaux ! cria de Cazan.

Paulien se précipita avec d'autres vers l'écurie centrale. Les chevaux hennissaient. De Cazan, Dory et Paulien canalisaient les volontaires vers la grande citerne servant à alimenter la Tête Noire en eau potable. A demi vêtus, ils firent la chaîne vers la fournaise qui se propageait à présent vers le bosquet.

Toute tremblante, Elodie, un manteau jeté sur les épaules, suivait la scène du balcon dominant le jardin. Avec effroi, elle voyait cette chaîne vivante, des seaux ruisselants éclairés en bout de course par la lueur des flammes. Subitement, elle cria dans la nuit. Elle venait d'apercevoir Dory, torse nu, qui sautait par une fenêtre non encore embrasée, dans le pavillon. Les volontaires l'aperçurent, lâchèrent leurs seaux. De Cazan et Michot avaient en vain essayé de le retenir. Des minutes angoissantes s'écoulèrent. Enfin, avec des cris de soulagement, on vit bondir Dory au-dessus du toit et se suspendre à un arbre dont les frondaisons n'avaient pas encore été atteintes par le feu. Il dégringola de l'arbre et, noir de fumée, pantalon en lambeaux, courut vers la citerne en tenant un cartable de cuir sur sa poitrine.

— Je les ai trouvés ! Je les ai trouvés ! se mit-il à crier.

Elodie, descendue en hâte, s'élança vers Dory ruisselant d'eau, glissa ses mains dans ses cheveux roussis.

— J'ai trouvé les dossiers de *L'Ere nouvelle* ! Peu importent mes blessures, dit-il à ses amis qui, à présent, l'entouraient.

Epuisé, il ne put reprendre sa place dans la chaîne. Elodie et une servante l'aidèrent à gagner la chambre. Lorsqu'elle fut seule avec lui, elle le fit s'étendre, puis, avec de l'alcool apporté par la servante, nettoya ses plaies heureusement superficielles. Simplement sa chevelure et sa moustache avaient viré au marron.

— Te voilà beau, mon amour !

— Où se trouve le cartable ?

— Ici, dans cette commode, fit-elle en étendant le bras vers le meuble.

— Je retourne auprès de mes compagnons, dit-il en se soulevant à demi.

Dans ce mouvement, un cri de douleur lui échappa.

— Tu vois bien que tu ne peux pas. Un ami médecin va arriver d'un moment à l'autre. Il peut y avoir d'autres blessés.

— Comment le feu a-t-il pu se déclarer ? Il n'y avait que la veilleuse à l'angle de la grande pièce et Michot nous a dit que les flammes ont surgi de l'autre côté, dans l'alcôve. Ceci est un mystère.

— Peut-être pas, répliqua Elodie, songeuse. J'en connais certains qui savaient où nous trouver. L'un d'eux, ami de ma famille, a juré notre perte.

— Ce sont donc ces légitimistes !

— Tu n'es peut-être pas loin de la vérité. Crois-moi, nous le saurons tôt ou tard. D'ailleurs, orléanistes et légitimistes vont être « effacés » par la République. Ce sera notre vengeance.

— Je les hais, dit Dory en s'allongeant à nouveau.

Au petit matin, le feu était circonscrit. Des paysans venus des bastides voisines avec des charrettes chargées de cuves emplies d'eau avaient contribué à éteindre l'incendie.

Après enquête de la police et des experts, comme le soupçonnait Elodie, l'acte criminel ne fit plus de doute. Une vitre de la fenêtre de l'alcôve avait été découpée avec un diamant de vitrier et l'on retrouva à l'intérieur des restes de torches qui avaient été enduites de poix et projetées par l'ouverture. Le ou les incendiaires avaient profité du mistral pour accomplir leur forfait.

La police et les gendarmes interrogèrent Michot qui, le premier, avait vu les flammes. On lui demanda son identité, son lieu de travail, la raison de sa présence dans le pavillon.

— C'est un ami de passage. Les chambres étaient toutes occupées, nous l'avons logé dans le pavillon que j'ai loué à M. de Cazan, expliqua Dory.

L'un des policiers demeura perplexe. Se tournant à nouveau vers Michot, il dit :

— Ainsi, vous êtes de Buzançais. Pour quelle raison en êtes-vous parti ?

— Le chômage... Des parents établis au Luc, dans le Var, m'ont trouvé un emploi dans une fabrique de bouchons.

— Oui, les bouchonniers du Var, tous des révolutionnaires, de ces républicains qui veulent vivre sans rien faire.

Ainsi vous avez quitté votre emploi pour vous rendre à Aix, continua le policier.

— Je l'ai invité à passer les fêtes de Noël en notre compagnie, coupa Dory.

— Je vois, répliqua le policier, peu convaincu. Nous nous renseignerons.

Lorsque l'homme eut quitté l'hostellerie, Dory attira Michot :

— Il faut que tu partes comme prévu demain matin pour Marseille. On a eu peut-être tort de donner ton nom, le policier va sans doute se renseigner sur la vraie raison de ton départ de Buzançais.

— Bah ! Dès que je serai à Marseille, j'avertirai Duteil ou Poncy. Ils ont des amis à la préfecture.

En cette avant-veille de Noël, le mistral s'était calmé. De Cazan, après les heures mouvementées que l'on venait de vivre à l'hostellerie, n'envoya que le lendemain le chef cuisinier à Marseille, pour effectuer les achats en prévision des fêtes.

Paulien, après avoir reçu de nouveaux vêtements, prit place dans le cabriolet. Il avait eu soin de bien cacher les documents au fond de son sac, comme le lui avait conseillé Dory. L'incendie maîtrisé, il avait pu prendre quelques heures de repos avant son départ. Le cabriolet était prêt. Paulien avait pris place à côté de Victor, le chef cuisinier. Ses amis étaient devant le porche. Elodie grimpa sur le marchepied de la voiturette et embrassa Paulien sur les deux joues. Lestement, elle sauta à terre en clamant :

— A bientôt, ruban vert et République !

Le fouet claqua et le cabriolet s'élança. Paulien, avant le virage, agita son bâton par-dessus son épaule, le ruban tourbillonnant dans le vent.

Vers onze heures, le cabriolet s'arrêta près du Vieux-Port. Victor gara son attelage sous un porche et fit ses adieux à Michot.

— J'espère être au Luc demain soir, et joyeux Noël, fit Paulien, avec un large sourire.

— Joyeux Noël ! répliqua l'homme.

Paulien n'avait pratiquement connu Marseille que de nuit. Il se repéra au milieu de la foule, nombreuse en cette période de fête, serra son caban neuf, car le temps était au vif, puis, après quelques hésitations, reconnut une ruelle conduisant à la rue Thubaneau. Il savait que chaque matin Poncy et Maillet, au Cercle, rédigeaient des articles pour la gazette. En passant, il reconnut le porche sous lequel, avec Pauline, ils avaient rencontré Poupette. Bientôt, il fut devant le numéro 25, frappa trois coups. Le guichet grinça, puis la porte s'ouvrit :

— Enfin, c'est toi ! Tout s'est-il bien passé ? interrogea Poncy en le faisant pénétrer dans la salle.

— Oui, j'ai remis les documents à Dory et voici des rapports de la plus haute importance que m'a confiés l'avocat, fit-il en tirant le dossier de son sac. Après lecture au Cercle, les ordres sont de les transmettre aux responsables du Var.

— Ce sera fait, et le poète entraîna Paulien au fond de la salle où le poêle ronflait.

Poncy était seul, Maillet n'était pas encore arrivé. Cette chaleur et cette amitié réchauffaient le messager encore tout ébranlé par l'incendie du pavillon. Il raconta, assis devant le poêle, son sac et son bâton sur les genoux, les péripéties qui s'étaient déroulées durant son bref séjour à la Tête Noire, comment il avait failli périr dans l'incendie, le courage de Dory sautant au milieu des flammes pour sauver les dossiers.

Bouleversé, Poncy écoutait en serrant les précieux dossiers sur sa poitrine.

— Quelle audace ! finit-il par murmurer. Dory aurait pu y perdre la vie ! Demain soir, nous avons une réunion, je présenterai les dossiers à nos membres, et, par l'un d'eux, nous les transmettrons à Campdoras. La police te connaît à présent, nous ne pouvons courir de risques, tu rejoindras Le Luc par la diligence qui part en début d'après-midi. Prends des forces avant ton départ.

— J'ai ce qu'il faut. Voici du jambon, un fromage et une

miche de pain que mes amis d'Aix m'ont remis. Pressé de te rencontrer, je n'ai pas eu le temps de casser la croûte.

Poncy poussa une pile de feuillets au coin de la table, installa les provisions de Paulien, se dirigea vers un placard dont il tira une bouteille de vin :

— Et voici pour faire glisser, clama-t-il en posant la bouteille sur la table.

Pendant que Paulien commençait ce frugal repas, Poncy remplit deux gobelets :

— A notre santé, au succès de nos affaires !

— A nos amis, à tous ceux qui espèrent ! Ce soir, je serai avec eux, avec Pauline qui a dû nous préparer un bon repas de Noël.

— Je t'annonce qu'elle est bien arrivée à destination. Je me suis renseigné auprès du maître de poste des Plaines [1]. Il est des nôtres.

Subitement anxieux, Paulien dit :

— Je ne voudrais pas manquer le départ.

— Tu as le temps, les postillons ne sont jamais à l'heure. Il y a des voyageurs en retard, les bagages, et parfois même des contrôles de police.

— Je préfère être en avance.

— Entendu. Je t'accompagne.

Tous deux furent bientôt mêlés aux passants de la rue Thubaneau. Rue haute en couleur s'il en fut, où se côtoyaient prostituées, marins, bouquetières et autres éléments interlopes de Marseille. Il faisait froid. Poncy ajusta sa vieille redingote, Paulien enfonça sa large casquette, remonta le col de son caban, souvenir de ses amis aixois. Après la rue, ce fut le grand déferlement de la Canebière où se croisaient chariots, fiacres, passants se pressant pour effectuer leurs achats de Noël. Enfin, par une rue montueuse, ils accédèrent au quartier des Plaines où se trouvait le poste des diligences. Il n'y avait que deux voyageurs qui, comme eux, étaient en avance sur l'horaire. Ils attendirent une demi-heure, puis les postillons, nullement pressés, sortirent d'un cabaret, se dirigèrent vers la diligence déjà en

---

1. Quartier et place dominant Marseille.

place avec ses six forts chevaux d'attelage maintenus par un garçon d'écurie. D'autres voyageurs arrivaient.

Les deux postillons vérifièrent les harnachements des chevaux ; des parents, des amis attendaient le départ qui était imminent. Poncy étreignit Paulien au moment où il se préparait à grimper dans la rotonde. Le maître de poste allait donner le signal du départ quand, d'un fourgon noir qui stationnait non loin de là, sortirent deux hommes à l'air sévère, serrés dans des redingotes sombres.

— Attendez un instant, ordonna l'un d'eux au maître de poste en présentant une carte. Nous devons vérifier l'identité des voyageurs.

Surpris, l'ami de Poncy dut s'exécuter et laisser l'un des policiers se hisser sur le marchepied.

— Veuillez présenter vos papiers ! ordonna-t-il.

Les voyageurs obéirent. Quand arriva son tour, Paulien sortit sa carte dite de service, attestant son emploi à la fabrique du Luc.

— Etes-vous de la région ? questionna le policier.

— Non.

— D'où venez-vous ?

— De l'hostellerie de la Tête Noire à Aix.

— Et vous êtes arrivé il y a quelques mois seulement au Luc. Nos collègues d'Aix nous ont dit que vous aviez quitté Buzançais pour chercher du travail.

— Oui.

— Vous mentez. En réalité vous étiez parmi les révoltés et vous avez pris la fuite. Nos collègues aixois ont fait une enquête à votre sujet. Veuillez nous suivre.

Paulien, atterré, n'essaya même pas de nier. Poncy avait assisté à la scène. Il était prêt à s'élancer pour s'interposer, défendre son ami, mais, au dernier moment, il comprit que ce serait compromettre le mouvement qui était en marche. Il ne pouvait prendre de risques. Paulien le comprit aussi.

Sans se retourner, il monta dans le fourgon, tenant son bâton et son sac. Impuissant, Poncy, toujours figé, vit s'éloigner le fourgon cellulaire vers le centre de la ville.

Les voyageurs et les badauds commentaient cette arrestation :

— Il s'agit d'un voleur, assura l'un.

— D'un assassin, affirma un autre.

— D'un espion, renchérit un troisième.

Les conversations allaient bon train. Il n'y avait que Poncy qui restait silencieux. Le moment de stupeur passé, il s'approcha du maître de poste, affilié au Cercle de l'Union, et lui glissa dans la main un feuillet où il avait écrit à la hâte : « Pour Pauline Durand - Fabrique du Luc. N'attends pas Paulien - Un simple retard. Bon Noël ! »

— A Toulon, dès ce soir, remets ce billet à quelqu'un de sûr qui transmettra.

— Ce sera fait, assura le maître de poste sans se retourner vers Poncy qui était derrière lui.

Et il donna le signal du départ en grimpant sur le siège près du premier postillon tout étonné, car le maître de poste restait généralement au bureau des Messageries du Midi.

C'est ainsi que Paulien Michot qui avait si longuement pensé aux siens, seuls, sans soutien, à des dizaines de lieues, et à Pauline, sa compagne en ce terrible exil, passa la nuit de Noël en prison.

Quel crime avait-il commis ? Pouvait-on lui reprocher d'avoir essayé de sauver son père lors de son arrestation ? Pouvait-on lui reprocher de toujours aimer la vie, de défendre le monde de la souffrance, pour hisser le drapeau de la fraternité universelle ?

Jeté sur la paille humide d'une cellule du fort Saint-Jean, il serra contre sa poitrine le bâton au ruban vert qu'on lui avait laissé. Un vieux geôlier, ancien compagnon, le lui avait pris avec son sac, lorsque les policiers l'avaient introduit dans le bureau des écrous.

— Garde-le, avait dit le gardien en refermant la lourde porte de fer.

Allongé sur la paille, par la lucarne grillagée, il apercevait dans le ciel les premières étoiles. Il entendait le bruit des vagues se brisant sur le roc où s'élevait le fort, sentinelle avancée ayant toujours menacé la ville avec ses canons, plutôt que les ennemis venant du large. Ville insoumise, prestigieuse héritière de la Grèce antique ayant toujours résisté à l'oppression. Henri IV, le pacifique, s'était écrié lui-même, lorsqu'il avait pu entrer dans Marseille, après la chute du premier consul de la cité révolté contre le roi : « Enfin je suis roi de France ! »

Noyau du fédéralisme, Marseille sera châtiée par la Convention et condamnée à être désormais appelée « la Ville sans Nom » !

Cela, Paulien ne le savait pas. Il pensait à ses amis, à Pauline surtout, qui devait l'attendre au Luc pour passer la nuit de Noël.

Il devait être tard, les ténèbres s'étaient épaissies, il n'apercevait plus les murailles par la lucarne, et les rumeurs de la ville s'étaient tues.

Subitement, il dressa l'oreille, la porte de son cachot s'ouvrait lentement. Il se dressa pour faire face.

— N'aie crainte, c'est moi, ton gardien, dit le vieil homme à la longue barbe blanche. Il ne sera pas dit qu'un compagnon passe la nuit de Noël sans un ami.

Le gardien posa sa lanterne et sortit d'un sac des victuailles : dans une boîte métallique il y avait une omelette encore chaude, des châtaignes bouillies et des galettes de maïs.

— Et voilà pour la compagnie ! fit-il en sortant une bouteille de vin.

Il riait. La lueur de la lanterne grandissait ses gestes en projetant des ombres sur le mur froid.

Paulien ne le détrompa pas quand il le considéra à nouveau comme un compagnon.

— Je ne veux rien savoir sur toi, compagnon. Paix et Fraternité, telle était notre devise lorsque j'étais compagnon. Tout ce que je sais, c'est qu'on t'a arrêté pour tes idées politiques. Ça n'est pas mon affaire, et la nuit de Noël, pour moi, c'est sacré.

Sur le banc de bois, le gardien avait partagé le repas, versé le vin dans des gobelets de fer tirés de sa poche.

— Paix entre les hommes ! murmura-t-il en tendant un gobelet au prisonnier.

— En souvenir de ceux qui sont tombés pour la liberté, répliqua Paulien en levant son gobelet et en pensant à son père.

Des sons de cloches se firent entendre.

— C'est minuit, l'Enfant Jésus vient de naître, dit l'homme en se signant. Il est venu au monde sur la paille, la même que celle des malheureux. De temps à autre, je viendrai te rendre visite. Il faut que je parte ; il y a des rondes la nuit. A bientôt.

Paulien se reprit à espérer.

L'arrestation de Michot consterna les membres du Cercle de l'Union. Fort heureusement, Poncy avait pu transmettre les rapports de Dory à tous les cercles de la région et aux francs-maçons par l'intermédiaire d'Arnaud, maître de la loge de Saint-Jean d'Ecosse, la plus ancienne de Marseille. Le réseau républicain s'étendait. On espérait que l'union des clubs du Comtat serait totale grâce à Alphonse Gent. Dory, dans son rapport, avait annoncé son arrivée très prochaine à Avignon.

Maillet fut chargé d'intervenir auprès des dirigeants de la Jeune Montagne du Var, à l'occasion de la Grande Chambrée qui devait se tenir dans une ferme isolée de La Garde-Freinet, présidée par Campdoras. C'était le 5 janvier 1848. Maillet consacra sa première visite à Pauline. Dès qu'elle le vit, elle se jeta dans ses bras :

— Comment va-t-il ? J'ai appris les circonstances de son arrestation. Je suis au désespoir ! Quelle veillée de Noël ! Serre et moi l'avons attendu jusqu'à très tard dans la soirée, puis le maître de poste a pu nous joindre et nous a transmis le billet de Poncy, et nous a finalement tout raconté.

— Il sera bientôt libre ! La Belle va arriver ! N'aie crainte, ma fille. Poncy et moi avons pu lui parler grâce au gardien. Il a bon moral.

— Après les chambrées de La Garde-Freinet où tous nos amis vont apprendre l'arrestation de Paulien, je retournerai à Marseille avec toi, Maillet. Il faut que je soutienne mon homme si on me permet de lui rendre visite. J'ai quelques économies ; avec elles je peux quitter la fabrique pour un certain temps.

— Tu vas manquer à tes amis si tu les laisses. Tu as tant fait auprès de tes compagnes ! Tu es leur soutien et leur cœur ardent.

— Tout est prêt, crois-moi. Les consignes, les lieux, les rassemblements. Tous n'attendent qu'un signal pour enlever les maires et les patrons pourris. Vive l'Internationale !

Maillet, habitué pourtant aux grands élans de ses amis marseillais, en eut le souffle coupé. Il serra longuement Pauline, avec ce vertige que lui transmettait cette déesse de la liberté.

— Si notre Michot était là, il serait le plus fier des hommes, finit-il par articuler avant de la quitter.

Deux jours plus tard, Pauline et Maillet étaient à Marseille. Dès qu'elle put, la jeune femme se présenta au bureau des écrous du fort Saint-Jean. On lui permit seulement de voir Paulien à travers les grilles d'une arrière-salle.

— Tu es venue... laissa tomber Paulien, en proie à la plus grande émotion.

— Oui, mon amour. Tout est prêt pour le grand jour, murmura-t-elle, en serrant les doigts de Paulien à travers les grilles. Espère, tu ne resteras pas longtemps en prison, lui souffla-t-elle en collant ses lèvres contre les barreaux.

— Où loges-tu ?

— Dans une arrière-salle du cercle. Poncy et Maillet s'occupent de moi. Poupette viendra au fort si on le lui permet. Elle t'apportera des provisions. Elle est libre à présent. Son « protecteur » a été tué d'un coup de couteau dans une rixe. Elle aussi croit aux grands jours qui s'annoncent, et elle espère refaire sa vie.

Comme prévu, Dory et Elodie s'étaient rendus à cheval à la ferme familiale de Lambesc. Les vieux parents de l'avocat avaient, avec grande joie, fait la connaissance de la compagne de leur fils.

Tous deux passèrent la nuit à la ferme dont le domaine s'étendait jusqu'aux rives du Touloubre, petite rivière riche en écrevisses, qui rappelait à Elodie de lointains souvenirs d'enfance, lorsque sa famille se rendait chez le marquis de Forbin. La rivière écumante traversait le domaine des Forbin dont le château s'élevait majestueusement au-dessus du village de La Barben. Elle aurait aimé, comme autrefois, suivre le cours de la rivière, ces tresses d'eau bondissant sur les cailloux. Temps des solitudes heureuses et d'un monde révolu. Il fallait vivre et combattre.

Le lendemain, après avoir fait leurs adieux aux parents et confié les chevaux prêtés par de Cazan au fermier, ils prenaient la diligence pour se rendre à Avignon. Le postillon, engoncé dans un manteau en peau de bique, brandit son fouet, les curieux s'écartèrent et l'attelage s'élança sur la route rectiligne bordée d'ormeaux et de mûriers.

Il y avait une demi-douzaine de voyageurs, frileusement serrés les uns contre les autres. Elodie et Dory saluèrent courtoisement leurs vis-à-vis, un couple d'âge mûr, puis un silence s'établit.

Pour le rompre, Elodie s'écria :

— Voici la Durance !

Tous se tournèrent vers la portière. Au loin, on apercevait le massif du Lubéron, épais et sombre. La rivière s'étalait superbement dans son lit, gonflée par de récentes pluies.

— J'espère qu'il n'y aura pas des inondations pareilles à celles de quarante-quatre, déclara l'homme en tortillant sa moustache.

— C'est la rivière folle de Provence ! Nous habitons Cavaillon et nous en connaissons les méfaits ! appuya la femme, en attirant mieux la chaufferette à braise qu'elle avait sous les pieds.

— Vous connaissez sans doute le dicton célèbre en langue provençale, fit Dory : « *Parlamen, Mistrau e Durençò soun li très fleù de la Prouvençò*[1]. »

— J'aime le mistral, intervint Elodie. Il chasse les nuages et la tristesse du temps gris.

— Pas moi, rétorqua la vieille dame. Il arrache tout ! C'est un diable !

---

1. Parlement, Mistral et Durance sont les trois fléaux de la Provence.

— Quant au parlement aixois, il fut toujours contestataire et lutta farouchement lorsque Richelieu supprima une partie de ses prérogatives.

L'homme et la femme se turent, firent semblant de s'intéresser davantage au paysage. Les ornières de la route faisaient parfois tressauter les voyageurs sur leur siège inconfortable. Le soleil avait disparu derrière la crête des Alpilles. On arrivait à Orgon, relais important où l'on devait changer de chevaux et passer la nuit.

— Le départ aura lieu demain matin au lever du jour, je dois être à Avignon vers midi, où attend la patache de Nîmes, déclara le postillon, tandis que son aide conduisait les chevaux à l'écurie.

L'aubergiste, emmitouflé dans une cape de berger, s'avança vers les voyageurs, le sourire aux lèvres :

— Entrez vite pour vous réchauffer près de la cheminée. Le repas sera servi à la même table pour tous, puis, étant donné votre départ matinal, vous pourrez gagner vos chambres.

Les voyageurs entrèrent dans la salle du relais où un grand feu pétillait dans l'âtre. Après s'être débarrassés de leurs manteaux, ils s'approchèrent de la cheminée près de laquelle se tenaient debout deux autres voyageurs, le visage penché vers les flammes. On se salua, et, après un court moment, l'aubergiste les appela par un joyeux « A table ! ». Les voyageurs prirent place autour d'une longue table. Le repas, composé de la soupe traditionnelle du soir et d'une daube, fut excellent. Un vin des coteaux du Lubéron fit le plaisir des connaisseurs et délia les langues.

Les conversations sur le temps, les affaires, allaient bon train à la fin du repas, lorsque la servante apporta un gâteau de maïs dont tous se régalèrent.

L'aubergiste quitta un instant ses fourneaux, pour faire la causette. Il y alla de sa tirade politique, se moquant, semblait-il, avec sa figure rougeaude et joviale, de ce qu'en pensaient ses hôtes.

— Les bonapartistes sont nombreux dans notre région, mais pas ici, à Orgon. La cité a toujours été contestataire, même au temps des Guise qui en furent les seigneurs jusqu'à la révolution. Les ruines du fort se dressent encore sur la colline dominant la Durance. Dans le temps, le bourg était une grande étape, avec ses foires, ses auberges ; des banquiers florentins s'y arrêtaient au temps des papes d'Avignon, dont le palais a été en partie construit avec des blocs extraits de nos carrières de pierre.

S'apercevant de l'intérêt que ses hôtes prenaient à ses évocations, il releva son tablier, le noua à la ceinture, et prit place sur le banc à côté d'Elodie. Cette dernière interrogea :

— Qu'ont-ils donc fait de si extraordinaire, ces Orgonnais ? En Provence, nos anciens consulats de communautés se sont toujours opposés aux abus de l'autorité seigneuriale.

Dory sourit en approuvant de la tête.

— Ce qu'ils ont fait, ma bonne dame ! s'exclama l'aubergiste. Eh bien, en cette même salle ils ont voulu pendre Napoléon !

— Pendre Napoléon ? interrogèrent les convives étonnés et sceptiques.

— Napoléon lui-même. Pas le Petit, de nos jours en exil, le Grand, celui que nos pères ont suivi sur tous les champs de bataille d'Europe. Lorsque, en 1814, il dut abdiquer, on l'obligea à s'exiler à l'île d'Elbe. Sur le chemin de l'exil, son cortège s'arrêta à Orgon. Les royalistes l'apprirent, cernèrent l'auberge où vous êtes en ce moment, en criant avec les habitants : « A mort le tyran ! » Ils enfoncèrent la porte. Aidé par un officier de son escorte, Napoléon eut tout juste le temps de s'enfuir par la petite porte que vous apercevez près de la cheminée. Grâce à des fidèles de la Grande Armée qui avaient tenu à suivre leur empereur déchu, il put rapidement rejoindre la berline qui attendait hors des remparts de la cité.

» Déçus, ses ennemis renoncèrent à le poursuivre, d'ailleurs des gendarmes arrivaient en renfort pour le protéger. Mais, le soir, sur la place, on brûla un pantin bourré de son, le représentant en effigie avec son chapeau légendaire.

— Ne seriez-vous pas par hasard pour ces républicains qui causent tant de tracas à notre roi ? intervint avec sévérité l'un des voyageurs, au moment où les convives se levaient de table.

— Je suis de rien, monsieur, répliqua l'aubergiste avec malice. Avec mon commerce, que voulez-vous, on préfère garder ses clients et ne pas aller en prison. Mais, quoi, on ne peut effacer l'Histoire, et ça, c'est du vrai : Napoléon a manqué être pendu, et les républicains, en 1792, ont entonné pour la première fois, en rangs serrés, *la Marseillaise*, en franchissant les portes d'Orgon ! Que voulez-vous y faire ?

— Le regretter, tout simplement, répliqua le voyageur.

Et, tournant le dos, il quitta la salle.

— Il en faut de tous, que voulez-vous ! conclut l'aubergiste lorsque le royaliste eut disparu.

— Un jour, peut-être, tous les hommes, les Blancs comme les Rouges, s'uniront pour construire un monde meilleur, déclara Elodie en entraînant Dory vers l'escalier conduisant à leur chambre. Profitons de notre nuit, murmura-t-elle en se pressant contre son amant. Pour une fois, ne pensons qu'à nous deux. Demain, nous serons loin, nous retrouverons assez tôt la lutte, en essayant de supprimer la haine.

Dory devait longtemps se souvenir de cette nuit d'amour où leurs corps s'étaient pris jusqu'à l'aube. Chambre d'étape, chambre d'un soir, où Elodie avait crié si longuement sous ses caresses.

5

Avignon étonne le voyageur par son importante ceinture de remparts, à la confluence des grands axes méditerranéens, par lesquels le commerce, les idées, l'esprit de dissidence des Comtadins, un monde hors Provence traditionnelle, ont connu les remous de l'Histoire. Glorieuse cité des Papes où Jeanne de Naples vint s'agenouiller, où Florence, avec son or, a été si longtemps présente, où Pétrarque a rêvé à Laure, où la richesse de la soie s'est heurtée au peuple, où l'on devait compter avec ces portefaix et ces mariniers du Rhône. Rhône royal qui arrose Genève la calviniste, Lyon la martyre et Avignon la pontificale.

Ce n'est que sous la Convention, en 1792, que la ville redeviendra française et, jusqu'à nos jours, vivra dans la ceinture de ses remparts.

Que de rues rappellent les noms des métiers et des industries si florissantes au XIXe siècle ! Dans une cité où s'étaient opposées les couches de la population, qui avait malgré tout gardé un affreux souvenir de la grande révolution, pour devenir en partie légitimiste à l'heure des Orléans, on trouvait des associations secrètes calquées sur celles des *carbonari*. C'était ainsi qu'au Cercle Lascarène, rue Petite-Fusterie, se retrouvaient des représentants des portefaix, des tisserands, des bourgeois, même des nobles aigris, écartés du pouvoir local. Ces cercles allaient se multiplier au moment du chômage, des prix de plus en plus élevés du pain, de la viande, du lait nécessaire aux enfants. Ces associations allaient parfois être en lutte entre elles, transmettant des mots d'ordre contradictoires. Ce qui était regrettable, car le réseau des messagers à travers les départements du Var, des Basses-Alpes, des Bouches-du-Rhône, de Vaucluse et de la Drôme, était bien organisé.

La classe la plus redoutée par le pouvoir était celle des portefaix du Rhône. Déjà, en 1830, ils parcouraient les rues, portant des rubans tricolores à leurs chapeaux, chantant *la Marseillaise*, prêts à soutenir le mouvement révolutionnaire de l'époque.

Lorsque Alphonse Gent arriva à Avignon en ce mois de janvier 1848, sa tâche était des plus délicates. Après la grande réunion de l'Internationale, il avait pris le pouls de la capitale. Les chefs républicains désiraient avant tout l'union de tous. Ne pas échouer comme en 1830 ou lors de tentatives de soulèvements qui avaient, sans succès, jalonné ces vingt années de régime constitutionnel et où, selon certains, le peuple était encore plus malheureux qu'avant la grande révolution.

Alphonse Gent avait rencontré Lamartine et Ledru-Rollin. Si le second était bien informé et avait des vues objectives sur le renouveau en perspective, le premier grand poète national, n'avait qu'une vision parisianiste du mouvement en son ampleur. De fait, c'est encore de la capitale que partira l'insurrection. Comme dans le Comtat, il y avait des divisions dans les ailes républicaines. Clubs, sociétés secrètes des départements étaient souvent mieux renseignés, possédaient une vision plus globale sur le plan national et, surtout, plus réaliste. Fort heureusement, des patriotes comme Gent faisaient la liaison entre Paris et le reste de la France. *Les Eclairs de Février*, chant du nouvelliste Pierre Dupont, symbolisaient de façon éclatante l'union face au discrédit dans lequel était tombée la monarchie orléaniste, et la vigueur de l'idée républicaine. « C'est à ne pas y croire, écrivait l'un des chefs du parti légitimiste d'Avignon, on eût dit que, sauf quelques personnes du "juste milieu", nous étions tous républicains ; il est vrai que Louis-Philippe a rendu impossible tout autre gouvernement, du moins pour longtemps. »

Cette révolution qui se préparait devait aussi beaucoup aux femmes. Pauline Durand et Elodie de Marignane auraient pu se réclamer de George Sand ou d'Eugénie Niboyet.

La première était anticléricale, la seconde, tout comme son amant, était pour cette « alliance de Dieu et du peuple ». Cette concorde sociale, cette conception idéaliste, seront propres à l'esprit de 1848, malgré les divergences qui apparaîtront, dans le Comtat notamment. La lourde mission de Gent était de réconcilier les chefs du Comtat avec ceux de la Drôme.

Il neigeait lorsque Dory et Elodie arrivèrent à la porte Limbert, centre des Messageries où la diligence s'était arrêtée. Cette dernière avait du retard en raison du mauvais temps et de la route verglacée.

— Enfin ! s'exclama un homme jeune, vêtu élégamment d'une redingote brune, chaussé de bottines de cuir fauve et coiffé d'un haut-de-forme vert olive qu'il leva en riant.

— Voici Michel Dumas, l'ami dont je t'ai si souvent parlé, dit Dory en faisant les présentations. La ci-devant Elodie de Marignane, termina l'avocat malicieusement.

— Du sang bleu dans nos rangs, quel est ce mystère ? laissa tomber Dumas en s'inclinant devant Elodie.

— C'est le mystère de l'amour et d'un sang plus rouge que le tien, répliqua gaiement Dory. Elle assiste à toutes les réunions de *L'Ere nouvelle*. Rejetée par sa famille, elle est sans cesse poursuivie par les légitimistes qui n'hésitent pas à passer aux actes.

Rapidement, l'avocat évoqua l'incendie du pavillon.

— Fort heureusement, termina-t-il, j'ai sauvé nos dossiers dont des rapports très secrets que j'ai fait transmettre à nos amis de Marseille et du Var.

— Vous avez devant vous un héros de la République, affirma Elodie.

Et elle raconta ce que Dory avait passé sous silence : sa

courageuse plongée dans les flammes pour sauver les documents.

— Dumas est un ami d'enfance, reprit Dory. Nous avons fait nos études ensemble chez les jésuites. Son père avait eu de grands espoirs en 1830, et le fils est digne du père.

— Inutile de m'envoyer des fleurs, Gabriel. Avec le cercle d'Avignon et mes amis *carbonari*, nous essayons depuis des mois de faire l'union. Ce n'est pas facile. J'espère que Gent réussira.

Sur un signe de Dumas, un fiacre s'avança et tous trois s'y installèrent.

— Place de l'Horloge ! ordonna Dumas au cocher.

Lorsqu'ils arrivèrent, le cocher les aida à descendre ; la place était recouverte d'un épais tapis de neige. Des chandelles de glace pendaient aux toits des immeubles.

— Nous allons nous restaurer. Le voyage, le froid ont dû vous éprouver.

Les deux amants se gardèrent bien de dire qu'ils n'avaient dormi que quelques heures au relais d'Orgon.

— J'ai largement la place pour vous loger dans ma vieille demeure pendant votre séjour, continua Dumas. Alphonse Gent est dans notre cité depuis trois jours. Il a déjà organisé des réunions, s'est mis en rapport avec les principaux responsables. Il a hâte de te rencontrer. Sa visite est prévue ce soir, chez moi. Il sera accompagné par trois responsables de clubs, Caritoux, Laurent et Bernard. Il y aura aussi le chef des portefaix.

Tous trois arrivèrent bientôt dans la rue Balance, rue étroite du vieil Avignon où se situait la demeure de Dumas, commerçant en tissus de son état. La pièce principale était une salle voûtée en ogives, sans doute la plus ancienne du logis. Une haute fenêtre grillagée à l'extérieur donnait sur une calade dévalant vers les remparts, à l'ouest du Rhône. Un imposant fourneau circulaire chauffait la salle.

Après s'être restaurés dans une pièce attenante servant de salle à manger, Dumas conduisit ses invités dans une petite chambre située au premier étage.

— Voici le petit nid que je vous offre pendant votre séjour. Ce n'est pas luxueux, mais il y a ce qu'il faut, fit

Dumas en tirant un rideau qui découvrit une large cuve servant de baignoire. Pour l'eau chaude, il y a en permanence une bassine d'eau sur le fourneau. Vous n'avez qu'à vous en servir. Reposez-vous. Pendant ce temps, je vais avertir nos amis de votre arrivée.

Et, en sifflotant, Dumas dégringola l'escalier de bois.

Les deux amants étaient las. Pendant que Dory mettait de l'ordre dans les documents qu'il devait montrer à Gent et aux Avignonnais, Elodie s'approcha de la lucarne. Une subite mélancolie l'envahit. Elle posa la tête contre la vitre et regarda tomber les flocons qui recouvraient les toits de la ville d'un épais manteau blanc. Six coups sonnèrent à l'horloge du clocher voisin, assourdis dans ce silence ouaté. Elle frissonna, se retourna pour contempler Dory toujours penché sur ses papiers étalés sur une petite table éclairée d'une bougie. Soudain, elle se sentit étrangère, isolée, dans cette ville qu'elle venait de traverser. Elle s'efforça de se rassurer et se précipita vers son amant en lui entourant le cou de ses bras. Il lui sourit, lui baisa la main :

— Je dois présenter tout le dossier à Gent et l'informer verbalement de ce qui est le plus secret. Je rédige quelques notes que je lui lirai ensuite.

— Je sais, c'est un grand jour pour nous, mais que c'est triste l'hiver.

Dory ne répondit pas et continua à consulter ses feuilles très attentivement.

Elle fit une rapide toilette, oubliant, malgré le froid, d'aller remplir le broc d'eau chaude, puis s'allongea sur le lit. Un lit-cage dont le sommier grinça. Mains croisées sur la nuque, son regard erra un instant sur le plafond blanchi à la chaux, où la flamme dansante de la bougie faisait s'ouvrir et se refermer des ombres légères.

Tout à coup, on entendit un grand remue-ménage au rez-de-chaussée. Du bas de l'escalier Dumas appela :

— Descendez ! Ils sont là !

Dory rangea rapidement ses documents et entraîna Elodie.

— Je ne suis pas présentable !

— N'importe comment tu es toujours belle ! Avec ta

chevelure, ton corsage entrouvert, il ne te manque que le drapeau tricolore pour incarner le tableau de mon ami Delacroix !

La tristesse d'Elodie s'envola, et c'est le sourire aux lèvres que tous deux se trouvèrent en présence des quatre hommes. Dumas fit les présentations. Quelques instants après, un autre homme apparut dans l'encadrement de la porte d'entrée.

— Amis, je suis en retard, dit-il, mais en dépit de la crise, il y a toujours des péniches qui arrivent à quai. Aujourd'hui, c'était facile. On a déchargé des sacs de laine et des cotonniers d'huile qui arrivaient d'Arles. Malgré la neige et le vent qui se lève, les mariniers n'ont mis que six heures de halage. Les chevaux ont bien tiré sur le bord, avec leurs sabots enveloppés de chiffons. L'hiver, le Rhône n'est pas facile. Notre réunion s'est bien passée. Tous ceux d'Avignon étaient là. Il y avait même des hommes de Montélimar, qui s'étaient arrêtés en descendant vers Arles. Lorsqu'ils remontent, nous échangeons nos chevaux afin qu'il y ait du repos pour les bêtes. Les mariniers sont nos compagnons de l'eau, ils voyagent, et nous apportent des nouvelles, des espoirs, du rêve... Les portefaix, c'est autre chose, les Rouges se comptent sur les quais.

— Quel bavard tu fais, Victor ! Viens nous rejoindre près du fourneau.

— Il y a longtemps que nous ne nous étions pas rencontrés, Dory, fit Gent avec un large sourire. Des heures brûlantes se préparent.

— La dernière fois, c'était à Lyon, au cercle.

— Oui, c'est exact. On n'était pas prêt à cette époque, mais maintenant...

Il se tourna alors vers Elodie.

— Elodie, ma compagne. Une pure et dure républicaine !

Tous les hommes eurent les yeux fixés sur elle. Gênée, elle arrangea sa chevelure.

Fort adroitement, Dumas intervint :

— Dory nous apporte des renseignements de la plus grande importance. Assoyons-nous autour du fourneau et débarrassez-vous de vos cabans !

— Vivement le printemps ! s'écria Caritoux en secouant sa lourde pèlerine où s'accrochaient encore quelques flocons.

Sans plus de retard, Gent prit la parole en félicitant Dory pour son action à Aix, plus difficile à mener qu'à Marseille. Il présenta ensuite les conclusions de l'Internationale ouvrière, à laquelle il avait assisté.

— Ce n'est plus un mouvement national, c'est un grand souffle qui traverse l'Europe entière. Notre deuxième révolution sera suivie dans le vaste élan de libération des peuples qui subissent le joug des monarchies ou des influences étrangères : l'Italie va se libérer de l'Autriche, la France d'une monarchie chancelante, la Russie peut réussir, mais cela sera plus long, car les théories de Marx ne sont pas applicables. Le problème des nationalités demeure à travers l'Europe. Pour l'heure, l'essentiel est de conduire à la grande lumière de la République notre France qui souffre dans sa chair profonde. Nous ne pouvons que réussir ; cette fois, les liens sont bien tissés à travers le pays. Paris organise, mais sans le reste de la France, la capitale ne peut rien. Cette fois-ci, on ne se laissera pas escamoter la République comme en 1830.

— Gent, tu peux compter sur le Midi. Un jeune révolté de Buzançais qui a dû s'enfuir nous sert de messager de la dernière heure. Il est parti, il y a plusieurs jours avec les indications pour la mise en place de nos adhérents lorsque le moment sera venu.

En prononçant ces dernières paroles, Dory ne se doutait pas que, depuis trois semaines, Michot était en prison.

— Buzançais, reprit Gent rêveur, en laissant errer son regard vers la fenêtre dont les volets étaient secoués par le mistral. Notre révolution doit se faire sans effusion de sang. Ce qui compte, en ces semaines décisives qui vont venir, c'est l'union sacrée de tous les démocrates.

— Voici des rapports réconfortants à ce sujet, dit Dory en tendant un épais dossier à Gent. Ils prouvent la bonne coordination et l'entente de ceux d'Aix, de Marseille et du Var.

— Je vais les consulter chez moi avec tous ceux que l'on

m'a transmis à Paris et dans quelques départements. Le plan d'entente est prêt. Sous peu, nos amis parisiens vont passer à l'action. Il est indispensable que les départements suivent. Le Midi, dans son ensemble, attend avec impatience la mise en place des municipalités républicaines. Malheureusement, il y a ceux de ma région, ces Comtadins qui n'arrivent pas à s'entendre ; et il y a encore de nombreux partisans de Henri V qui, d'après eux, doit remplacer Louis-Philippe et mettre de l'ordre dans le pays. Depuis mon arrivée, j'ai visité les clubs, non seulement à Avignon, mais aussi à Orange, et, dans les prochains jours, je dois me rendre dans la Drôme. Tous unis, nous vaincrons.

Ainsi Gent tenait en haleine ses amis, afin qu'à leur tour, dans les réunions, ils transmettent le vibrant message des républicains.

Dans sa jeunesse, Gent avait eu des démêlés assez équivoques avec sa famille, une histoire d'inceste qui lui avait fait le plus grand mal. Dans la lutte, il oubliait cette rancœur, cette meurtrissure. L'orateur se libérait ainsi du passé. Sa voix rauque, chaleureuse, avait quelque chose de fascinant. On l'écoutait avec plaisir.

Sa lourde tête aux cheveux gris s'inclina un instant vers Elodie assise à sa droite et buvant ses paroles. Un sentiment trouble s'empara d'elle lorsqu'il saisit sa main en la serrant si fort qu'une vive rougeur empourpra son visage. Il libéra très vite cette main chaude qu'il aurait sans doute aimé garder plus longtemps en ce soir de halte, mais aussi, pour lui, de solitude, face à cet avenir qu'il redoutait parfois.

Il se raffermit. Sa voix coula à nouveau, plus forte cette fois, pour exposer les derniers préparatifs du Paris républicain qui allait, une fois encore, donner le signal.

— Il nous faut une révolution sans effusion de sang, répéta Bernard, du Cercle de la Porte de l'Oulle. Plus nombreux nous serons, même avec les curés et les orléanistes déçus, mieux se fera le changement, sans victimes inutiles.

— C'est aussi le désir des Parisiens, de Lamartine, de Louis Blanc, de Ledru-Rollin, que j'ai rencontrés en revenant de Londres. Nous éviterons, s'il n'y a pas de clans, de divisions, la guillotine, la terreur dont Avignon, ma ville, a subi les horreurs pendant la grande révolution. Plus de Jourdan-coupe-têtes de triste mémoire [1].

Caritoux et Bernard approuvaient :

— Nous avons rendez-vous demain soir avec le chef des *carbonari* d'Avignon. Poursuivi par les agents du roi comme anarchiste, et comme étranger, il a pu trouver asile sur une péniche, déclara Caritoux.

— Retenez bien les renseignements qu'il va vous communiquer. C'est d'un intérêt capital. Il faut à présent que je vous quitte, continua Gent, en enfilant sa vieille redingote. Je dois me rendre au siège des francs-montagnards.

Après avoir soigneusement placé dans une doublure de son vêtement les documents transmis par Dory, il se dirigea vers la porte accompagné par Dumas. Les autres prirent également congé. Célibataire, Dumas invita le couple au café Baretta, cercle républicain où leur fut servie dans une arrière-salle une collation. Dans la grande salle, un Piémontais chantait l'air de *Nabucco* de Verdi, avec trois autres Italiens.

— Je les connais, fit Dumas à ses invités. Ils logent dans mon quartier. Le Piémontais, poursuivi par la police italienne, s'est réfugié dans notre ville. Les deux autres sont des maçons. Ils prennent de gros risques en chantant *le Chœur des Esclaves*.

Quelques instants après, le chant avait cessé. Les responsables du cercle les avaient avertis du danger qu'ils encouraient.

Le mistral qui s'était levé la veille soufflait à présent en rafales sur la neige glacée. En ce dimanche matin, après une nuit de repos passée avec Dory dans leur petit nid de la rue Balance, Elodie se rendit à l'église-cathédrale Notre-Dame-des-Doms pour assister à l'office dominical.

---

1. Il ordonna les massacres des prisonniers enfermés dans la tour de la Glacière du palais des Papes.

Une foule nombreuse se pressait à l'intérieur du grandiose vaisseau roman. Elodie fut tout étonnée de la disparité des fidèles qui, malgré le froid, étaient venus prier et écouter le sermon de l'évêque. Il y avait des bourgeois en redingote avec leurs épouses aux mantes sombres, des ouvriers en casquettes et blouses bleues serrées à la taille, des femmes du peuple frileusement enveloppées dans des pèlerines râpées ; mais, dans les yeux de tous, il y avait ce rituel ancestral de l'hommage au Seigneur, cette humilité-Christ, amour et partage envers la souffrance. Une lumière pâle filtrait au travers d'un vitrail.

Elodie était à nouveau seule, comme la veille, lorsqu'elle contemplait les flocons descendre sur la ville.

Elle communia à la suite d'une pauvre femme qu'elle aida à se hisser sur la marche de l'autel. A la fin de l'office, elle laissa s'écouler le flot des fidèles pour s'agenouiller et se recueillir dans une chapelle latérale dédiée à la Vierge. Elle pria avec ferveur, à genoux devant celle qui réconfortait les hommes. Ceux qui souffraient, ceux qui avaient tout perdu, et qui, à travers le monde, n'avaient plus que la foi pour s'accrocher à un salut, à un lointain bonheur. Et il y avait les incroyants qui espéraient, eux, en la République.

Elle pria pour sa famille, qu'elle avait quittée pour vivre avec Dory, pour ses amis de *L'Ere nouvelle*.

Lorsqu'elle franchit le porche de l'église, elle fut de nouveau saisie par l'imposante masse du palais des Papes. Tout à coup, portée par le vent, une complainte lui parvint. Elle aperçut un orgue de Barbarie dissimulé par un contrefort où l'homme s'était mis à l'abri. Elle s'approcha, maintenant les pans de sa lourde cape soulevée par le vent. L'orgue était installé sur un petit chariot à bras. Un chien osseux et noir y était attaché. A l'approche d'Elodie, l'homme leva la tête tout en continuant de tourner la manivelle. Elle sortit de sa poche une pièce de un franc qu'elle laissa tomber dans une boîte métallique. L'homme sourit dans sa barbe embroussaillée et tourna la manivelle avec plus de vigueur. Immobile, Elodie écouta un instant l'air nostalgique dont les notes s'égrenaient dans le vent.

Elle arriva à la rue Balance en même temps que les deux

amis qui avaient assisté à une réunion au Cercle de l'Indépendance. Dans l'après-midi, Gent entra en trombe chez Dumas :

— Demain, je pars dans la Drôme ; il faut que les républicains de la région soient prêts et avec les mêmes directives. J'aimerais que tu m'accompagnes afin que tu présentes toi-même les résolutions prises dans les régions marseillaise et varoise, dit-il à Dory.

Ce dernier hésita, car il allait se séparer d'Elodie pendant plusieurs jours.

— Ton devoir est d'accompagner Gent. J'irai aux réunions avec Dumas, déclara fermement Elodie.

— Elle a raison, appuya Dumas. N'aie crainte, elle sera bien gardée. Ceux de la Drôme sont renseignés par les Bas-Alpins, mais ils le sont moins en ce qui concerne le Bas-Pays. Va, que la République vous protège.

L'absence des deux messagers fut plus longue que prévu. Après Nyons, Dieulefit, Crest, Grane, ils rencontrèrent l'abbé Pic qui, malgré les avertissements de ses supérieurs, assistait aux réunions interdites devenues, en ce début de février 1848, quasiment publiques. Il insufflait un élan nouveau à ces populations rurales en majorité protestantes, s'unissait au pasteur de Dieulefit en clamant : « Dieu est pour le partage, la justice, et du pain pour tous ! »

Dory était particulièrement subjugué par ces paroles, par tous les républicains ultras ou modérés qui suivaient l'abbé.

Gent désira également connaître les dispositions des riverains du Rhône. Ils s'arrêtèrent un jour à Pont-Saint-Esprit, en une auberge devenue célèbre par les hôtes qu'elle avait reçus. A la fin du repas, après avoir mis en ordre les rapports dressés au cours de leur voyage, Gent raconta les raisons de la renommée de la vieille auberge :

— C'est ici que Stendhal, dont nous avons publié quelques textes dans la gazette, s'est arrêté il y a dix ans. Il est critiqué par nos romantiques, mais il ira loin. Grenoble, sa ville natale elle-même, où se sont réunis pour la première fois, avant ceux de 1789, les Etats généraux de la province, ne l'aime pas.

» Ce soir-là, en cette auberge, Stendhal, George Sand et Musset se trouvaient réunis. Les amants illustres se rendaient à Venise, et Stendhal rejoignait son consulat d'Italie. La veille, ils avaient « pris le Rhône » dans un coche d'eau. Le voyage avait connu bien des péripéties ; le fleuve, grossi par des crues de printemps, entraînait le coche à grande vitesse. Et c'est de justesse que le marinier évita, par une habile manœuvre, que le *Cygne bleu* ne s'écrase sur l'une des piles du pont de la cité rhodanienne.

— Connaît-on d'autres détails de ce voyage ? questionna Dory, vivement intéressé par la narration de Gent qui, les yeux dirigés vers les flammes de la cheminée, paraissait avoir oublié sa mission de coordinateur.

— Oui, Stendhal a relaté ce voyage dans son *Journal*, mais j'ai appris cette aventure par George elle-même qui, comme vous le savez, a rencontré plusieurs fois notre ami poète Poncy et le maître des compagnons, Agricol Perdiguier.

En cet instant, Dory unit dans une même pensée George Sand, Pauline, dont lui avait parlé Michot, et Elodie. Trois femmes hors du commun qui luttaient pour la liberté.

Les deux « missionnaires », avant de rejoindre le Cercle des Républicains, s'attardèrent devant un dessin dont l'aubergiste, avec fierté, conta l'histoire :

— L'homme élégant et la jeune femme qui exécutent en riant un pas de deux en grandes enjambées représentent Stendhal et la servante ; et, debout, levant les bras, c'est George Sand avec des habits d'homme. L'auteur du croquis est Alfred de Musset qui, visiblement subjugué par cette scène, la fixa sur son album qui ne le quittait jamais. Le croquis, Musset en fit don à mon père, et vous l'avez devant vous !

Subitement, l'aubergiste fut interrompu par l'intrusion d'une bande de jeunes gens qui entrèrent dans la salle en clamant :

— On nous a annoncé l'arrivée de Gent ! Où est-il ? On l'attend au Cercle du Pont !

— Me voici !

Et Gent s'avança vers eux, suivi de Dory. Tous deux, entourés et acclamés, furent entraînés vers les quais du Rhône aux cris de « Vive la République ! Vive la Montagne ! »

Deuxième Partie

LE FEU DE LA LIBERTÉ

6

En cette mi-février, pendant que Gent et Dory retournaient à Avignon en diligence, Paris attendait dans la fièvre. Des groupes de plus en plus nombreux déferlaient dans les rues, sur les boulevards, où se mêlaient ouvriers, bourgeois du mouvement, étudiants et, sous un ciel gris montait une vaste rumeur traversée par ces cris : « Chapeau bas devant la casquette, à genoux devant l'ouvrier ! »

Ainsi, le peuple, au courant des derniers scandales qui venaient de compromettre gravement le gouvernement, entendait bien ne pas se laisser confisquer la révolution comme en 1830.

Bien organisée, bénéficiant de la lassitude de l'ensemble des couches sociales, la Révolution de 1848 réussit. Le jeudi 24 février vers midi, Louis-Philippe abdiquait en faveur de son petit-fils, le comte de Paris. Tandis que le roi s'enfuyait par la Concorde, les insurgés faisaient un feu de joie, place de la Bastille, avec ce fauteuil amené des Tuileries qu'on appelait le Trône de France.

Alors, dans les rues, et dans les cœurs de beaucoup — Blouses et Habits, comme on appelait ouvriers et bourgeois — s'installa un sentiment fraternel, religieux, voire messianique et prophétique. Ce qu'ils voulaient, c'était une République qui leur promettait un règne de bonheur, de fraternité, de justice.

Quelques heures après les barricades, un gouvernement provisoire vit le jour par la fusion de deux équipes de dirigeants républicains. A la Chambre des députés, Lamartine et Ledru-Rollin firent acclamer au milieu du plus grand désordre, par une assemblée progressivement envahie par les émeutiers, une liste de sept noms élaborée pour l'essentiel lors d'une réunion qui s'était tenue, en fin de matinée, dans les bureaux du journal *Le National*. Equipe au demeurant modérée, qui jugea bon de gagner l'Hôtel de Ville, quartier général, depuis 1792, des grandes insurrections parisiennes, pour y recevoir la consécration d'un peuple déterminé à instaurer un nouveau régime.

Vers vingt heures, un accord se fit, après bien du tumulte, avec les représentants des différentes tendances. Sur les onze membres du nouvel exécutif, on ne comptait qu'un ouvrier, qui représentait également les sociétés secrètes victorieuses, Albert. Avec Louis Blanc, il était le seul à vouloir des réformes sociales profondes.

Dans un discours célèbre, Lamartine, malgré les hésitations, car le peuple n'a pas encore été consulté par ce suffrage universel tant désiré, déclara : « Le gouvernement provisoire veut la République, sauf ratification par le peuple qui sera immédiatement consulté. » Le lendemain, il tenait tête à une manifestation populaire réclamant que le drapeau rouge, signe de ralliement des insurgés victorieux, fût substitué au drapeau tricolore comme emblème national.

Le ralliement, à Paris comme en province, de la quasi-totalité des corps constitués, et l'effacement des fonctionnaires d'autorité qui abandonnèrent, dans leur grande majorité, leurs postes sans résistance aux républicains, tandis que partout se multipliaient les manifestations d'enthousiasme, banquets patriotiques, plantations d'arbres de la liberté bénits par le clergé — tout cela prouvait à quel point était grand le discrédit de la monarchie orléaniste, au moment où Louis-Philippe gagnait sa terre d'exil.

En attendant les élections, des Ateliers nationaux allaient voir le jour à Paris et en province pour essayer de résorber le chômage. La liberté de presse et de réunion était rétablie. En province, c'était du délire ; le printemps inoubliable de 1848 arrivait.

Gent et Dory étaient arrivés à Avignon le 20 février dans l'après-midi. Dory courut à la rue Balance. Elodie lui sauta au cou :

— J'ai reçu ta lettre m'annonçant ton retard. Ces derniers jours, j'ai été invitée par le Cercle Républicain, mais, sans toi, rien n'est plus pareil. Ne me quitte plus ! cria-t-elle en entraînant son amant dans leur nid d'amour.

Elle ne lui laissa pas le temps de faire sa toilette, le renversant sur le lit en lui mangeant les lèvres.

Après l'amour, ils restèrent longtemps enlacés sur le lit en désordre. Un bruit de pas et des cris au bas de l'escalier les ramenèrent brusquement dans la fièvre des événements. C'était Dumas qui arrivait, lançant des « Holà ! Oh ! » pour annoncer joyeusement sa venue, et chantant :

Compagnons, mes frères,
Marchons à la clarté des cieux,
Aimons-nous bien sur cette terre
Et l'Avignonnais, votre frère
Sera dans la félicité[1].

Dory dévala l'escalier en ajustant rapidement ses vêtements.

— Gent est venu au cercle dès son retour. J'ai appris ainsi que tu étais chez moi, fit le nouvel arrivant avec un sourire moqueur.

— Elodie va nous rejoindre dans quelques instants, répliqua Dory en arrangeant sa tunique mal boutonnée.

— Assoyons-nous en l'attendant et raconte-moi tout.

— Le voyage a été plus long que prévu. Elodie a dû t'en informer. Nous avons organisé une vingtaine de réunions. Ce n'était pas toujours facile de se faire comprendre. Fort

1. Chant du compagnonnage dédié à l'Avignonnais Agricol Perdiguier.

heureusement, nous avions avec nous l'abbé Pic, un drôle de citoyen, celui-là ! Il est plus souvent dans les réunions qu'à son église. Grâce à lui, nous avons pu contacter les chefs républicains, même des fabricants d'indienne, protestants dévoués à notre cause, dont les métiers sont paralysés par la crise. Et sur ces plateaux de la Drôme, circuler en hiver est difficile. Tantôt sur des mulets, tantôt sur des charrettes de paysans. On allait aussi vers des hauteurs désolées, à la rencontre des bergers et des bûcherons. Dans les petits hameaux, il arrivait parfois que nos assemblées organisées dans des étables pour profiter de la chaleur des bêtes ne comptent qu'une douzaine de personnes. Dans un coin, à la lumière d'un *caleù* [1], les femmes filaient la laine près de leurs enfants endormis sur la paille.

Elodie interrompit la narration de son amant :

— Dumas, que je suis heureuse ! Notre « missionnaire » est enfin de retour !

— Le jour baisse, allons retrouver Gent et nos amis à la rédaction de *La Commune*. Peut-être aurons-nous des nouvelles de la capitale.

Ce n'est que le 25 février qu'une dépêche apprit aux Avignonnais la proclamation de la République et la constitution d'un gouvernement provisoire. Partie de la rédaction de *La Commune*, cette nouvelle se répandit comme une traînée de poudre dans la ville. Dory, Elodie et Dumas furent littéralement emportés par la foule, malgré le froid qui continuait à sévir. Des rues, des porches, des carrefours, affluaient sans cesse ce courant, et ces grappes d'hommes et de femmes, bras dessus, bras dessous, chantant et criant : « République ! République ! »

Les trois amis furent bientôt séparés, noyés dans ces remous. Des coups de fusil ponctuaient les acclamations de ces milliers de personnes qui ne pouvaient encore croire à la naissance de cette République si longtemps attendue. Vers huit heures du soir, Elodie, juchée sur une statue de

1. Lampe à huile rudimentaire.

la place, reconnut Dory dans un groupe de tête où se trouvaient Gent et Dumas enfin réunis. Elle cria en vain, descendit de son perchoir, déchira sa robe, accrocha son manteau aux barreaux de la grille. Parvenue à rejoindre la foule, elle fut littéralement absorbée par elle. Etourdie par les cris, les clameurs interminables, elle percevait parfois le nom de Gent scandé par un groupe plus excité, près de la préfecture.

La place de l'Horloge ne pouvait contenir ce flot envahissant qui ne cessait de grossir. On grimpait sur les arbres, sur les toits. On allumait des lampions de fête aux couleurs tricolores. Quelques drapeaux rouges apparurent au-dessus des têtes. Bientôt la vague populaire reflua vers la préfecture, criant à pleins poumons : « Vive la République ! Vive la liberté ! » Etouffées par ces clairons de la victoire, montaient par instants d'autres clameurs : « Du travail ! Du pain ! »

A grand-peine, par des ruelles encombrées, Elodie parvint sur la place de la Préfecture et se faufila vers Dory.

— Ne soyons pas séparés ; ce grand jour, on doit le vivre ensemble !

Dory s'immobilisa, et, malgré la bousculade, réussit à la maintenir contre sa poitrine.

Gent et Dumas gravissaient en cet instant l'escalier d'honneur de la préfecture. Tout d'abord, le préfet refusa de les recevoir avec leurs amis des cercles, des loges, des sociétés de *carbonari*.

La foule gronda, devint furieuse et menaçante. Les gardes, eux-mêmes, brisèrent leur fusil. La grande porte qui s'était refermée devant les délégués fut enfoncée. Des émeutiers plus échauffés que les autres brandissaient des torches pour allumer un incendie. L'administration officielle débordée prit peur et le préfet, lui-même, apparut sur le balcon entouré de Gent et de quelques autres délégués. Un grand silence s'établit, les têtes se dressèrent dans le rougeoiement des torches et des flambeaux. Enfin, le préfet proclama d'une voix mal assurée :

— Voici le porte-parole du nouveau gouvernement, Alphonse Gent.

Ce dernier s'avança en saluant la foule, une écharpe tricolore nouée autour de son manteau.

— Vive Gent ! Vive la République ! criaient des milliers de voix.

Gent arriva difficilement à se faire entendre.

— Il n'y a plus de royauté ! Un gouvernement provisoire est installé depuis quarante-huit heures dans la capitale ! Il va décider des prochaines élections au suffrage universel ! Partout en France, des Ateliers nationaux vont s'ouvrir, il y aura du travail pour tous !

Des applaudissements frénétiques empêchèrent l'orateur de continuer.

Des « A mort li Carli [1] ! » se firent entendre. Cette minorité fut vite submergée par l'éclat de plusieurs fanfares qui débouchaient du boulevard. Les acclamations reprirent. Gent, qui avait disparu à l'intérieur de la préfecture, revint sur le balcon et réussit à calmer quelques instants les manifestants. Il fit signe aux clairons et aux tambours de s'arrêter et, de nouveau, d'une voix forte il déclara :

— Mes amis ! Dans quelques heures Avignon aura son comité républicain qui veillera au bon fonctionnement des nouvelles institutions. J'en appelle à votre esprit civique : que tout se passe dans l'ordre. La République doit donner l'exemple de la fraternité !

La foule continuait à clamer sa joie. Dory s'élança dans le hall de la préfecture pour embrasser Gent qui arrivait en bas du grand escalier entouré de ses fidèles.

— Demain, Elodie et moi repartons à Aix pour fêter la République avec tous ceux de *L'Ere nouvelle* ! annonça-t-il à son ami.

— Dès que tout sera en place dans le Vaucluse, je me rendrai à Marseille pour rencontrer Poncy et, peut-être, Emile Ollivier. Y seras-tu ?

— Je l'espère, fit Dory, entraîné malgré lui dans une vague humaine, tout en tenant fortement le bras d'Elodie.

Celle-ci était toute pâle.

1. Légitimistes.

— Qu'as-tu, mon amour ? Viens, on va rejoindre nos amis au café Cœur.

— Il m'a semblé apercevoir dans la foule un homme qui m'a suivie quelquefois en ville pendant ton absence.

— C'est parce que tu es belle ! dit Dory en l'embrassant. Et puis, après-demain, on sera à Aix. Que crains-tu ?

— Je ne sais... Cet homme, jeune et élégant, je l'ai déjà rencontré quelque part. A présent que j'ai aperçu son visage de plus près, il me semble reconnaître l'un de ces jeunes ultras que ma famille recevait autrefois au Tholonet.

— Ne pense plus à cela, mais à notre victoire, à la joie de nos amis d'Aix et de Marseille !

En réconfortant ainsi Elodie, Dory l'entraîna vers la place de l'Horloge. Jouant des coudes, ils arrivèrent au café Cœur. Elodie riait à nouveau. Dans la salle pleine à craquer, on chantait. Des femmes déchaînées, l'une de leurs chaussures en main, s'en servaient pour battre la mesure d'un chant nouveau sur le rebord des guéridons :

Lève-toi, pauvre humanité !
Sors de la nuit profonde,
L'aurore de la Liberté
Luit enfin sur le monde,
Lève-toi ; brise tes fers,
Dieu t'a donné l'Univers.
Marchons, prenons nos places,
Au bonheur de l'Egalité...

Tard, dans la nuit, Dory et Elodie se retrouvèrent sur la place entourés d'un groupe de portefaix. Ce soir-là, c'était leur grande fête.

— Victor ! interpella Elodie en saisissant le bras de l'un des hommes qui arborait une cocarde tricolore à sa casquette.

— Elodie ! Dory ! s'exclama l'homme en les embrassant. Je ne peux pas y croire, tout a basculé si vite ! Nous descendons vers le Rhône. Une péniche a accosté ce matin, et nous voulons annoncer l'extraordinaire nouvelle aux mariniers. Venez avec nous !

Et, malgré eux, ils furent entraînés vers la porte de l'Oulle ouvrant les remparts sur les quais. Cinq ou six hommes se chauffaient autour d'un grand feu de bois qu'ils avaient allumé sur le quai, non loin de leur péniche.

Elodie demeurait pensive. Après les débordements du centre, il y avait ce silence autour des flammes dont les lueurs se projetaient vers les eaux du fleuve.

Dès que Victor leur apprit la nouvelle, les mariniers ne purent retenir leur frénésie. L'un d'eux bondit sur la passerelle de la péniche, revint chargé de bouteilles pour fêter ce jour mémorable.

— A la République ! Aux compagnons du fleuve ! s'écria l'un d'eux et, selon un rituel ancestral, après avoir élevé son verre empli de vin, il le jeta dans le Rhône.

Après cet hommage au fleuve-dieu, il versa une rasade dans des gobelets qu'il distribua autour du feu.

— Quels sont ces hommes dont on aperçoit les ombres dans une cabane à la lueur intermittente de lanternes ? Ne pourrait-on les avertir de la grande nouvelle ? interrogea Dory.

— Gardez-vous-en bien, répliqua Victor. Ce sont des portefaix « blancs ». Malheureusement, il s'en trouve encore. Ils n'ont rien à gagner avec l'Ancien Régime. Mais ils sont comme ça. Parfois ils reçoivent des étrangers.

Elodie s'écarta du groupe pour se diriger vers le bord du fleuve. Elle était fascinée par cette grandeur, ce roulement immense des eaux. Le froid vif et un léger mistral enveloppaient ce monde inconnu pour elle. Elle dressa la tête pour contempler les étoiles qui scintillaient dans le ciel. Elle les remercia des jours heureux qu'elle venait de vivre, elle leur lança un adieu de joie ; dans quelques jours, elle retrouverait les doux horizons de la campagne aixoise, Le Tholonet et Sainte-Victoire.

Brusquement, un homme grand et mince, au col blanc qui se détachait dans l'ombre, se dressa devant elle.

— Elodie, tu as trahi et les tiens et mon amour... murmura-t-il, le visage crispé, en la serrant à la taille.

Avec effroi, elle reconnut l'homme jeune, à la redingote bleue, qui l'avait suivie pendant plusieurs jours dans les rues d'Avignon. En un instant, elle revécut son adolescence et revit celui qui, quelques années plus tôt, avait été éperdument amoureux d'elle.

Elle cria, essayant de se libérer de son assaillant. Mais ses cris se perdaient dans la nuit. C'est alors que Dory, surpris de ne pas la voir, aperçut au loin ces deux ombres qui s'agitaient et se courbaient dangereusement vers le fleuve.

Il bondit et se mit à courir, suivi de Victor. L'homme essaya de fuir en entraînant Elodie. Dans ce brusque mouvement, toujours enlacés, tous deux dévalèrent sur un remblai, puis dans le fleuve où ils furent engloutis dans des tourbillons.

Pâle et échevelé, Dory arriva le premier sur les lieux du drame. Il appela, à demi fou. Il se précipita dans les eaux glaciales. Une barque, détachée en toute hâte de la péniche, ayant deux hommes à son bord, arriva trop tard pour sauver Elodie et son agresseur. Les mariniers eurent juste le temps, à la lueur d'une torche, d'apercevoir Dory et de le hisser à bord sans connaissance. On l'amena dans la péniche. Après de nombreuses tractions, le capitaine, soulagé, déclara :

— Il vit, mais il est mal en point.

Avec un marinier et Victor, le portefaix, à l'aide d'un brancard de fortune, on le conduisit chez Dumas. Il resta au lit plusieurs semaines, atteint d'une congestion.

Parfois, il délirait. Il prononçait alors des mots sans suite où revenait souvent le mot : « Le ruban... le ruban... »

Dumas ne comprit que lorsque Dory, guéri, expliqua :

— Arrivé au bord du fleuve dans lequel Elodie venait de disparaître, à la lueur des torches, j'ai aperçu, flottant sur les eaux, le ruban tricolore dont elle avait paré sa chevelure, et j'ai désespérément plongé vers lui.

A Marseille, la proclamation officielle de la République eut lieu le 29 février. Charles Poncy, Maillet et tous les responsables des cercles et des sociétés secrètes, tous les portefaix du port, sans exception, contrairement à ceux d'Avignon, les ouvriers des huileries et des savonneries, avaient parcouru les rues de la ville, puis descendu la Canebière en chantant *la Marseillaise*. Un groupe ayant à sa tête Pauline et Poncy, s'était porté au fort Saint-Jean et avait délivré les prisonniers politiques sans aucune résistance. Le vieux gardien qui avait tenu compagnie à Michot la nuit de Noël s'écria :

— Vive les compagnons ! Vive la République !

Pauline se précipita vers Michot à qui elle rendait visite chaque semaine :

— Tu es libre ! libre ! claironna-t-elle, et on va se marier en République ! C'est le plus beau jour de notre vie !

Elle se pendit à son cou, l'arracha aux mains de ses amis qui, avec d'autres prisonniers libérés, se bousculaient pour l'embrasser. Michot leva son bâton au ruban vert au-dessus des têtes en lançant :

— Fraternité, amour et partage !

Expression familière du compagnonnage, que Serre répétait souvent sur leur route d'exil après les événements de Buzançais. En ce jour d'enthousiasme frénétique qui roulait sur la ville, où l'on entonnait déjà un chant fraîchement arrivé de Paris, *Les Eclairs de Février*, Buzançais et les premiers jours de sa fuite lui revenaient en mémoire.

Pauline, aidée par Poncy et Maillet, l'arracha à ce flot qui grimpait vers les tours du fort pour y hisser le drapeau tricolore. Enfin ils purent se libérer, gagner la Canebière. Pauline, ceinturée de sa taillole rouge, s'était coiffée d'un bonnet phrygien qu'elle avait confectionné pendant son séjour au Cercle de l'Union.

Après une halte à la Taverne du Port où Pauline se rendait quelquefois lorsque le Corse lui faisait part du passage du Rouge, leur ami roulier, tous quatre se dirigèrent vers la préfecture où l'on avait annoncé pour dix-huit heures l'arrivée du commissaire du gouvernement, Emile Ollivier, chargé d'organiser les nouvelles modalités administratives dans les Bouches-du-Rhône et le Var.

La veille, il y avait eu une émeute ouvrière contre le maire de Marseille, pair de France.

Ollivier avait vingt-deux ans. Plein de fougue, heureux

du triomphe qu'il recevait dans sa ville natale, il s'écria, debout sur une estrade ornée de draperies tricolores :

— Mes amis, quel grand honneur pour moi, de forger avec vous tous, dans l'union et le travail, cette République tant espérée.

Il descendit dans la foule qui l'acclamait, serra des mains qui se tendaient vers lui comme vers un sauveur.

Poncy réussit à se frayer un passage pour être à ses côtés. Le jeune Ollivier fut ravi de rencontrer le poète-ouvrier dont on parlait dans les clubs de la capitale.

Pauline se faufila près de lui ; émue, elle cria avec force :

— Il faut venir dans le Var, dans nos chambrées ! On vous attend !

— J'y serai, croyez-moi, répliqua Ollivier, emporté par deux hommes qui le hissaient sur leurs épaules, en avançant vers l'entrée de la préfecture.

Dans les jours qui suivirent, il nomma une commission municipale pour administrer la ville. Des grands travaux furent commencés par ses soins, et les ouvriers eurent du travail. Il fut accueilli avec la même ferveur à Toulon, où Pauline et Michot avaient pu rejoindre Serre, en ce début de mars.

A Arles, où les légitimistes dominaient, Ollivier, debout sur l'un des gradins de l'arène, enflamma la foule, et ce fut un nouveau triomphe.

A Toulon, puis au Luc, où il fut accueilli par Campdoras et ses amis de La Garde-Freinet, il parcourut les rues, installa de nouvelles municipalités. Michot, Pauline et Serre participaient à ces acclamations qui grandissaient de village en village. Duteil était retourné à Marseille pour faire renaître avec plus de force, dans une presse libre, son journal *Le Peuple souverain.*

Dans les Basses-Alpes comme dans les régions déshéritées, ce souffle libérateur avait des racines plus profondes. Là, c'étaient les instituteurs qui, selon les conservateurs, avaient été les propagandistes les plus zélés des doctrines nouvelles et anticléricales. Ils allaient être les porte-drapeaux dans la campagne électorale qui s'annonçait, au service des candidats blanquistes. Malheureusement, dans cette première Assemblée nationale, les ouvriers étaient peu représentés, car, si le Midi était rouge dans son ensemble, le reste de la France rurale demeurait clérical. Ce seraient ces « républicains du lendemain » et le clergé qui allaient influencer la population dans l'orientation du vote.

Dans quelques mois, le général Cavaignac serait porté à la présidence du Conseil. Ardent républicain de tradition, il ne pourrait éviter les sanglantes journées de juin.

Par ailleurs, récemment revenu de son exil, après une évasion rocambolesque, Louis Napoléon Bonaparte avait le soutien de nombreux fidèles.

En ce printemps de joie, les républicains des Basses-Alpes et du Var, dans leur inaltérable pureté, ne pouvaient le prévoir. En eux resterait toujours le feu ardent qui, si longtemps, avait couvé sur les chemins de l'ombre.

Au Luc, en ce début avril 1848, se tint une chambrée bien particulière au café Condroyer, présidée par Martel, le serrurier, l'un des chefs de file du mouvement qui avait reçu Michot et Pauline à leur retour de Marseille. Soutenu par Campdoras et Paulin David, il avait calmé les têtes les plus chaudes, ceux qui désiraient venger leur ami Michot, victime de l'ordre à Buzançais et à Marseille. Malgré les injonctions au calme, quelques-uns avaient opéré des descentes chez les Blancs. Certains de ces derniers s'enfuirent, d'autres se mirent sous la protection du nouveau maire nommé par une commission municipale installée par Ollivier.

Après avoir commenté les dépêches récemment arrivées de Paris, présenté les candidats aux élections du 23 avril, Martel donna la parole à Campdoras :

— Mes amis, je vous annonce une grande nouvelle, s'écria le chirurgien : Paulien Michot et Pauline Durand vont se marier ! Notre Pauline, notre Déesse rouge, celle qui a gagné tous les cœurs, animé tant de chambrées, va s'unir à celui qui, depuis quelques mois, a servi notre cause, notre idéal.

— Vive les Michot ! *Vivo li Novi*[1] ! clamèrent les assistants.

— Etes-vous d'accord pour leur offrir le plus beau banquet républicain, en donnant quelques pièces, chacun selon ses moyens ? interrogea Martel.

— Tous unis dans la joie, comme on l'a été dans le malheur ! s'écria David, sorte de Saint-Just de la Révolution de 48.

— Vive la Bonne et tous les rouges du Midi ! clama l'ensemble de la chambrée.

— Une permanence se tiendra dans cette salle pour recevoir vos dons dimanche prochain. La cérémonie est prévue le dimanche avant les élections, c'est-à-dire le 16 avril, tonna Martel en se dressant, pour marquer la fin de la réunion, et en entonnant un chant de chambrée repris en chœur par les assistants :

Anen si réjouissen ben.
Sian eissi touti republican
Entre naoutre l'Egalita
Regno emé la Fraternita
La Republico la voulen
Jusqu'à la mouart la soustendren[2].

En ce dimanche 16 avril, Le Luc était en fête. Il n'y avait pas, selon le désir des *novis*, de cérémonie à l'église. Malgré cela, le curé Poquelin avait expédié sa messe dominicale, pour être présent, vers les onze heures, à la cérémonie municipale du mariage, où le maire ceint de son écharpe tricolore, après des formalités d'état civil et de consente-

1. Vive les jeunes fiancés ! Se dit aussi pour les couples le jour du mariage.
2. Allons, réjouissons-nous bien — Nous sommes tous ici républicains — Parmi nous l'Egalité — Règne avec la Fraternité — Nous voulons la République — Nous la soutiendrons jusqu'à la mort.

ment réciproque des époux, avait fait ovationner les mariés sur le perron de la mairie.

Le cortège s'était ensuite dirigé vers la grand-place du Luc, en lançant des amandes aux habitants qui applaudissaient au passage des mariés. Campdoras et Serre avaient été les témoins du couple, et c'est avec fierté qu'ils saluaient avec les *novi* la foule.

Pauline, en tunique plissée rouge, chevelure rejetée négligemment sur les épaules, Paulien en costume de velours, feutre noir et bâton au ruban vert avec lequel il saluait, s'assirent au centre d'une longue table formée de tréteaux. Non loin de là, sur d'autres tréteaux, des boissons étaient offertes aux Lucquois par la municipalité.

Entourés de leurs témoins, du maire et des conseillers, Paulien et Pauline souriaient, levaient leur verre en riant dans la jeunesse du printemps et de la République.

Il y avait également autour d'eux les chefs des cercles du Var ; Duteil s'était excusé, les représentants du conseil de fabrique, Poupette radieuse, dans une robe bleue, le Rouge, le Matelot, l'aubergiste du Beausset et son épouse. En cette semaine de campagne électorale, Poncy, Maillet, n'avaient pu assister au mariage et avaient chargé le Corse d'apporter des brassées de marguerites, de bleuets et de coquelicots.

Le repas de noces se termina tard dans la nuit. A la tombée du jour, les invités se précipitèrent dans la grande salle de la mairie. Un bal fut improvisé avec violons et mandolines.

Les mariés ouvrirent le bal en exécutant un quadrille endiablé. Pauline devenait un tourbillon de feu, de rires, de bonheur aux bras de Michot.

— Souvenez-vous, dit le Rouge, lorsque, après la première danse, ils revinrent s'asseoir, en décembre, lors de votre voyage vers Marseille, votre désir le plus cher était de vous unir en République.

— J'espère que cette fois, ce sera la bonne, et pour toujours, répliqua Michot en étreignant Pauline dans ses bras.

7

Les élections du 23 avril déçurent les chefs de file de la fraction avancée de cette Deuxième République qui allait être définitivement proclamée après les élections. Les anciens commissaires du gouvernement furent presque tous élus ; ils figuraient très souvent en tête des listes qu'ils patronnaient avec le concours des journaux républicains locaux.

Dans quatre départements du Midi, des artisans, des ouvriers furent élus, mêlés aux candidats de la bonne bourgeoisie républicaine. Dans le Var, cette dernière restera fidèle, dans son ensemble, aux grands principes de cette République.

Après avoir solennellement proclamé à l'unanimité la République « à la face du ciel », la nouvelle assemblée élue nomma une commission exécutive de cinq membres pour remplacer le gouvernement provisoire.

Il fallut les instances pressantes de Lamartine, soucieux de ménager les susceptibilités populaires, pour que Ledru-Rollin fût élu. Le poète ne fut élu lui-même qu'avec une faible majorité. Ledru-Rollin fut remplacé à l'Intérieur et le général Cavaignac fut nommé au ministère de la Guerre.

Les noyaux durs, en présence d'orléanistes, de légitimistes omniprésents, malgré les déclarations enflammées de l'exécutif, manifestèrent le 15 mai. Fidèles à la tradition du Parti du Mouvement qui avait vu le jour en 1835, et qui s'était avancé vers le socialisme en 1848, dans les grandes villes des ouvriers manifestaient. Fidèle à la pensée de l'Internationale, on manifestait contre le refus d'intervenir en faveur des insurgés polonais massacrés par les Prussiens et les Autrichiens et l'on criait : « Vive la Pologne ! », on clamait même : « Vive l'Italie libre ! »

Raspail, Barbès, Blanqui se succédaient à la tribune de l'Assemblée nationale devant laquelle manifestaient les ouvriers des Ateliers nationaux. On fit appel à la garde nationale. L'armée même intervint. Raspail, Barbès, Blanqui et Albert furent arrêtés.

Ce mouvement était suivi à Marseille, à Toulon surtout par les ouvriers de l'Arsenal, où Serre prit la parole :

— Il faut que tous les départements soutiennent nos frères parisiens, s'écria-t-il.

Les ouvriers de l'Arsenal se mirent en grève. Ils reprirent le travail, avec ceux des fabriques de la région, car on leur promettait une hausse de salaire : la République devait donner l'exemple du travail ; tout allait rentrer dans l'ordre ; les promesses de février allaient se réaliser.

Lamartine se retira, George Sand, consternée, retourna à Nohant. Lacordaire abandonna son mandat de député.

A Marseille, il y eut des réunions au Cercle de l'Union.

— Restons unis dans la République, déclara Poncy. Nos ennemis encore nombreux, hostiles à la justice, au progrès, désirent troubler notre foi en notre société de travail et d'amour. Ne tombons pas dans le piège de la provocation.

Campdoras organisa de nouvelles réunions dans les chambrées du Var.

Serre fut envoyé à Manosque pour reprendre contact avec les républicains bas-alpins. Un marchand d'étoffes qui se rendait à la grande foire de Cavaillon, puis à celle de Mane, lui proposa de l'emmener :

— C'est aux foires qu'on voit du monde. On achète, on vend, mais on parle, aussi, avec des paysans, des bourgeois, des ouvriers. C'est mieux qu'une réunion, on se sent plus libre ; et nous, les forains, sans avoir l'air de rien, on fait parler.

— Tu as raison, assura Serre. J'ai appris des tas de

choses, des nouvelles bonnes ou mauvaises, pendant mon Tour.

— Ah oui ! le compagnonnage, c'est ça la vraie liberté ! Celle-là, ils ne pourront jamais la tuer.

Lorsqu'ils firent halte à Cavaillon après trois jours de route en voiturette, Serre en profita pour se rendre à Lagnes, un village proche, où demeuraient ses grands-parents.

Début mai, il était à Manosque.

« Les mariés de la République », eux, sont partis en voyage de noces vers Buzançais. Depuis bientôt un an, Paulien n'a plus de nouvelles de sa famille. La route a été longue. Avant leur départ, les chambrées leur ont remis de l'argent pour leur voyage.

De relais en relais, après avoir gagné Rodez, ils ont traversé une partie du massif Central. Le 10 mai, par un jour radieux de printemps, Paulien retrouva les paysages vallonnés de son Berry natal et les rives de l'Indre.

Son cœur battait très vite : sa famille, ses amis, allaient être là. Qu'étaient-ils devenus depuis ces jours sombres de janvier 1847 ? Dans les petits bourgs où passait la diligence : Villedieu, Viherne, Saint-Maur, il crut entendre encore le tocsin qui volait de clocher en clocher. En un instant, s'effaça l'allégresse de la lumière, il revit les journaliers, les ouvriers des Grandes Forges où travaillait son père, les paysans qui se groupaient en bandes, ouvrant les réserves de blé des grands propriétaires. A Buzançais, il crut entendre encore les cris de ceux qui se battaient pour leur salaire, réclamant un salaire minimum de 1,50 F par jour aux maîtres des forges afin de pouvoir vivre ; son père, Cyprien Michot, était à leur tête. Il se souvint : par hantise du chômage, de la misère et de la faim, on avait brisé des machines nouvelles à vapeur qui enlevaient leur travail aux hommes.

Oui, il se souvenait tandis que Pauline dépaysée admirait les arbres en fleur, les oiseaux qui s'élançaient vers le ciel. Des paysans, courbés vers la terre, se redressaient pour voir passer la diligence, agitant leur faucille ou leur chapeau. Des cortèges de femmes, leurs enfants aux bras, le hantaient encore. Elles avaient envahi la place du marché de Châteauroux en chantant *la Marseillaise* interdite, et avaient réclamé le blé à 3 francs. Deux cents ouvriers du chemin de fer les avaient rejointes. Le maire et le secrétaire de la préfecture étaient venus parlementer, s'étaient sauvés sous les pierres et les tessons de bouteilles. Le préfet était intervenu, mais il y avait du désordre dans les administrations. Un certain nombre de maires, dont celui de Buzançais, de condition modeste, avaient, sinon sympathisé avec les émeutiers, du moins compris que l'extrême misère était la cause de la révolte.

La garde nationale elle-même ne s'était pas pressée d'aller combattre des journaliers au ventre vide, qui étaient souvent des connaissances, et parfois des parents.

Mais l'armée était arrivée et la cour royale de Bourges avait délégué une commission à Châteauroux pour juger et punir les coupables, les meneurs dont Cyprien Michot faisait partie. Le frère de Paulien avait été également arrêté. Une semaine plus tard, le verdict était tombé : exécutions, pendaisons, prison, déportations. Certains, comme son père, n'avaient même pas été entendus. Son père avait été fusillé, son frère emprisonné, et lui s'était enfui.

Une voisine, George Sand, dont Michot ne soupçonnait même pas l'existence, connaissait bien les émeutiers : « Ce sont, écrivait-elle, des gens qui ont faim... Entre ceux qui vont comparaître devant les assises et ceux qui vont les accuser, je ne sais pas trop lesquels ont mérité les galères. »

Un cahot plus fort que les autres fit tressauter les voyageurs. Pauline fut tirée de sa contemplation et se tourna vers lui. L'ombre des anciens jours s'effaça et il sourit.

La diligence s'arrêta sur la petite place ombragée d'ormeaux. C'était en fin d'après-midi. Des enfants jouaient près de la fontaine. Le postillon détela pour faire boire les chevaux.

Paulien croyait rêver : des groupes bavardaient, des vieillards somnolaient sur un banc de pierre, des hommes et des femmes, outils sur l'épaule, revenaient des champs.

Paulien avait accroché son baluchon au bâton de compagnon, souvenir de Serre, et, tenant Pauline par le bras, tous deux s'engagèrent dans la petite rue aux maisons coiffées d'ardoises. Des hirondelles tournoyaient au-dessus de leurs têtes.

— Nous voici arrivés, fit-il à Pauline, en désignant une humble maison.

Il frappa à la porte avec son bâton. Personne ne répondit. Anxieusement, il essaya de tourner la poignée de la porte. Elle résista. Pris de frayeur, il cria :

— Mère ! C'est Paulien, ton fils !

Ses appels furent vains. Il appela à nouveau en faisant le tour de la maison, traversa le petit jardin autrefois cultivé par son père, à présent envahi d'herbes folles.

Une vieille femme alertée par ces appels de plus en plus pressants, sortit de la maison voisine. Un fichu noir sur la tête, elle s'avança en s'aidant d'un bâton :

— Mais c'est ben ti, petiot ! s'exclama-t-elle.

— Mère Oria ! Où sont mes parents ? interrogea anxieusement Paulien.

— Ils sont tous à la ferme de ton grand qui a « passé ». Tu les trouveras là-bas, c'est du bon, après vos malheurs.

Pauline, depuis un moment perplexe, s'avança, embrassa Oria.

— Que dit-elle ? fit-elle en se tournant vers Paulien.

— Le grand-père est mort. J'allais « garder » avec lui lorsque j'étais enfant. Allons vite à la ferme. A ben leu, Oria ! cria-t-il en entraînant Pauline vers les champs.

Ils prirent un chemin de terre qui se perdait dans les prés. Un ruisseau chantait derrière une rangée de peupliers.

— C'est là-bas ! s'écria Paulien en pointant son doigt vers une petite maison couverte de chaume.

Ils dévalèrent à travers prés, riant, malgré les fatigues du voyage, et arrivèrent devant la ferme. Un homme d'une trentaine d'années, noir de peau, blouse bleue flottant sur le pantalon, s'immobilisa :

— Paulien ! Paulien !

— Calixte ! Tu es libre !

— Oui, la Bonne m'a sorti de taule et, avec la mère, nous

menons ces quelques eyminées qui, avec le troupeau de chèvres, nous font vivre. Le grand-père n'aura pas eu la joie de te revoir. Et cette fille ?

— On vient de se marier. Tu vois, la Bonne t'a donné la liberté, et, pour moi, c'est la « soudure » pour le bon et pour le pire.

Calixte embrassa Pauline et les entraîna tous deux dans la cuisine.

Une vieille femme qui actionnait un soufflet pour raviver le feu se redressa, se frotta les yeux rougis par la fumée, puis s'écria :

— C'est un miracle ! Paulien, mon fils ! Béni soit le ciel qui me les a rendus tous les deux !

Les jeunes époux relevèrent la femme qui s'était presque agenouillée devant son fils.

— Mère, voici Pauline, ma femme ! C'est elle qui m'a permis de résister et de reprendre espoir après les horreurs de Buzançais.

Paulien s'assit près du feu entre sa mère et son frère, Pauline s'avança vers le soleil, vers cette lumière qui était, avec sa belle-famille retrouvée, son plus beau cadeau de mariage.

— Et notre Julia ? interrogea Paulien.

— Elle s'est louée à Châteauroux, chez des bourgeois.

— Quel âge a-t-elle ? s'enquit Pauline qui était revenue au centre de la pièce.

— Elle aura quinze ans à la moisson. Chaque mois ses patrons lui accordent une journée qu'elle passe avec nous.

Mme Michot mère n'avait pas la soixantaine, mais les privations anciennes, la mort tragique de son mari, ses deux fils poursuivis dont l'un était resté plus d'un an en prison, l'avaient vieillie avant l'âge.

— On a un peu de bonheur à présent, mes enfants ! dit-elle en tournant la soupe au lard qui mijotait dans une marmite. Le grand-père s'est éteint il y a six mois. Nous irons demain au cimetière porter quelques fleurs à nos deux disparus.

— On va faire griller quelques saucisses et couper des tranches de jambon. Nous avons tué le cochon cet hiver, fit gaiement Calixte. On ne peut pas faire plus pour vos noces, mais il y aura du bon vin ce soir.

La nuit avait fini par envelopper la petite ferme. La mère éclaira deux luminaires, garnit le feu dont les flammes pétillantes tremblaient.

Après le repas, Paulien raconta sa fuite avec Serre, les dangers courus, sa rencontre avec Pauline, sa mission à Marseille et à Aix, la prison à Marseille.

Pauline écoutait, rêveuse. Elle n'avait jamais eu de famille, et découvrait ce cœur familial qui palpitait devant elle. Sans doute cela faisait-il partie de sa révolte à elle, d'avoir été sans famille, perdue au milieu des vices et des malheurs. Sa famille, c'était son mari et les siens, certes, mais aussi ses compagnons, ces chambrées, qu'elle avait quittés, et elle s'écria subitement en levant son verre d'eau :

— Vive la Bonne ! Vive les chambrées ! Il n'y a que ça de vrai !

Paulien expliqua alors comment se déroulait une chambrée. Pauline entama un chant populaire en langue provençale, un chant de chambrée qui était un serment.

— Ce serment d'union, nous devons le tenir jusqu'au bout, jusqu'à la mort !

Elle le clama si fort que la vieille femme et les deux hommes en furent subitement saisis, presque effrayés. Elle se dressa, haletante, cheveux épars sur son corsage blanc où elle avait glissé un coquelicot en dévalant les prés.

Les nouveaux mariés vécurent un mois d'abandon, de joie familiale dans la petite ferme de Buzançais. C'est en allant rendre visite à Julia, à Châteauroux, qu'ils apprirent que des combats de rues entre les services d'ordre et des ouvriers déçus par l'ingérence des Ateliers nationaux, attisés par le chômage et la propagande antirépublicaine, avaient ensanglanté Paris et certaines grandes villes.

8

L'incertitude de l'emploi, la faillite des Ateliers nationaux, le manque de cohésion des ailes fortes du nouveau régime, une Assemblée manœuvrée, après les décevantes élections d'avril, par d'anciens royalistes, portaient en partie la lourde responsabilité des sanglantes journées de juin. On décida la fermeture des Ateliers à Paris comme en province et on ordonna à tous les ouvriers âgés de dix-sept à vingt-cinq ans de s'enrôler dans l'armée ; et on prescrivit aux autres de se tenir prêts à partir sur les chantiers de province des Ponts et Chaussées.

Dès le 22 juin, les ouvriers parisiens manifestaient, pillant les magasins d'armurerie. Une partie de la capitale se hérissa à nouveau de barricades. Le peuple luttait contre l'ordre bourgeois.

Ces élans, ces déceptions amères et tragiques, le gouvernement provisoire ne pouvait les maîtriser. Et, en ce bel été, on s'affrontait. Les uns parce qu'ils avaient le ventre vide, les autres parce qu'ils avaient peur, une nouvelle fois, de cette République des prolétaires, qui leur faisait oublier les bonnes intentions de février.

Lorsque, à Châteauroux, Paulien Michot et Pauline Durand apprirent, par un républicain des Ateliers qui avait fui la capitale, l'horreur de ces combats de rues, des milliers de morts, des condamnés à la prison ou à la déportation, les jeunes mariés de la République pleurèrent en quittant Julia. Ils retournèrent, la mort dans l'âme, à la petite ferme de Buzançais, si tranquille, dans la paix des champs, qu'ils avaient les larmes aux yeux en racontant à la mère et au frère. Puis, serrés l'un contre l'autre, ils gravirent en silence les deux vallonnements qui leur étaient devenus familiers.

Devant eux s'étendait la campagne berrichonne, des épis dorés se balançaient, courbés par une légère brise. La paix de la terre un instant les réconforta. Mais ce n'était plus la folle joie des premiers jours, où, en courant vers le soleil, enivrés de lumière et de senteurs, la fête de la nature était à l'unisson de leur cœur.

Le grand absent dans ces émeutes des grandes villes était le paysan. C'était encore lui la France. Michot le comprit devant ce silence de la terre asservie, où le paysan était toujours à la peine, sans raison d'espérer, façonné au rythme des saisons et du labeur, dans un ordre établi et des croyances ancestrales.

Vers les carrefours méditerranéens, vers ces voies de civilisations et de dissidences, l'homme de la terre refusait cette fatalité, comme l'ouvrier ou le pêcheur, comme le commerçant ou l'artisan. Michot le Berrichon, confusément, sentait cet esprit de refus en cette terre d'Oc qui, depuis quelques mois, l'avait adopté. Et Pauline était la fille de ce Sud contestataire et virulent. Il n'y avait aucun rapport avec la révolte sporadique de Buzançais. Ce fut ainsi que les républicains du Midi, lors des nouvelles élections de 1849, entonnèrent dans les chambrées et dans les cercles *le Chant des Paysans* de Pierre Dupont :

Oh ! Quand viendra la Belle ?
Voilà des mille et des cents ans
Que Jean Guêtré[1] t'appelle,
République des paysans !

1. Nom symbolique du paysan au XIXe siècle, comme celui de Jacques Bonhomme au Moyen Age.

En cette fin de jour, Pauline écrasa une larme et déclara :

— Nous partirons demain rejoindre nos amis d'en bas. S'il faut encore se battre, on se battra !

Elle leva la tête vers des nuages pourpres qui s'allongeaient à l'horizon, au-delà duquel elle avait hâte de retrouver son pays et ses amis.

— Nous irons d'abord vers le Rhône et les Basses-Alpes pour rejoindre Serre à Manosque.

Avant leur départ, tous deux, accompagnés de la mère et du frère, se rendirent au petit cimetière, pour s'incliner une dernière fois sur la tombe du père. Au fil des dernières veillées d'hiver, Calixte avait patiemment gravé au burin une lause [1] qu'il avait scellée sur la tombe, et où on lisait :

Ici repose Cyprien Michot
Mort pour avoir du pain.
Janvier 1847

Les émeutes parisiennes discréditèrent les ouvriers aux yeux de la province. La peur bourgeoise devant ces nouvelles émeutes fut incommensurable à Paris comme dans la plus grande partie du pays. Tout fut déformé par la propagande antirépublicaine.

Face à la province conservatrice, il y eut encore une partie du Midi qui soutint les insurgés parisiens. L'insurrection marseillaise des 22 et 23 juin n'eut cependant pas l'ampleur de celle de la capitale. Malgré tout, Poncy, Maillet, Arnaud, Duteil, les sociétés de la Jeune Montagne, qui depuis février œuvraient au grand jour, s'étaient bien organisés. Malheureusement, la République avait perdu les élections législatives, et on se regroupait à nouveau pour essayer de maintenir le plus longtemps possible le feu ardent de février.

Dix jours seulement avant l'insurrection parisienne, Marseille avait connu ses journées de juin. Elles eurent lieu

1. Petite dalle de pierre taillée, utilisée dès l'époque romane pour la toiture des églises.

dans un climat de suspicion au moment où des ouvriers parisiens, plutôt que de s'enrôler dans l'armée, selon les ordres après la fermeture des Ateliers nationaux, avaient préféré se mettre au service de la Révolution italienne. Arrivés à Marseille, le consul de Sardaigne leur refusa de viser leur passeport. Aussitôt les purs quarante-huitards marseillais, les clubs, les sociétés de *carbonari* prirent leur défense.

— Ce sont nos frères ! Aidons-les ! ne cessaient de clamer les républicains marseillais.

Les *carbonari* étaient nombreux dans la cité phocéenne. Ils se partagèrent l'hébergement des volontaires parisiens.

Lors d'un défilé sur la Canebière, on les acclama aux cris de : « *Risorgimento ! Liberta per Italia ! Morte al Tedesco !* [1] »

Noyés dans la foule, les Italiens, nombreux à Marseille, clamèrent : « *Viva Verdi ! Viva Italia !* »

Et, à un moment donné, s'éleva, perdu dans les ovations, *le Chœur des Esclaves* [2], chant ardent de l'Italie tout entière, pour sa libération.

O mia patria si belle e perduta !
O membranza si cara e fatal !
Arpa d'ôr dei fatidici vati,
Perché muta dal salice pendi ?
Le memorie nel petto riaccendi,
Ci favella del tempo che fu !
O simile di Solimar ai fati
Traggi un suono di crudo lamento,
O t'ispiri il Signore un concento
Che ne infonda al patire virtù ! [3]

1. Révolution ! Italie libre ! Mort aux Autrichiens !
2. Giuseppe Verdi : opéra *Nabucco*.
3. O ma patrie, perdue, et si belle !
O funeste mémoire, et si chère !
Harpe d'or des prophètes devins,
Pourquoi pends-tu du saule, muette ?
Dans nos cœurs, ranime le souvenir,
Parle-nous de ce temps qui n'est plus !

Dès le 22 juin, les clubs et le peuple marseillais, déçus par la trop grande conciliation d'Emile Ollivier, firent courir le bruit qu'il repoussait toutes les requêtes des volontaires. Poncy et une délégation du Cercle de l'Union réussirent à le rencontrer :

— Je ne peux accepter toute cette violence, répondit-il aux envoyés.

Pénible cas de conscience pour celui qui, quatre mois auparavant, avait été reçu en libérateur.

Poncy, Maillet, Arnaud, Ollivier lui-même, ne purent retenir la foule, les ouvriers des Ateliers marseillais.

Mieux gérés qu'à Paris, ces ateliers avaient pourtant pendant des semaines résorbé le chômage ; mais, peu à peu, faute de travail, on avait dû renvoyer les ouvriers, et l'on criait en ce 22 juin : « Aux barricades ! » La foule pilla les commerces, se déversa dans les rues. Les troupes de ligne chargèrent. Des émeutiers tombèrent sous les balles, près des barricades dressées à la place aux Œufs, à la place Castellane.

Poncy et ses amis étaient atterrés. Aussitôt on envoya des messagers à la Jeune Montagne du Var qui, farouchement, depuis les dernières élections, maintenait son durcissement face à la division des républicains et aux décisions autoritaires du général Cavaignac, chef du pouvoir exécutif, qui avait réprimé l'insurrection parisienne.

Les journées marseillaises achevèrent de ruiner l'autorité d'Emile Ollivier. Bientôt, taxé de faiblesse, et même de duplicité par certains, il ne fut plus soutenu par aucun parti, et le général Cavaignac le fit révoquer.

Mistral, le grand poète provençal, avait vingt ans. Il achevait *Mireille*, l'un des plus purs chefs-d'œuvre de la littérature méridionale. Lamartine, à la lecture de son manus-

Fais entendre une triste complainte
Semblable au sort de Jérusalem
Ou que Dieu t'inspire une harmonie
Qui nous donne la force de souffrir !

crit, que lui présenta un ami du poète de Maillane, s'écria : « Ecoutez, je vais vous raconter la bonne nouvelle ! Un grand poète nous est né..., il y a une vertu dans le soleil, un vrai poète homérique en ces temps-ci ! Un poète est né... un poète primitif dans notre âge de décadence... »

Mistral, à cette époque, avait suivi les élans du romantisme politique incarné par Lamartine. Ne venait-il pas d'écrire :

Gloire au grand peuple, au peuple magnanime...
Le peuple est bon, il souffre l'injustice...
La liberté va conquérir le monde
Guerre éternelle entre nous et les rois.

Il était ulcéré en ces journées de juin où succombait la République, en cette Vendée provençale légitimiste où le bonapartisme avait été bien accueilli :

« Les Rouges commencèrent de porter la ceinture et la cravate rouges, et les Blancs les portèrent vertes. Les premiers se fleurirent avec des bouquets de thym, emblème de la Montagne, les seconds arborèrent des fleurs de lys royales. Les républicains plantèrent des arbres de la liberté ; la nuit, les royalistes les sciaient par le pied·

» Puis vinrent les bagarres, puis les coups de couteau ; et bref, ce brave peuple, ces Provençaux de même race qui, un mois avant jouaient, plaisantaient, banquetaient ensemble, maintenant, pour des vétilles qui n'aboutissaient à rien, se seraient mangé le foie. »

Les « vétilles » dont parlait Mistral furent, en réalité, la condamnation de la République. Le grand Hugo, qui fut un temps pair de France, le comprit très vite, lui, l'immortel poète qui porta ses *Misérables* universels dans le fond de son cœur pendant son long exil.

En cet été fleuri de sang, Avignon n'avait pas connu les barricades, mais la ville était à présent au pouvoir des modérés.

Aubanel, le plus romantique des poètes provençaux, pleurait à jamais son amante au-dessus des draperies nostalgiques du Rhône, rejoignant Dory dans sa douleur :

Ai lou cor bèn malaut... Malaut à n'en mouri ;
Ai lou cor bèn malaut e vole pas gari... [1]

1. J'ai le cœur bien malade... malade à en mourir ;
J'ai le cœur bien malade et ne veux pas guérir.

9

Dory était resté entre la vie et la mort pendant plusieurs jours. A la fin mars, il y eut un léger mieux.

— C'est vraiment une « carcasse », pour se remettre ainsi d'une telle congestion, déclara le médecin, ami de Dumas.

Début avril, Dory fit ses premiers pas dans la chambre de la rue Balance. Gent et tous ses amis vinrent lui rendre visite.

— Tu pourras bientôt rejoindre les Aixois. Nous les avons informés de ton malheur, mais aussi de ta convalescence. Il faut s'occuper du vote du 23 avril ! dit Dumas en posant affectueusement la main sur l'épaule le Dory.

— *L'Ere nouvelle* attend son chef ! répliqua Gent·

— Le chef... articula avec un pâle sourire le convalescent.

Trois jours après, à la tombée du jour, à l'issue d'une réunion au café Cœur, Dumas, enjoué, entra dans son logement. Vainement, il parcourut toutes les pièces en appelant son ami. Malgré l'interdiction formelle du médecin, il pensa qu'il avait passé outre, et que, par ce beau temps, il était allé prendre l'air dans le quartier.

La nuit arriva, pas de Dory. Le lendemain, Dumas avertit ceux du cercle, la police. On fit des recherches dans la ville, au bord du Rhône. Ses vêtements, ses dossiers étaient restés en place. Il n'y avait que ses bottines, sa redingote, sa tunique, qui avaient été emportées, ainsi qu'une photo d'Elodie vêtue de blanc, prise dans le jardin de la Tête Noire. Fuite ou suicide ? Après des jours et des jours d'espoir suivis de sombres pressentiments, il fallut bien se rendre à l'évidence : Dory avait disparu. Pour la plupart de ses proches, la noyade ne faisait aucun doute.

Si le corps de Dory était guéri, son cœur était toujours affreusement meurtri. Le soir où il décida de se jeter dans le Rhône pour rejoindre Elodie dans la mort, dans cet au-delà auquel il croyait profondément, il se glissa dans la pénombre, traversa la place du Palais et entra dans la cathédrale. C'était après vêpres ; dans la vaste nef où quelques cierges étaient encore allumés, il s'agenouilla et pria. Il était seul dans la chapelle dédiée à la Vierge. Deux lumignons brillaient sur l'autel. Après un profond recueillement, il releva la tête. La Madone, sculptée dans le marbre blanc, l'Enfant-Dieu aux bras, semblait le fixer et le bénir, en une douceur infinie qui calma ses angoisses et l'affermit dans sa résolution. Il quitta le sanctuaire où Elodie avait prié, dévala la ruelle conduisant aux remparts et au Rhône.

Il arriva au bord du fleuve dont les eaux limoneuses roulaient dans un sourd et immense glissement, reconnut la berge où Elodie et son assaillant avaient perdu l'équilibre pour être engloutis dans les tourbillons.

Il prit alors son élan, en levant la tête vers le ciel. Son corps rebondit sur des racines bordant la rive, et resta un instant en équilibre entre la rive et les eaux grondantes. Un marinier qui regagnait sa péniche l'aperçut, se précipita et, en s'accrochant d'une main à une branche, arriva à le soutenir, en criant à l'aide.

Du bateau, on l'entendit. Deux hommes accoururent et réussirent à maintenir leur courageux camarade et l'infortuné Dory qui était sans connaissance. Du sang s'épanchait d'une blessure frontale faite en heurtant un glacis de pierre. Les trois hommes, avec de grandes difficultés, purent enfin amener le corps sur la rive, et ils le transportèrent sur la péniche. Après l'avoir débarrassé de ses vêtements, un homme de haute stature, à la barbe noire et épaisse, posa son oreille sur la poitrine dénudée, se releva et dit :

— Il est vivant. Il en sera sans doute quitte pour cette fois-ci, mais il faut soigner sa blessure.

Et d'un caisson il tira un flacon d'eau-de-vie et un rouleau d'étoffe. Après avoir nettoyé la plaie qui n'était que superficielle, il procéda à un pansement sommaire. La blessure ne saignait plus. L'homme, satisfait, dit aux deux mariniers :

— Transportez-le sur ma couchette. Il doit revenir à lui. Nous allons le ravigoter en lui glissant un peu de gnôle dans le gosier.

— Après, qu'en ferons-nous ? interrogea l'un des mariniers. Faut-il avertir la capitainerie du fleuve ?

— Ne prenons pas ce risque. Tu sais bien que nous transportons du blé non déclaré. A l'aube, nous devons quitter le quai, pour arriver à Arles dans la journée. Là-bas, c'est plus sûr.

— Et le blessé ?

— Nous aviserons lors de notre arrivée. D'ailleurs, regardez, il ouvre les yeux.

Les trois hommes s'approchèrent. L'un d'eux, avec une cuillère, le força à ouvrir la bouche et tandis que son camarade maintenait la tête relevée, réussit à faire avaler de l'eau-de-vie au blessé.

Après avoir recouvert Dory d'une épaisse couverture, le capitaine essaya de connaître son identité :

— Que vous est-il arrivé ? Qui êtes-vous ?

Dory essaya d'articuler quelques mots, sans parvenir à s'exprimer.

— Laissons-le se reposer. Pour l'instant, il n'a pas de fièvre.

— A regarder ses mains, ce n'est sûrement pas un travailleur, continua le capitaine. C'est un bourgeois ou un artiste. Il pourra nous être reconnaissant de lui avoir sauvé la vie lorsqu'il sera rétabli.

A la pointe du jour, la *Colombe*, longue péniche inscrite dans les rôles de Lyon, glissa sur les eaux du Rhône.

Dory avait repris vie au milieu de la nuit. Il essaya de

se soulever. Son corps, tout courbaturé par la chute de la veille, trop douloureux, l'en empêcha. Il se tourna sur sa couche et reconnut une cabine avant de péniche, et, avec stupeur, articula :

— Où suis-je ? Que m'est-il arrivé ?

Le capitaine, qui tenait le gouvernail, se retourna :

— Nous t'avons sauvé, l'ami ! C'est un miracle. Sans les arbustes, tu serais à présent dans l'autre monde. En paradis, peut-être, si tu le mérites.

L'homme fit un signe de croix.

— C'était ma volonté. Pourquoi m'avoir sauvé ?

— Pourquoi ? Parce que nous sommes contre la mort, et que pour nous, mariniers, la vie d'un homme, quel qu'il soit, c'est sacré ! C'est le Bon Dieu qui nous la donne et il n'y a que lui qui peut la reprendre. Quand c'est notre heure, bien entendu.

— Je n'ai plus de raison de vivre... Elodie a été noyée dans ces eaux. Je veux la rejoindre, répliqua Dory en se dressant sur ses coudes.

— Taratata ! Si Dieu avait voulu, tu serais déjà mort, notre Rhône t'aurait emporté. En arrêtant ta chute, ces branches ont marqué ton destin. Ton heure n'est pas encore arrivée. Et, crois-moi, celle que tu pleures serait d'accord avec Dieu. S'il t'a laissé la vie sauve, c'est certainement pour une raison. Peut-être vivras-tu encore avec celle que tu as aimée en suivant la route qu'elle aurait désiré te voir continuer. N'est-ce pas un peu cela, l'homme ? Tiens, bois encore un coup de blanche, ça finira de te remettre.

Le marinier saisit la bouteille, lâcha le gouvernail, car on était hors du courant rapide, et tendit le goulot à Dory qui l'attrapa et, d'un coup, avala une gorgée d'alcool. Ce fut comme un coup de fouet ; la douleur de sa blessure disparut.

Les dernières paroles du marinier tournaient dans sa tête, et Elodie lui apparut ; lumière irréelle surgissant des eaux sombres, blancheur de son bonheur englouti, mais aussi sourire éclatant de celle dont il avait si souvent reçu le réconfort dans l'adversité. « Continue à te battre, continue pour moi et tous nos amis... » Il crut entendre la voix, le tourbillon bleu de ses amours mêlé aux eaux du fleuve, à l'écume qui jaillissait devant la péniche.

Il se redressa en titubant, vint s'appuyer à l'épaule du marinier.

— Merci, merci, pour tout, laissa-t-il tomber.

— Un vrai marinier a des devoirs. Dans notre solitude, nous devinons le malheur et la souffrance des autres, fit-il en serrant la main qui s'était posée sur son épaule. En attendant, enfilez ces vêtements de marinier. Ils sont plus chauds que votre redingote et votre veste déchirées.

Dory sortit de la cabine et se hissa sur le pont. Le soleil caressait à présent les eaux et les rives. Un léger mistral fouetta son visage. Il se pencha vers les tourbillons rapides et pleura en embrassant le portrait d'Elodie qu'il avait sorti de sa vareuse.

Dory resta plusieurs jours à Arles. Pour surmonter sa douleur, il accepta d'aider les mariniers qui l'avaient sauvé, à décharger les sacs de blé, ou des corbeilles de fruits et de légumes.

Ses nouveaux amis le présentèrent aux portefaix des quais de Trinquetaille qui l'acceptèrent dans leur confrérie.

Malgré sa robuste constitution, les débuts furent douloureux. Ses mains de bureaucrate saignaient parfois, ses muscles se raidissaient. Le soir, fourbu, il tombait sur sa couche qu'on lui avait désignée sur un vieux ponton qui, en permanence, restait à quai. Ecrasé de fatigue et de sommeil, il anesthésiait ainsi sa douleur.

A Arles, comme dans tout le pays, les journées de février avaient connu l'ivresse malgré une forte présence de légitimistes hostiles que les élans enflammés d'universelle concorde, lancés par Emile Ollivier, n'avaient pu convaincre. Il y eut quand même cette fièvre républicaine, ces « jardiniers sublimes qui avaient enraciné aux carrefours leurs arbres de la liberté... ».

La patience est l'espoir des pauvres. Au cœur des plus démunis reste toujours une étincelle. Demain... Demain, ce feu qui couve dans la nuit des hommes... Demain, du travail et du pain... Demain matin, un monde meilleur...

Les élections, puis les affreuses journées de juin, effaçant celles de février — et Arles, qui avait eu la République au cœur même du Moyen Age, avait pleuré sur cette défaite de l'amour face à la conspiration, aux nostalgiques de Napoléon ou des rois.

Les mariniers du Rhône continuaient leur labeur séculaire, indifférents aux remous et à la versatilité des foules. Depuis des siècles, ils remontaient le fleuve avec des chevaux qui unissaient leurs efforts à ceux des hommes. La descente, plus périlleuse, mais plus libre, et plus rapide, à laquelle Dory avait participé malgré lui, soudait mieux l'homme et le fleuve. De montées par halages ou en descentes rapides, le monde des mariniers avait ses règles immuables et des traditions plus anciennes que celles des corporations.

Ni les navigants ni les portefaix n'interrogèrent Dory sur son passé et sa douleur présente. Ces hommes, habitués aux risques, à la solitude du fleuve, étaient des silencieux, comme les montagnards des hauteurs sauvages. En leur compagnie, les regards, les quelques paroles échangées, leur silence même, étaient plus lourds de vie, de sagesse ancestrale que de longs discours. Pour eux, secourir les déshérités, dans leur vie rude, en ce glissement immémorial des eaux et des vents, faisait partie de leur existence, et des élans naturels de l'homme.

A l'écart, ils n'entraient que par hasard dans les troubles de l'Histoire. Depuis toujours, ils faisaient corps avec la nature éternelle, avec cette intemporalité du monde attachée aux plus anciennes civilisations. Leur philosophie se résumait dans ce proverbe en langue rhodanienne :

Lou mounde parlo, l'aigo coulo,
L'auro boufo e l'age s'escoulo [1].

1. Le monde parle, l'eau coule,
Le vent souffle et le temps s'écoule...

Ses vieux parents, à Lambesc, de Cazan et tous ceux de *L'Ere nouvelle* apprirent par Dumas la mort d'Elodie et la disparition de Dory.

La famille d'Elodie fit célébrer un service funèbre dans la cathédrale Saint-Sauveur d'Aix, après l'enquête policière dont les conclusions ne firent plus de doute : le corps avait été emporté par les eaux du fleuve, avec celui de l'assaillant. Le témoignage des mariniers avait été décisif.

Quant à Dory, tout portait à croire qu'il n'avait pas supporté, malgré sa guérison, la fin tragique de celle qu'il aimait follement, et qu'il s'était jeté dans le Rhône.

Dory travailla jusqu'en octobre avec les portefaix. Pendant les moments de liberté, toujours revêtu des vêtements reçus de ses sauveteurs, ce qui lui permettait d'interroger familièrement les pêcheurs, il se renseignait inlassablement.

— A-t-on repêché une jeune femme disparue depuis la fin du mois de février ? questionnait-il sans cesse.

Chaque fois, la réponse était négative. Il se rendait régulièrement aux services de police, donnait, la mort dans l'âme, le signalement de la noyée, son âge, la couleur de ses yeux, de sa peau, de sa robe, signalait l'anneau d'or qu'elle portait à sa main gauche.

Il visita tous les estaminets des bords du Rhône, interrogeant des mariniers, des gardians de Camargue, des soldats du génie. Chaque fois il en ressortait désespéré.

Essayer d'oublier sa douleur dans un travail de forçat, et continuer des recherches, telles avaient été les raisons qui lui avaient permis de survivre. Mais, le soir, sur sa couche, lorsqu'il n'était pas terrassé par la fatigue, il réfléchissait et il était persuadé qu'il ne retrouverait jamais le corps de son amante pour l'ensevelir décemment, et venir jusqu'à sa mort prier sur sa tombe.

C'est lors d'un jour de profond abattement qu'il décida de s'enfoncer dans la Camargue en suivant le Grand Rhône jusqu'au terme de sa course. Rhône qui se partage en deux bras enserrant la terre mythique de Camargue. Un autre monde dans l'irréel des formes et de la lumière, une nostalgie des temps révolus.

Etendue de la *Sansouiro*, croûte de terre scintillante de sel, refuge des courlis, des flamants, des butors, où frémissent les roseaux, hurlent parfois les loups, non loin de ces taureaux noirs et des troupeaux de sauvages cavales.

Immensité, intemporalité de cette terre du bout du monde où Dory désirait se perdre et se fondre dans la brume d'octobre. Un ami marinier lui fit don d'un cheval blanc de Camargue, offert un jour par un gardian en paiement d'un service de transport sur le Rhône.

Au matin d'une journée froide, il sauta sur son cheval afin de suivre le bras vif du fleuve. Plusieurs fois, il dut mettre pied à terre, pour se reconnaître au bord des marécages noyés de brume, évitant de s'éloigner du Rhône Vif dont il entendait le vaste murmure. Ce Rhône qui lui avait ravi Elodie et qui allait se perdre dans la mer.

Des écharpes de brume flottaient autour de lui, noyant des bosquets de tamaris et les étendues palustres. Etendues mystérieuses et angoissantes. Un au-delà si souvent invoqué qui revenait autour de lui, par cette magie des miroirs lacustres. Parfois, haletant, guidant son cheval par la bride, surgissait une forme, un fantôme, transformé par son appel et la mouvance qui l'entourait. Un surnaturel prenant une forme vaporeuse de femme, une quête désespérée vers l'inconnu, vers cet impalpable du rêve qui donne contour et réalité au désir, à l'attente...

Avançant péniblement entre marais et roubines, tout en essayant de ne pas s'écarter du fleuve, vers le milieu du jour, il arriva près d'une cabane au toit de roseau où un pêcheur préparait un « catigot d'anguilles [1] » sur un feu de bois.

Vêtu de son caban, coiffé d'un bonnet noir, le pêcheur le prit pour un marinier.

— Où vas-tu avec ton cheval ? Il n'y a pas de péniches de ce côté du Rhône.

1. Spécialité camarguaise.

Dory savait que c'était l'époque du pèlerinage gitan aux Saintes-Maries-de-la-Mer et répliqua :

— J'ai des amis aux Saintes. Ce ne sont pas des gens du voyage [1], mais des pêcheurs. Je vais prier avec eux.

— Tu prends de grands risques et tu n'es pas sur le bon chemin. Après Arles, il fallait traverser le bac et suivre le chemin du Vaccarès.

— Avec la brume, j'ai dû m'égarer. Quel chemin dois-je suivre à présent ?

Dory lui cachait ainsi la véritable raison qui l'avait poussé à suivre le bord du Rhône.

— Tu vas te perdre à nouveau. Nous allons partager mon catigot, puis tu n'auras plus qu'à me suivre. Je dois poser des nasses dans le Vaccarès.

Après avoir apprécié le plat camarguais si aimablement offert, Dory suivit son compagnon dont le cheval — un camargue comme le sien — était chargé de sacs contenant son matériel de pêche.

Le soleil avait complètement dissipé la brume. Le pêcheur solitaire, heureux d'avoir un auditeur, avançait lentement, cheval contre cheval, en bavardant :

— Je suis pêcheur du Rhône et des étangs. Poissons du fleuve, anguilles des marais. Je contente ainsi ma clientèle d'Arles.

— Peut-il se produire des noyades dans le fleuve ? interrogea d'un ton indifférent Dory.

— Cela malheureusement arrive. Il y a bien longtemps on a retiré un pêcheur qui avait sans doute glissé au moment des crues. Mais cela s'est passé il y a plusieurs années. Avec la purée de pois de ce matin, tu as été bien imprudent de continuer ta route de ce côté. Il valait mieux rebrousser chemin. Resteras-tu longtemps aux Saintes ?

— Non, deux ou trois jours.

— Fais attention ! Dans cette bourgade, il y a des voleurs, des sacripants, et, avec le rassemblement gitan, il y aura des « bénédictions » de tous genres, tu m'as compris !

Dory ne put s'empêcher de sourire :

— Sois sans crainte, j'y ai des amis sûrs.

---

1. Gitans.

— Au début du siècle, mon père me l'a conté bien des fois, il y avait même des pirates qui, les jours de tempête, allumaient des feux près des récifs. S'il y avait un naufrage, ils pillaient le navire et n'épargnaient même pas les marins. Ce n'étaient pas des hommes de Dieu, quoi !

En fin d'après-midi, ils atteignirent le bord du Vaccarès. Le pêcheur déchargea ses nasses, puis montra le chemin des Saintes.

— Fais tout de même attention ! recommanda-t-il.

Le soleil plongeait vers l'horizon marin, lorsque Dory entra dans la bourgade. Des cabanes s'alignaient près du rivage et, vers les dunes, autour de l'église fortifiée, ce n'étaient que campements et roulottes.

Dès qu'il sauta de sa monture, une gitane portant de grands anneaux aux oreilles, la tête recouverte d'une vieille écharpe, s'approcha :

— Montre-moi ta main. Je vais y lire ton passé et ton avenir et notre patronne Sara te protégera.

Dory détourna brusquement la tête et, du doigt, montra l'église :

— Je vais prier Sara.

La gitane n'insista pas et revint vers la roulotte entourée d'enfants noirauds et dépenaillés.

Après avoir attaché son cheval à un anneau de fer scellé sur l'un des murs de l'église, il entra sous la voûte sombre, puis dans la crypte. La statue de sainte Sara était recouverte d'une robe pailletée d'or. Des dizaines de lumignons brillaient autour d'elle.

Des gitans, des pêcheurs entrèrent, et la longue prière commença. Les mélopées gitanes se succédèrent. Tard, dans la nuit, les pèlerins quittèrent le sanctuaire. Dory resta allongé derrière l'autel sur une couverture prêtée par un gitan.

Le lendemain à l'aube, il se réveilla en sursaut, car les chants, suivis de galops de chevaux, retentissaient autour de l'église. Les gitans se préparaient pour la grande procession.

Dory, heureux d'avoir retrouvé son cheval malgré les

mauvais augures du pêcheur, assista à la procession qui se déroula au milieu de la matinée.

Quatre hommes portaient la sainte sur leurs épaules, suivis par la foule bariolée, entonnant des chants où se mêlaient la langueur et l'âpreté, la fièvre pagano-chrétienne d'un peuple secoué par la mystique d'un monde oublié.

Dory suivait lentement à cheval la foule qui marchait vers le rivage. Les gitans porteurs de Sara avancèrent au milieu des vagues. Des cris s'élevèrent. Les vagues roulaient des dentelles d'écume vers les pèlerins. Comme il y avait près de deux mille ans, ils retournèrent la sainte sur place, face à terre. C'était l'accueil de Sara, reçue sur cet îlot de Camargue avec les saintes de Provence. Dory fit avancer son cheval sur la plage de sable, puis entra à son tour dans la mer, où, peut-être, Elodie était à jamais roulée dans les vagues, et ne reviendrait plus.

C'est alors que lui revinrent les paroles qu'il avait cru entendre au moment de la fugitive apparition sur les eaux du Rhône : « Continue à te battre. Pour moi, pour toi, pour la vie qui m'a quittée, et espère. Un jour nous serons à nouveau dans la même lumière. Continue. »

Après avoir été hébergé chez un pêcheur des Saintes, il retourna deux jours après vers Arles, se reposa chez ses amis mariniers, puis décida de rejoindre Aix et de lutter aux côtés de tous ceux qui l'avaient suivi et aimé.

C'est ainsi que Dory galopa vers Aix sur le cheval blanc de Camargue que lui avaient offert ses amis du halage.

Il traversa la Crau balayée par un violent mistral d'automne, toujours revêtu des vêtements de marinier sur lesquels il avait enfilé son vieux caban noir en signe de deuil.

Le corps d'Elodie avait disparu dans les eaux du Rhône, mais, dans le vent fou qui l'enveloppait, faisant hennir sa monture, il magnifiait sa lutte, sa survie, offerte à celle qu'il avait aimée.

Après avoir longé la prestigieuse abbaye de Montmajour dont les tours se découpaient dans le ciel, il suivit une ancienne « draille » de transhumance, raccourci qu'on lui avait indiqué. Au crépuscule, il s'arrêta près du village d'Aureille. Les Alpilles bleues farandolaient au loin, rempart de cette Crau fabuleuse dont il connaissait les mythes.

Dans les rougeurs du soleil dorant les cailloux innombrables, son cheval fut arrêté par une vague laineuse et bêlante. Un troupeau rentrait. Les chiens aboyaient et le berger, cape de cadis flottant dans le vent, lui fit un signe amical avec son bâton.

Un autre monde, après celui des mariniers, s'offrit aux yeux éblouis du cavalier. Ici, c'était l'immensité, la grande solitude biblique remontant du fond des âges. Scène pastorale qui calmait l'esprit de l'homme dans sa course échevelée.

Dory dut sauter à terre, tenir sa monture par la bride. Les brebis bêlaient autour de lui, s'écartant, heurtant parfois l'homme et le cheval.

— Où allez-vous ? interrogea le berger, lorsque le troupeau se fut éloigné.

— A Lambesc, près d'Aix.

— Je n'ai jamais quitté la Crau, sauf lors d'une transhumance, mais je sais que vous êtes encore loin de votre étape. Vous et votre cheval paraissez fatigués. Si vous le désirez, ma bergerie vous accueillera. Il y a la chaleur des bêtes, et de l'avoine pour votre cheval.

— Voici pour votre aimable accueil, fit Dory, en sortant quelques pièces de l'une de ses poches, argent gagné chez les mariniers.

— On ne paie pas dans le monde des bergers, pour le gîte d'un soir offert à un voyageur attardé.

Tout en bavardant, ils arrivèrent devant le jas [1] où les brebis se coulaient derrière des claies.

Dory conduisit son cheval à la mangeoire où se trouvait également une auge emplie d'eau. Le berger alluma une lanterne avec son briquet. Il la balança au-dessus des brebis, les compta, puis revint vers Dory.

— Voici du pain, du fromage et du rouge, du vin de ma fabrication, dit le berger, en ouvrant un placard grillagé. Faites comme chez vous, et bonne nuit. Si vous avez besoin de moi, fit-il, comme il franchissait la porte, je dors à côté,

1. Bergerie.

dans une petite cabane. Il n'y a de place que pour un seul. Près des bêtes vous serez bien.

Dory, allongé sur de la paille, recouvert d'une lourde cape prêtée par le berger, s'endormit très vite. Des bêlements, des aboiements le réveillèrent à l'aube. Il se leva, fit une rapide toilette avec l'eau de l'auge, se restaura avec les provisions qui restaient. Berger et troupeau étaient déjà loin dans la blancheur de l'aube. Des tintements de sonnailles lui parvenaient, se noyant dans le vent.

Il sauta sur son cheval, en se tournant une dernière fois vers le troupeau.

En fin d'après-midi, Dory arriva à Lambesc devant la ferme de ses parents. Il mit pied à terre.

— Monsieur Gabriel ! Monsieur Gabriel ! Vous êtes donc en vie ! s'exclama, abasourdi, la gorge serrée et les larmes aux yeux, le fermier qui labourait non loin de là.

— Mes parents !

— Hélas, monsieur, votre mère nous a quittés pour toujours, il y a trois mois. Elle repose dans notre petit cimetière. Votre père est toujours en vie, soigné avec dévouement par sœur Marie-Thérèse, infirmière au couvent. Je mène le domaine comme je peux, avec un ouvrier piémontais descendu de ses montagnes au printemps.

— Continue, fais pour le mieux, apporte fruits et légumes à la mère supérieure. Il faut que je retrouve au plus vite mes amis à Aix. Je me rends au cimetière, puis j'irai passer la nuit au couvent près de mon père. Comment est-il ?

— Votre disparition leur a donné un coup terrible. Madame n'a pu le supporter, et votre père ne quitte plus le lit.

— Dès que mes affaires seront réglées à Aix, je reviendrai. En attendant, montre-moi les comptes. Je suis démuni et il faut de l'argent pour continuer le combat.

— Quelques Aixois sont revenus ces temps derniers à la ferme, espérant toujours avoir des nouvelles, malgré l'assurance de votre mort. Ils ne pouvaient se résoudre à croire à votre fin si malheureuse, surtout de Cazan, le plus désespéré de tous.

— Un ami de toujours, un frère. J'ai grand besoin de le revoir au plus vite.

— Mais, monsieur Gabriel ! Par quel miracle êtes-vous là, devant moi ?

— C'est une histoire épouvantable. Je te raconterai lors d'une prochaine visite.

— Et Mlle Elodie ?

Dory ne répondit pas. Il tourna brusquement la tête, saisit son cheval par la bride et le conduisit à l'abreuvoir.

Le lendemain, vers le milieu du jour, Dory entrait à cheval dans la cour de l'hôtel de la Tête Noire.

Ce fut un nouveau choc pour l'avocat. Il revoyait Elodie en ce début de l'année 1848, riant, cheveux au vent, avant de s'élancer avec lui, à cheval, vers Lambesc. En un court instant, se présenta leur voyage en diligence et, surtout, leur inoubliable nuit d'amour au relais d'Orgon...

Le maître d'hôtel s'avança. Tout d'abord, il ne reconnut pas l'avocat dans son accoutrement de marinier. Lorsque celui-ci sauta de cheval, malgré une barbe épaisse et les traits tirés, éberlué, en reconnaissant Dory, il ne prononça aucune parole. Il partit en courant dans la grande salle, en criant : « Monsieur ! Monsieur ! » d'une voix étranglée par l'émotion.

De Cazan arriva :

— Qu'arrive-t-il ?

— Dans la cour ! Dans la cour ! M. l'avocat ! finit-il par articuler.

De Cazan se précipita. Dory, après avoir attaché sa monture, l'aperçut, s'élança vers lui, se jeta dans ses bras en murmurant :

— Cazan ! Quel malheur !

— D'où sors-tu ? Nous t'imaginions disparu à jamais, fit de Cazan en proie à une émotion indescriptible. Nous avons espéré si longtemps !

Dory resta un long moment la tête enfouie au creux de l'épaule de son ami. Enfin, il murmura :

— Je reviens de loin, de très loin, peut-être grâce à un appel mystérieux transmis d'au-delà de la mort.

— Au-delà de la mort ? Qu'est-ce à dire ? chuchota de

Cazan, les larmes aux yeux, en saisissant son ami brusquement par les deux épaules.

— Je te dirai.

— Viens te réchauffer, tu as l'air si las, te restaurer, faire un peu de toilette.

Et le maître de la Tête Noire l'entraîna devant la cheminée.

Le maître d'hôtel, les serviteurs, se tenaient groupés au fond de la salle, dans un profond recueillement, comme devant une apparition surnaturelle.

— Ta chambre n'a plus été ouverte. Il y a tes vêtements, tes dossiers, tes souvenirs et les affaires de...

De Cazan n'acheva pas, car Dory absent et à nouveau prostré avait tourné la tête vers les flammes. De Cazan avait appris par Dumas la fin tragique d'Elodie et la disparition pleine de mystère de Dory, dont le suicide, depuis des mois, ne faisait plus aucun doute dans la société aixoise.

Après un long silence, Dory, malgré sa douleur ravivée, la fatigue de son voyage à travers la Crau et le pays d'Aix, raconta leur bonheur, puis l'atroce fin d'Elodie, et sa volonté de survivre dans le combat, en souvenir de celle qui, il n'en doutait plus, du haut du ciel l'entraînait à nouveau avec elle sur les chemins de la liberté.

Lorsque Dory entra au siège de *L'Ere nouvelle* dans la rue de Saporta, il fut en présence d'une ruche affairée d'hommes et de femmes. Tous ses amis qui avaient appris la nouvelle de sa réapparition furent stupéfaits. On avait enlevé le voile noir qui cachait son portrait, et on l'acclama.

Dans tout ce monde qui s'activait, il y avait ses amis de la première heure, mais aussi des inconnus. Parmi eux, l'aile incorruptible qui s'était montrée au grand jour dès février 1848, mais aussi des «nouvellistes» qui se révélaient trop opportunistes depuis les élections d'avril et les journées sanglantes de juin réprimées par Cavaignac.

Cavaignac, président du Conseil des ministres, républicain intègre, soutenu par la majorité de cette République bourgeoise, ne vit le danger que trop tard.

Dans les Basses-Alpes, dans le Var où les chambrées se tenaient au grand jour, chez les Marseillais et les Avignonnais, Gent, et surtout l'aile pure qui à nouveau allait faire front avec Dory, tous pressentaient un danger imminent.

Après avoir pris connaissance des événements des derniers mois, Dory se lança à corps perdu dans la campagne à l'élection présidentielle fixée le 10 décembre 1848.

Les candidats étaient au nombre de cinq :

Le premier était le général Cavaignac, qui apparaissait fervent républicain et, dans bien des départements, comme le candidat des notables et de l'autorité.

Pour les républicains qui avaient suivi cette longue clandestinité de l'espérance, il endossait tous les malheurs survenus depuis février : les « 45 centimes [1] », les émeutes ouvrières et la répression de juin, la crise économique. Il ne pouvait être un candidat populaire.

Le deuxième candidat était Lamartine, qui se faisait sans doute beaucoup d'illusions sur sa popularité.

Dans les Basses-Alpes, dans le Var et les Bouches-du-Rhône, Gent, Poncy, Campdoras, Ailhaud, de Volx, firent une campagne enflammée pour Ledru-Rollin, candidat de la Montagne.

Dory parcourut alors la région, et, avec Poncy, organisa des réunions ; la fièvre, en ces graves circonstances, lui permettait, par moments, d'oublier. Il s'élançait, fougueux, sur les tables des salles de réunion, tel un Camille Desmoulins de la grande révolution :

— Mes amis, clamait-il, accompagné de ses amis, c'est Raspail, l'Avignonnais, qu'il nous faut ! Il est en prison depuis le 15 mai, pour ses idées socialistes, c'est indigne de la République !

— Il faut compter avec le candidat des bonapartistes !

1. Nouvelle taxe foncière imposée par le gouvernement Cavaignac, dont les pauvres ne furent pas exemptés.

répliqua avec anxiété Poncy, lors d'une réunion commune à Marseille.

— Ce Bonaparte qui se compare à son oncle, rétorqua Maillet avec ironie.

— Oui, c'est le cinquième candidat, c'est bien vrai, hélas ! On se moque de lui, depuis son évasion rocambolesque, c'est Badinguet dont on rit, avec ses jambes trop courtes, sa tête trop grosse pour sa petite taille.

— Une dépêche vient de nous arriver, déclara Arnaud, de la Loge d'Ecosse, et il faut, dès maintenant, porter tous nos efforts contre la candidature de Louis-Napoléon.

— Quelle est cette nouvelle ?

— Adolphe Thiers et ses amis font campagne pour lui ; ils sont convaincus que « ce crétin », comme ils disent, sera facile à manœuvrer.

Tous ceux des cercles, de la Jeune Montagne du Var, des anciennes sociétés, étaient anxieux ; leurs messagers qui sillonnaient la France rapportaient que les ruraux, encadrés par l'Eglise et d'anciens orléanistes, étaient pour un régime d'autorité.

— Faudra-t-il entrer à nouveau dans la clandestinité ? interrogea Poncy inquiet, en s'adressant à son ami Maillet, à la fin de l'une de ces réunions.

— Je le crains, mais attendons les élections.

10

Pauline et Michot firent leurs adieux à la petite ferme berrichonne à la fin juillet. La mère, les larmes aux yeux, Calixte chargé de provisions, les conduisirent en carriole à l'arrêt de la diligence reliant, en cinq relais, Châteauroux à Saint-Etienne.

A Saint-Etienne, ils prirent pour la première fois le train, le Saint-Etienne - Lyon, la ligne ferrée la plus ancienne de France.

C'était une idée de Paulien, prendre le train, se servir de cette traction à vapeur qui avait eu de nombreux détracteurs. Pour lui, c'était le progrès, la libération de l'homme par la science, dont ses amis de l'Internationale vantaient les records et la commodité.

— Il n'y aura que les riches, tu verras, qui pourront se payer ce luxe. Cinq francs le voyage ! Heureusement que tu as reçu quelques écus de l'héritage du grand-père !

— C'est une fantaisie de voyage de noces, tu le sais bien.

— La vapeur va enlever du travail aux ouvriers dans les usines. Cela va augmenter le chômage.

— La République y veillera. Le chemin de fer nous permettra de franchir les frontières, de rapprocher les hommes, les uns des autres.

— Crois-tu ? Tu es comme notre poète bien-aimé, Poncy, qui suit les idées de Lamartine. Nous en avons discuté un soir, dans une chambrée de la Jeune Montagne.

— Un jour, tu verras, tous les hommes seront frères. Il n'y aura plus de guerres et on partagera équitablement les richesses de la Terre...

— Idéaliste, va ! En attendant, notre République bat de l'aile. Le sang versé sur les pavés de Paris et d'ailleurs doit nous servir de leçon.

Paulien se tut et tourna la tête. A travers la vitre de la portière, il voyait défiler des champs couverts d'épis ; des moissonneurs brûlés par le soleil, en gestes lents et cadencés, couchaient les épis avec leurs faucilles. Derrière eux, avançaient lentement en se courbant, des femmes, la tête recouverte d'un chapeau de paille retenu par un foulard noué sous le menton.

Son frère lui avait expliqué, un soir devant le feu, qu'on allait se servir bientôt d'une grande faucille : la faux. Un seul homme abattrait le travail d'une « sauco [1] ».

Les paroles véhémentes de Pauline prirent pour lui tout leur sens, et il resta rêveur, accoudé à la portière. Des jets de vapeur tourbillonnaient dans le ciel mêlés à de la fumée noire.

Pauline s'était assoupie, bercée par le roulement régulier sur les rails ; son sac de grosse toile dépassait sous sa longue jupe. Un vent tiède caressait son visage, soulevait des mèches de cheveux. Paulien se détourna du paysage qui continuait à défiler devant lui, et, longuement, contempla sa femme dont la main ouverte avait laissé tomber un petit bouquet de marguerites offert par Calixte avant leur départ.

A Lyon, ils louèrent une chambre dans la vieille ville, pour se reposer avant de terminer leur voyage en diligence.

Paulien se souvenait de son séjour à Lyon en compagnie de Serre-Cœur-Fidèle, qu'il avait hâte de retrouver à Manosque.

Le lendemain, avant le départ de la diligence, ils flânèrent au bord du Rhône. Paulien désirait montrer à Pauline le coche d'eau avec lequel, pour la première fois, il était entré en Provence.

— Buzançais, avec sa révolte, dans toute son atrocité, et

1. Equipe de trois moissonneurs.

puis ma fuite, m'a permis de te rencontrer, fit-il en l'embrassant.

— Le regrettes-tu ?

— Je ne sais, déclara-t-il, moqueur, en lui écrasant une nouvelle fois les lèvres sur sa bouche.

Le coche n'était pas à quai. Michot aurait aimé revoir le capitaine qui l'avait si bien accueilli avec son compagnon, deux ans auparavant ; et, depuis, tant d'événements s'étaient passés...

Ils revinrent enlacés l'un à l'autre vers le poste de diligences ; la leur était prête à partir. Ils s'y installèrent, avec d'autres voyageurs.

Subitement, avant le départ, Paulien sauta hors de la diligence, pour jeter un dernier regard vers le Vieux Lyon, où Serre lui avait conté la révolte des canuts, de ceux qui proclamaient vouloir vivre en travaillant ou mourir en combattant.

Effrayée, Pauline cria :

— Que fais-tu ?

— Je lance un adieu aux canuts !

Et il grimpa rapidement, reprit sa place en dérangeant les six voyageurs déjà installés, qui maugréaient ; mais le sourire de Pauline effaça tout.

Elle avait remarqué qu'il serrait avec plus de force le bâton au ruban vert dont elle connaissait l'histoire et, surtout, la fraternité.

Ce long retour vers le Midi dura encore plus de quinze jours ; ils durent s'arrêter à Montélimar, un essieu de la diligence s'étant rompu dans un ressaut. Ils attendirent trois jours dans cette ville, porte de la Provence rhodanienne. Puis, de relais en relais, avec de vieilles pataches mal équipées, dont les échanges de chevaux n'étaient pas toujours assurés, ils arrivèrent enfin à Manosque, après avoir traversé des plateaux désolés. C'était le 24 août 1848, en ce sixième mois de la République.

Etant donné les imprévus, les retards, l'humeur même des postillons et des maîtres de poste, ils n'avaient pu donner qu'une date très approximative de leur retour. D'ailleurs, à Buzançais même, ils avaient avancé leur départ en raison des récents événements. C'est donc avec anxiété qu'ils gravirent la grand-rue conduisant à la place du Terreau dominant la ville. Dans une ruelle se trouvait la boutique de cordonnier des parents de Serre. Michot avait été hébergé chez eux, lorsqu'il avait échoué à Manosque en compagnie de leur fils.

Il heurta la porte basse avec son bâton. Celle-ci s'entrouvrit. Un vieil homme se montra, baissant la tête pour mieux voir par-dessus ses lunettes.

— Paulien, quelle surprise ! Marie, viens voir qui arrive !

Une femme encore alerte accourut, tandis que le cordonnier faisait entrer les deux jeunes gens dans l'arrière-boutique.

— Mais c'est bien lui ! Paulien Michot ! D'où sors-tu, petit ?

— J'arrive de Buzançais avec ma femme que voici !

Pauline embrassa les deux vieux.

— Votre fils et mon mari m'ont souvent parlé de leur séjour à Manosque, avant la République.

— Le fils m'a tout raconté lorsqu'il est remonté chez nous. Son travail à l'Arsenal, vos réunions, votre mariage. Entrez.

Ils suivirent leurs hôtes, entrèrent dans une alcôve aux murs ornés de vieilles gravures découpées dans un almanach.

Pauline avait, sans façon, ouvert son corsage, enlevé le fichu de toile offert par sa belle-mère.

— Je ne referai plus un voyage pareil ! C'est trop long. J'ai des courbatures sur tout le corps.

— On retournera en Berry avec le train, crois-moi. La France, dans un avenir prochain, aura des réseaux sur tout son territoire.

— Le train, quelle abomination, répliqua le cordonnier. Je préfère la route. Je ne vais pas loin : au marché de Mane ou de Forcalquier, tout au plus. Avec ma carriole et mon petit cheval, je m'arrête où bon me semble. Je prends mon temps, je trinque avec des amis. On refait même le monde.

La Bonne pourrait être assassinée ! Elle n'aura duré qu'une saison, mes enfants !

— Non, non ! clama Pauline. Ce n'est pas possible. On a tant souffert au temps de Philippe la Poire [1]. Les mous, les bourgeois profiteurs, ces « républicains du lendemain », ne nous l'escamoteront pas encore une fois. S'il faut se battre, on se battra !

Toute rouge, échevelée, elle frappait nerveusement la table avec ses doigts. Les verres de boisson fraîche offerts aux arrivants glissèrent sur la table, Pauline s'étant brusquement redressée pour ajuster ses vêtements.

— Calme-toi, fit Paulien en posant affectueusement ses mains sur les épaules de sa femme. Tout n'est pas perdu. Demain, en compagnie de notre ami, nous en saurons davantage.

— Oui, le fils est à une réunion à Mane. Il ne va pas tarder à rentrer. La nuit, les routes ne sont pas sûres. Il y a de faux républicains qui, sous prétexte de faire payer les Blancs, dévalisent les voyageurs. C'est toujours comme ça, mes « arrières [2] » me l'ont raconté. Pendant les troubles, on n'est à l'abri de rien. Rouges et Blancs, tout est bon pour les brigands.

Marie s'activait devant son fourneau, pour préparer un repas plus copieux pour les invités.

Pauline, assise, la tête appuyée contre l'épaule de son mari, écoutait le cordonnier heureux d'avoir un auditoire.

Il raconta comment fut assassiné un paysan qui s'en revenait du marché à la tombée du jour. Brusquement, deux sœurs, robes noires et cornettes au vent, lui firent signe, afin de rejoindre Manosque. Le paysan arrêta son cheval. Aussitôt, avec une agilité diabolique, les deux religieuses bondirent sur la carriole, assommèrent Imbert qui trépassa. Les deux fausses religieuses étaient en réalité des brigands qui s'étaient travestis pour mieux donner confiance.

— On ne retrouva que le lendemain le corps sans vie du malheureux, termina le cordonnier. Les deux assassins avaient su que le maraîcher rapportait une somme impor-

1. Louis-Philippe.
2. Grands-parents.

tante, produit de ses ventes. Depuis ce jour, le col qui se trouve à quelques lieues d'ici porte le nom de « col de la mort d'Imbert ».

— Tu n'es pas à la gaieté ! déclara Marie, qui vint s'asseoir auprès d'eux, un torchon à la main. Tout est prêt pour le repas. J'espère que Robert va bientôt arriver. La nuit tombe, et tu nous fais peur avec tes histoires. Il y en a de plus jolies qu'on se raconte dans les veillées. Dans notre misère, nous, les pauvres, continua la mère, il n'y a plus que nos contes, nos légendes, qu'on ne peut pas nous enlever. Ces vieilles histoires que nos anciens nous ont transmises, c'est à peu près tout ce qui nous reste, avec l'amour de la famille. En voici une pour vous deux, qui venez de vous unir par les liens sacrés du mariage. Il s'agit de l'eau d'une fontaine, une eau qui guérit et rend amoureux.

Pauline et Paulien oublièrent leur fatigue et se laissèrent bercer par la voix, une musique, une désaltérance, en cette halte manosquine :

— Une jeune fille de ferme désirait prendre époux, afin de fonder une famille. Ses parents la voyaient dépérir de jour en jour. A dix-huit ans, depuis longtemps, on est façonné par le rude labeur de la terre. Lône, tel était son nom, n'avait plus de courage, et s'en allait rêver devant une source dans laquelle glissaient des lambeaux de ciel et de rêve. Et elle rentrait chez elle à la fin du jour, de plus en plus triste.

» Des amies avaient déjà pris mari, avaient des enfants, mais en ce qui la concernait, elle voyait désespérément s'enfuir les jours, et pensait s'enfermer dans un couvent. Son père et sa mère enfouissaient leur peine dans le travail de lopins étagés, et de maigre rapport.

» Lône n'avait plus que l'eau de la source pour compagne, et lui confiait sa peine. Un soir, l'orage la surprit dans le bois, l'eau claire se mit à chanter une étrange complainte. Malgré la pluie et le vent, elle resta immobile, ensorcelée. Tout à coup, une vive clarté trembla sur l'eau de la source, et Lône, stupéfaite, vit une jeune femme superbe revêtue d'un voile blanc. Elle s'avança vers Lône en disant : « Je suis la fée des amoureux, et je viens exaucer ton désir. Il y a longtemps que je connais ta souffrance. »

» Avec une branche fleurie, elle frappa sept fois l'eau de la source en disant : « Pour ta fête, de cette eau tu boiras sept verres. Avant un mois, un amant sûrement viendra. »

» Le jour de la fête arriva. Lône, toute tremblante, se pencha vers la source... ô miracle ! l'eau se mit à jaillir et à chanter en inondant son visage. Une eau si claire, si pure et si écumante que, le lendemain, les gens du pays en firent une fontaine qu'ils nommèrent la « font de Lône », car tous savaient depuis longtemps qu'elle était le lieu de recueillement de la jeune fille.

» Lône avait bu les sept verres de cette eau enchantée. Quand la lune eut fait une révolution, un jeune homme vint la trouver et l'entraîna en l'enlaçant chez ses parents, pour la demander en mariage.

— Que c'est beau ! s'exclama Pauline, en embrassant Paulien.

— La font de Lône existe réellement dans le village proche, continua la femme du cordonnier. Une coutume y reste attachée. A l'occasion d'un mariage, après la messe, le cortège des invités, précédé des époux, se dirige toujours vers la font de Lône. Les jeunes mariés boivent de cette eau dans le même verre, puis, dans les cris et les rires, ils en aspergent les invités qui jettent des pièces de monnaie dans le bassin de la fontaine, pour avoir du bonheur.

Serre arriva en coup de vent dans la petite cuisine.

Avec émotion, sans prononcer une parole, il bondit vers ses amis et les étreignit longuement :

— Je me demandais si vous ne nous aviez pas abandonnés, perdus dans votre Berry ! Qu'avez-vous fait pendant ces longues semaines ?

Paulien raconta leur vie à la ferme, son frère libéré, sa jeune sœur en maison, et la grande bouffée de simple bonheur reçue dans sa famille. Il conta aussi les péripéties du voyage, les événements de juin qu'il avait appris à Châteauroux.

— On se prépare à nouveau pour la lutte. Ce soir, des

délégués ont été désignés pour parcourir la campagne. On doit prévoir des vivres et des armes que l'on mettra en lieu sûr. Crois-moi, il faut tenir jusqu'au bout.

— On tiendra, citoyen. Dès demain, nous « descendrons », pour reprendre contact avec les chambrées, les sociétés et tous les purs, déclara Pauline.

En ce moment-là, elle oubliait déjà la font de Lône, les légendes.

— Il ne faut plus rêver comme certains. Il faut être au coude à coude.

— Au lever du jour, nous quitterons Manosque, affirma Paulien.

— Je partirai avec vous. Je dois informer Campdoras, ceux de Marseille, de nos préparatifs et des consignes de vote pour les élections présidentielles qui s'annoncent.

Marie, le visage angoissé, regarda son fils.

— Tu vas encore nous quitter.

— A table, les enfants, clama le vieux cordonnier, pour effacer la tristesse de ce nouveau départ.

Il remplit les gobelets d'un vin qu'il fabriquait lui-même avec les raisins de la dernière vendange. A ses heures libres, il s'évadait de son échoppe, et soignait avec amour un petit vignoble.

— C'est du vin de Gavot ! A la Bonne ! A la vie et à la mort ! s'écria Serre qui se mit à chanter un chant qu'il venait d'apprendre dans la soirée, copié sur des feuillets par son ami l'instituteur de Reillanne :

Bourgeois à qui la République
A donné si fort la colique,
Pourquoi, tremblant, répètes-tu
A bas Ledru ?
Et pourquoi le peuple au contraire,
Que ton injustice exaspère,
Répète-t-il soir et matin
Vive Ledru-Rollin ?
Mais le bourgeois aura beau faire,
L'avenir est au prolétaire
S'il persiste dans ce refrain :
Vive Ledru-Rollin.

— « Mais le bourgeois aura beau faire, L'avenir est au prolétaire... », répéta Michot, rêveur. Puissent t'entendre tous les démocrates.

— Nous lutterons, foi de Gavot ! répliqua Serre en riant.

Ce refrain, malgré les revers, symbolisait bien l'âme gavote, la farouche détermination des Bas-Alpins, depuis longtemps gagnés aux idées nouvelles.

Si les régions montagneuses de Castellane et de Barcelonnette avaient été moins exaltées, par contre, le bas pays alpin, où les têtes sont chaudes et les cœurs ardents, c'est-à-dire les pays de la Durance, avec Oraison, Volx, Sisteron et les régions de Manosque, Forcalquier, Digne, avaient adhéré bruyamment à la République.

Le chant qu'avait appris Serre, le jour de l'arrivée de ses amis, avait été distribué par les instituteurs dans toute la région.

Au soir de l'élection d'avril, l'instituteur de Reillanne, ami d'enfance de Serre, s'était mis à la tête d'une farandole où l'on criait : « A bas les Blancs ! A bas les riches ! Vive les Rouges ! » Il portait un lampion tricolore sur la tête, le maire et le conseil municipal suivaient à quelques pas de distance.

L'instituteur était abonné à des journaux socialistes qui paraissaient depuis peu : *La Réforme*, *Le Peuple indépendant*, *L'Emancipation de l'Enseignement*. Dans les chambrées dont il était membre, on se qualifiait volontiers de Ledru-Rollin, de Proudhon, ou de Barbès.

Serre, dans son Tour de France, avait été un messager efficace, contribuant à tisser ce vaste réseau démocratique du Midi de la France.

Des cercles provençaux à la Mère du compagnon, des centuries — sociétés secrètes de Montagnards du Languedoc —, Serre-Cœur-Fidèle avait, avec d'autres, transmis bien des messages, bien des espoirs. Et de ces espoirs fous, la terre haute de Provence en tremblait de ferveur, de détermination inébranlable. Ce n'était pas l'envol des poètes du socialisme, mais de la roche dure de la patrie gavote qu'on fleurirait de sang, s'il le fallait un jour.

Troisième Partie

LES RÉVOLTÉS DE DÉCEMBRE

11

Le 10 décembre 1848 fut un échec pour le Février des Barricades, pour cette République tant souhaitée par une grande partie du Midi de la France. République aux pieds d'argile, la Deuxième République n'aura véritablement vécu qu'un printemps, malgré les assurances des notables et de la France rurale qui voyaient en Louis-Napoléon le restaurateur de l'autorité effaçant les divisions, le chômage, la crise économique. Beaucoup croyaient qu'il serait le garant d'une République forte, qu'il apporterait enfin la prospérité promise depuis si longtemps.

Lors des élections de mai 1849, le souci dominant fut d'arracher aux « hommes de 48 » la majorité dans l'Assemblée constituante. Ainsi s'unirent orléanistes, légitimistes et bonapartistes. Pressentant le danger, des sociétés secrètes républicaines se fondèrent à nouveau dans les campagnes de Vaucluse et des Basses-Alpes.

Dès l'élection de Louis-Napoléon, les républicains du Var avaient été en alerte. Les chambrées continuaient à se réunir, mais sous la surveillance de plus en plus étroite des policiers.

Les mariés de la République, Pauline et Michot, accompagnés par Serre, étaient arrivés au Luc. Ils étaient depuis longtemps repérés par des agents bonapartistes que le gouvernement avait mis en place dans les provinces et particulièrement dans ce Midi rouge dont on connaissait la résistance farouche face à l'ordre nouveau.

A Toulon, Serre et l'un de ses amis, Daumas, avaient formé un comité démocratique. Chaque dimanche, des responsables du comité partaient de Toulon pour prendre contact avec les républicains des bourgades et des villages. Le mérite de ces patriotes fut de comprendre que l'union devait s'étendre hors du département. Tout d'abord, Michot et Daumas prirent contact avec le Cercle de l'Union et la Jeune Montagne de Marseille. Poncy, Maillet, Arnaud regroupaient leurs adeptes.

Dory était sur la brèche. A Aix et dans les villages environnants, il organisait des réunions pour maintenir les patriotes républicains sur le qui-vive. De Cazan n'avait pas faibli dans la lutte, malgré la hargne de plus en plus grande des légitimistes aixois. L'hôtel de la Tête Noire étant à présent sous haute surveillance, le quartier général des membres de *L'Ere nouvelle* se tenait dans la ferme familiale de l'avocat à Lambesc. Le père s'était éteint à l'hospice du couvent en janvier 1850.

De cette ferme partaient des messagers vers Avignon, et même vers Lyon où Alphonse Gent présidait à présent la société La Montagne.

Au Luc, Pauline avait retrouvé la maisonnette où elle hébergeait Poupette qui travaillait à la fabrique. Elle-même avait repris son emploi grâce à Campdoras.

Chaque dimanche, tandis que son mari, Serre et Daumas organisaient des réunions avec les ouvriers de l'Arsenal, elle partait sur une carriole, avec quelques-unes de ses compagnes de travail, dans les bourgades où elles prenaient la parole, en plein champ à la belle saison, ou dans des remises, l'hiver.

Ces réunions n'étaient pas sans danger ; la police, sans cesse, était alertée.

Lors de l'une de ces assemblées, Pauline fut prise d'un malaise. Un ami de Michot la ramena au Luc. Averti, Paulien arriva en toute hâte. Il grimpa quatre à quatre les marches de l'escalier conduisant à la chambre. Pauline, allongée sur le lit, lui sourit :

— Je ne te l'avais pas encore dit : je suis « prise » depuis trois mois.

— C'est pas vrai !

— Campdoras m'a examinée ; un petit républicain nous arrivera pour les moissons prochaines.

Paulien se jeta sur le lit, fou de joie :

— On l'appellera Marceau ? C'est un beau nom pour nous, les Rouges.

— Et si c'est une fille ? interrogea Poupette qui était descendue de l'étage pour réconforter son amie et préparer le repas.

— République ! République Michot ! Ce sera notre chair et notre combat.

— Mais attention, déclara Campdoras qui venait d'apparaître et avait entendu les dernières paroles de son ami. Pas d'imprudence, plus de carriole pendant quelques mois, il faudra prendre des précautions si tu veux garder Marceau ou République.

Au mois d'août 1850, Pauline mit au monde un superbe garçon. Marceau Michot prenait vie en pleine tourmente. Les républicains des chambrées et des cercles étaient de plus en plus surveillés.

Le noyau dur de Toulon se maintenait dans une résistance à toute épreuve, grâce à leurs chefs, Serre, Daumas et Campdoras. Au Luc, à Collobrières, le nouveau préfet nommé par la présidence de la République fit interdire les réunions. Pauline et Michot continuaient, malgré la répression qui s'annonçait de plus en plus virulente, à grouper, à informer la population. Les maires mis en place après février 1848 étaient peu à peu remplacés par des maires désignés par le pouvoir.

La grande affaire qui résorba pour un temps le chômage fut, à La Garde-Freinet, la création d'une coopérative ouvrière de production, l'Association industrielle pour l'exploitation des lièges.

Cette idée de coopérative enthousiasma Pauline qui, après ses couches, continuait à brandir le flambeau.

— Il faut que tous les travailleurs s'unissent pour former des coopératives, comme ont fait nos amis de La Garde. Dans les villes, dans les campagnes, ouvriers et paysans doivent former des comités d'entreprise. Que la sueur de leur front, leur capacité au travail soient récompensées par des primes ! Cela les encouragera. Ils penseront moins à s'élever contre les patrons profiteurs.

— Oui ! clamaient alors hommes et femmes, ce sera cela la Bonne, la justice, le travail dans la paix ; et ne plus se soucier si on mangera à sa faim le lendemain !

Pendant ces réunions clandestines, Poupette prenait soin du petit Marceau qui, en cet été 1851, commençait à s'ébattre dans le jardinet du Luc. Lorsque les deux époux rentraient tard, le soir, chacun de son côté, leur récompense était de contempler leur fils endormi, veillé par Poupette.

— Vois comme il est beau ! faisait Pauline. Il n'a pas de souci. J'espère que lorsqu'il aura vingt ans, il n'y aura plus de conscription, qu'il n'y aura plus de révoltes pour la faim, plus de guerres...

— C'est un ange et c'est notre sang. Il saura aussi se battre s'il le faut, répondit ce soir-là Paulien, en embrassant longuement sa femme.

— Te souviens-tu de notre nuit de Marseille ?

— Oui, c'était avant février et on espérait tant ! Que deviennent Poncy, Maillet, Arnaud ?

— J'ai eu de leurs nouvelles à Toulon par Duteil qui fait toujours paraître *Le Peuple souverain*, la gazette que l'on se passe à la dérobée à Marseille. Mais pour combien de temps la presse sera-t-elle encore libre ?

— As-tu des nouvelles de Dory ?

— Oui, tout récemment, j'ai appris par un représentant de la fabrique qui nous transmet des renseignements qu'il a eu un grand malheur. Elodie, dont je t'ai parlé lorsque j'étais en prison à Marseille, a été projetée dans le Rhône à Avignon. Elodie, c'était un autre monde, de la grande dame, mais elle avait compris et se battait comme toi, pour le peuple.

— Comment cela s'est-il passé ?

— Je n'ai pu connaître exactement les circonstances de la tragédie.

— Quel malheur pour celui qui t'a si bien accueilli !

— J'aimerais bien le revoir. Il est encore devant moi comme si c'était hier, sautant dans les flammes pour sauver les dossiers de *L'Ere nouvelle*.

— Le malheur ne frappe que les bons. Je suis lasse ; le travail à la fabrique, les réunions où nous devons toujours reprendre les chemins de l'ombre pour parler de liberté et d'amour ! Comment les Français ont pu élire un Napoléon ! Qu'allons-nous faire, Paulien, s'il renverse la République, comme son oncle l'a fait en se hissant sur le corps des patriotes de la grande révolution ?

— Ce n'est pas possible, les temps ont changé. On ne peut avoir fait trois révolutions pour revenir à la dictature.

— Le paradis des patriotes puisse t'entendre ! Demain dimanche, nous resterons dans notre jardin avec le petit. Je suis si lasse...

A Toulon, Serre et Daumas avaient grand espoir d'empêcher les sombres desseins du gouvernement. Les soldats de la garnison, ceux de l'infanterie de marine, en particulier grâce à l'action du comité démocratique, s'enthousiasmaient pour la cause des républicains.

Prévoyant la violation de la Constitution par le prince-président, les démocrates toujours assurés du concours de la troupe, et sous l'influence prépondérante de Daumas, voulurent porter un grand coup en s'emparant de Toulon : « Paris s'insurgera, disait Daumas, le président sera renversé, le coup d'Etat évité, la République une et indivisible fondée ! »

La prise de Toulon, effectivement, avec sa réserve d'armes, sa position stratégique, aurait sans doute décidé des soulèvements des départements du Midi et porté un grand coup aux projets du gouvernement. Une assemblée de la Jeune Montagne du Var, en présence de Daumas, de Serre et de Dory, se réunit à Aix. Dory, toujours exalté, noyant ses douloureux souvenirs dans la frénésie de l'action, était d'accord pour agir rapidement. La majorité de l'assemblée hésita et décida d'envoyer à Paris un représentant pour sonder l'état d'esprit de la capitale. Ce contretemps fut fatal à Daumas et à ses amis. Daumas fut arrêté avec quelques membres du comité. Serre put s'enfuir avant son arrestation. La Jeune Montagne fut décimée à Toulon et désorganisée dans l'arrondissement. Serre se réfugia chez Michot.

— C'est la grande erreur des tièdes, les bonapartistes n'étaient pas prêts, la France aurait suivi notre exemple.

— Rien n'est perdu, clama Pauline. Dans les campagnes, nous avons des hommes sûrs, des armes dans des caches.

— Il faut organiser la résistance à l'intérieur, décida Michot. Nous ne sommes plus en sécurité au Luc. On peut nous arrêter d'un moment à l'autre. De nouvelles troupes se dirigent vers Toulon. Celles qui étaient avec nous viennent d'être déplacées.

— Jamais je ne pourrai abandonner Marceau !

— On va le confier à Poupette et à nos amis de la Ferme-Haute. Il faut nous regrouper avec Campdoras et les républicains. On ne peut les abandonner dans la lutte qui se prépare.

Paulin David avertit en ces heures douloureuses tous les responsables.

Dans la nuit qui suivit les événements de Toulon, deux hommes et deux femmes, l'une portant un enfant enveloppé dans une couverture, l'autre portant un baluchon, les hommes armés d'un fusil, gagnèrent la Ferme-Haute, tandis que plusieurs villages secoués par ces événements se préparaient à défendre la République aux cris de : « La Liberté ou la Mort. »

La Ferme-Haute était située au revers de la colline de Parrecourt. Haute bâtisse autrefois fortifiée, la ferme était la propriété des parents de Méric qui avait été élu maire du Luc en 1848 et qui venait d'être arrêté et déporté.

Dès les élections de 1849 qui avaient donné la majorité aux conservateurs, il avait organisé des manifestations d'opposition.

C'était ainsi qu'à l'occasion d'une fête républicaine, on avait vu deux bœufs traînant un char sur lequel se trouvaient trois individus coiffés d'une toque ou d'un bonnet rouge, et vêtus de blanc ; des faisceaux de lauriers étaient attachés sur le char, six hommes l'entouraient, portant chacun un drapeau tricolore. Derrière, au son des clairons et des tambours, une centaine de personnes suivaient, chantant *la Marseillaise*. En ce 14 janvier 1849, le cortège avait fait plusieurs fois le tour de ville. Un grand rassemblement s'était tenu sur la place des Platanes où se dressait l'arbre de la liberté.

Michot et Pauline s'étaient trouvés parmi les manifestants ; ils avaient fait la connaissance des parents de Méric. Le dimanche suivant, ils avaient été invités à la Ferme-Haute avec quelques amis.

De retour au Luc, Pauline s'était empressée de déchiffrer un vieux feuillet jauni couvert d'une écriture ternie, dont plusieurs lettres étaient effacées, que lui avait remis le père de Méric. Elle approcha la lampe, recopia les lignes encore lisibles et, avec Paulien, à voix basse, ils murmurèrent ce chant que le vieux Méric avait entonné dans la soirée :

Allons ! debout ! n'attendons pas,
Roulez des monts et des collines,
Armes au poing, nus de poitrines,
Et nus de bras ;
Le jour est clair, la brise est belle,
Nous pendrons des voleurs
De toutes les couleurs.

Gens de justice et de gabelle,
Bancocrates, usuriers,
Qui mangeraient les ouvriers,
Les moissons et la terre,
Si nous les laissions faire.

Taïaut ! taïaut ! le peuple chasse.
A coups de pieux, à coups de faux,
Renversant comme un vent qui passe
Les abus et les échafauds.
Taïaut ! taïaut ! le peuple chasse.

Les quatre fugitifs du Luc quittèrent le bourg, en passant par des sentiers qui, malgré les ténèbres, leur étaient familiers. Les Méric n'étaient pas avertis. Le chien de la ferme aboya lorsqu'ils entrèrent dans la cour. Une ombre se profila derrière une fenêtre basse garnie de barreaux :

— Qui va là ?

— C'est nous, Michot !

Une pâle clarté trembla à travers les barreaux. Un seul volet s'ouvrit, laissant passer le canon d'un fusil.

— « La Montagne fleurira ! [1] » s'empressa de lancer Michot.

Un instant après, la porte s'ouvrit et une lanterne à la main, un homme s'avança, tenant toujours le fusil.

— Que se passe-t-il ?

— Des troupes vont venir dans la région.

— Entrez !

Tous quatre s'empressèrent de pénétrer dans la salle basse.

Le fermier alluma une lampe à gaz dont la clarté éclaira la salle et s'approcha de Pauline :

— Mais, c'est Marceau !

Pauline ouvrit la couverture et posa l'enfant sur une chaise.

— Il ne faut pas qu'il prenne froid. Louise, descends, ce sont des amis !

On entendit un bruit de pas à l'étage, puis une femme apparut, un manteau jeté sur sa chemise de nuit.

— Bonne mère ! Quel malheur arrive-t-il donc ?

— C'est pas du bon mais rien n'est perdu. Les villages bougent en bas. Nos amis ne sont plus en sûreté. Nous allons les héberger en attendant de voir venir.

---

1. Cri de ralliement des Montagnards.

Louise s'empressa de raviver les braises avec un soufflet, jeta quelques sarments de vigne. Le feu pétilla. Tous s'approchèrent des flammes. Le visage grave, tournés vers la cheminée, ils restèrent un long moment silencieux.

Serre, le premier, prit la parole.

— Nous passerons la nuit ici. Paulien et moi redescendrons vers Le Luc pour avoir des nouvelles.

— Je vous rejoindrai dans deux jours, dit Pauline en posant son baluchon sur la table. Poupette et Marceau resteront à la ferme, si vous voulez bien.

— Pauvre petit, fit Louise. Suivez-moi, nous allons le coucher dans le lit-cage. Nous avons des lits et des couvertures pour vous tous.

Pauline et Poupette suivirent la femme. Poupette avait pris l'enfant dans ses bras et le couvrait de baisers.

Au rez-de-chaussée, les trois hommes s'étaient assis devant le feu.

Le vieux Méric raconta qu'il venait de recevoir des nouvelles de son fils déporté en Nouvelle-Calédonie. C'est par le plus grand des hasards que, lors d'une sortie à Toulon, le capitaine d'un navire lui avait appris que son fils, l'ancien maire, était employé au port de Nouméa et en bonne santé. Il espérait, les troubles passés, qu'on le libérerait. Ainsi, depuis un an, les Méric attendaient qu'une grande levée en masse des patriotes arrête la dictature en marche.

12

A son lever, le mardi 2 décembre 1851, le bourgeois de Paris pouvait lire, placardées sur les murs de la capitale, deux proclamations signées du président, justifiant, devant le peuple et l'armée, les mesures prises par les conjurés durant la nuit : en vertu d'un décret présidentiel, l'Assemblée nationale était dissoute, le suffrage universel rétabli et le peuple français convoqué « à partir du 14 décembre jusqu'au 21 décembre suivant » pour approuver ces décisions. « Seul souverain que je connaisse en France », suivant les termes mêmes de l'appel napoléonien, le peuple de France était appelé à trancher le conflit survenu entre l'Assemblée et le président, ainsi qu'à déléguer au prince les pouvoirs nécessaires pour rédiger une nouvelle Constitution.

Fort habilement, le coup de force du prince-président, suggéré par son demi-frère le duc de Morny, apparaissait dirigé d'abord contre la majorité royaliste et réactionnaire de l'Assemblée, une Assemblée montrant toujours, depuis des mois, la même irrésolution et la même inefficacité. Privée de quelques-uns de ses chefs les plus résolus — Thiers, Changarnier, Lamoricière avaient été arrêtés pendant la nuit du 1er au 2 décembre —, elle se montra incapable, pendant la journée du 2, de dépasser le stade des protestations platoniques qui conduisaient finalement quelque deux cent vingt députés dans les prisons de Mazas ou de Vincennes. Seuls, en fait, une soixantaine de représentants républicains, menés par Victor Hugo, Schoelcher et

Michel de Bourges, envisagèrent de répondre à la force par la force ; dans la soirée du 2, ils rédigèrent un appel aux armes, et décidèrent d'aller le lendemain pousser à l'action les ouvriers parisiens. Les quelques députés qui tentèrent, le 3 au matin, de soulever les travailleurs du faubourg Saint-Antoine se heurtèrent à l'indifférence des ouvriers : ceux-ci laissèrent le député Baudin tomber sur les barricades qui commençaient, malgré tout, à s'élever. Morny savait pouvoir compter sur la fidélité des troupes. Il laissa se développer l'insurrection pour mieux l'écraser, puis envoya plusieurs colonnes convergentes sur les défenseurs des barricades. La foule frondeuse, mais non armée, fut mitraillée. Des dizaines de morts jonchèrent les rues de la capitale. Paris, terrorisé, vit couler ce sang républicain avec stupeur, mais ne se souleva pas. La province, le Midi en particulier, ne baissa pas les bras.

C'est le 3 décembre que Paulien et Serre apprirent par les républicains toulonnais la nouvelle du coup d'Etat.

Campdoras arrivait de Toulon. En ce jour de décembre blafard et froid, il réunit ses amis au café Condroyer :

— Le président vient d'assassiner la République ! Des républicains sont morts. Que nos messagers parcourent les campagnes. La troupe envoyée en renfort est encore dispersée. Il faut agir.

— Ce n'est pas possible ! cria Paulien, frémissant. La France ne restera pas agenouillée.

— Toulon est cerné par la troupe, mais Hyères se soulève. Les républicains conduits par notre ami Dupont forment une colonne armée qui se dirige vers le nord du département pour résister.

Un homme jeune, couvert de poussière, sauta d'un cheval de ferme et fit irruption dans la salle où les Lucquois, de plus en plus nombreux, venaient aux nouvelles.

— La Garde-Freinet, Cuers se préparent, commencent à se grouper avec ceux des campagnes. Voici la proclamation du préfet que j'ai arrachée à la porte de la mairie de Cuers ! cria Bidouré, le cavalier-messager.

Pauline, qui venait d'entrer et de se frayer un passage à travers l'assistance, s'en saisit, grimpa sur une chaise et lut la proclamation :

Mise en état de siège du département

Nous, préfet du département du Var,

Vu les articles 11 de la loi du 10 juillet 1791 et 53 du décret du 24 décembre 1811 ;

Vu les pouvoirs extraordinaires à nous conférés par les instructions de M. le ministre de l'Intérieur, en date du 2 décembre 1851 ;

Vu l'avis de M. le général commandant la 7e division militaire ;

Vu l'avis de M. le général de brigade commandant le département du Var ;

Considérant que des insurrections simultanées ont éclaté dans plusieurs localités du département du Var ;

Que notamment, dans la ville de Brignoles et les communes du Luc, Gonfaron, Vidauban, Hyères, Cuers, les magistrats et les agents de la force publique ont été l'objet de violences plus ou moins graves ; qu'ils ont été privés de l'exercice de leur autorité légale, et même de leur liberté ;

Que des attaques à main armée ont eu lieu dans plusieurs de ces localités, et principalement au Luc et à Cuers ; que dans cette dernière ville, le brigadier de gendarmerie a été lâchement assassiné ; que les gendarmes ont été grièvement maltraités, et le maire menacé de mort, maltraité et emprisonné ;

Que des brigandages de toutes sortes ont été la suite de ces premiers crimes, notamment le pillage, le vol et l'incendie ;

Que des administrations insurrectionnelles se sont emparées des mairies de ces localités, et tentent par tous les moyens possibles d'organiser sur toute la surface du département une insurrection générale ;

Considérant que dans une pareille situation, il est du devoir des magistrats chargés de maintenir l'ordre et l'action des lois, de recourir aux mesures les plus énergiques et les plus efficaces ;

Arrêtons :

Article premier : Le département du Var est déclaré provisoirement en état de siège.

Article deux : Les autorités civiles et militaires sont chargées, chacune en ce qui les concerne, d'assurer l'exécution du présent arrêté.

Article trois : Le présent arrêté sera soumis immédiatement à l'approbation de M. le ministre de l'Intérieur et de M. le président de la République.

Fait à Toulon, en l'hôtel de la sous-préfecture,

le 5 décembre 1851.
Le préfet du Var : T. Pastoureau.

Pauline transmit la feuille à Paulien puis à Campdoras.

— C'est faux, le gendarme a été tué d'un coup de hache, c'est vrai, mais le paysan de Cuers était en légitime défense. On a maltraité sa famille. On a essayé par la violence de leur faire avouer qu'ils cachaient des armes.

— Cette jacquerie du Var racontée par les autorités est un pur prétexte du nouveau préfet pour emprisonner, déporter, semer la terreur, pour écraser la République et les républicains. Le seul « pillage » que l'on puisse reprocher aux insurgés, c'est la remise des armes exigée des Blancs, riches propriétaires qui avaient des réserves d'armes depuis février quarante-huit.

Sans cesse la foule grossissait et l'on décida de se réunir sur la place des Platanes. Le jour déclinait. En ce 4 décembre, un vent aigre soufflait, venant des hauteurs surplombant Le Luc. On alluma des lampions. Hommes, femmes, enfants, à genoux, entonnèrent *la Marseillaise*. Dans la nuit, Paulien et Pauline remontèrent vers la Haute-Ferme pour prendre quelques heures de repos et, surtout, pour donner des recommandations à Poupette, de s'enfuir avec l'enfant si un détachement de soldats investissait la ferme.

Pendant ce temps, dans les villages et les cités plus importantes, les républicains prenaient le pouvoir ; à Vidauban, au Luc, à La Garde-Freinet, des municipalités révolutionnaires étaient installées, les gendarmes étaient arrêtés. Les républicains de Saint-Tropez, Gassin, Cogolin, Grimaud rejoignaient La Garde-Freinet.

Au Luc, l'un des centres de l'insurrection, Paulin David, le Rouge des Rouges, entouré de Serre, de Pauline et de Michot, organisait une commission provisoire de la résistance. Des chefs de groupes fougueux distribuaient des armes, prévoyant un déploiement des forces républicaines sur les hauteurs où allaient converger, sur un front de cinquante kilomètres, les colonnes de Saint-Tropez, de La Garde-Freinet, d'Hyères, de Grasse.

Paulin David, suivi de Campdoras, de Pauline, de Paulien et de Serre, insufflait l'ardeur de la résistance à ces troupes disparates.

— Notre armée n'est pas celle de la répression, mais celle de la liberté. Louis-Napoléon, en violant la Constitution, s'est condamné aux yeux de la nation. Résistez, mes compagnons de toujours. Lorsque Paris verra notre ferme résolution, le gouvernement arrêtera sa dictature.

Ainsi exhortait David en ce 4 décembre.

Tous ceux qui, depuis si longtemps, suivaient les chemins de l'ombre, espéraient ; car, dans d'autres régions de France, des républicains se dressaient contre l'usurpateur, lançant vers le ciel leurs cris et leurs poings.

Il fallait les voir, ces hommes et ces femmes qui, n'étant pas sur terre pour manier des armes, mais des outils, offraient leur poitrine, leur sang, pour garder la lumineuse joie d'une fraternité depuis si longtemps enfermée dans leur cœur, et qui, en ce février de la République éclaboussé de soleil, leur avait donné le vertige de l'amour projeté dans un monde meilleur.

La situation géographique du Luc, au carrefour des routes de Brignoles et de Toulon, au débouché de celles des Maures, expliquait son rôle essentiel pour coordonner les mouvements des autres localités et grossir les effectifs de la colonne insurrectionnelle.

Le soir du rassemblement où les bouchonnières furent entraînées par Pauline derrière les hommes, drapeau rouge en tête, la mairie du Luc fut assiégée. On arrêta le maire bonapartiste et on le remplaça par l'ancien adjoint de Méric, aux cris de : « Vive Méric ! Vive Latil ! [1] »

Plusieurs villages étaient à présent aux mains des insurgés.

Une veillée mouvementée se tint ce soir-là au café Condroyer. Campdoras étala une carte de la région sur la grande table. Serre, les deux Michot, Latil, en cette nuit de fièvre où Le Luc avait donné le signal de la révolte, étaient penchés, haletants, sur cette carte où Campdoras, avec un crayon, pointait les villages et les villes qui étaient aux mains des républicains ; il traça un éventail de cheminements à travers le haut pays où les colonnes, dès le 5 décembre, seraient en place, prêtes à se déployer.

— Il n'y a que Toulon qui n'a pu se soulever, plusieurs milliers d'hommes de troupe cernant la ville.

— Quels sont les patriotes qui dirigent chacune de nos colonnes ? interrogea Michot.

— La colonne de Saint-Tropez et de La Garde-Freinet sera dirigée par Martel que vous connaissez tous : l'un des animateurs de nos chambrées, depuis peu interdites. Celle du Luc qui, dès demain, se mettra en marche lorsque la colonne de Brignoles nous aura rejoints, nous en prendrons le commandement. Nous comptons sur la présence d'un millier d'hommes armés et bien encadrés par des sous-officiers de réserve gagnés à notre cause.

— Est-ce que les bouchonnières pourront suivre ?

— Oui, les plus jeunes. Elles nous serviront d'infirmières. Chaque colonne a reçu des ordres pour avoir à l'arrière des charrettes portant le nécessaire en cas de blessures, des réserves de munitions et de vivres.

— Dans notre région, les descentes chez les Blancs nous ont bien approvisionnés, déclara Serre.

— Il y aura la colonne de Saint-Raphaël et de Fréjus, dont je ne connais pas encore le responsable, poursuivit

1. Méric, maire républicain, déporté. Latil était son adjoint.

Campdoras. Toutes les colonnes ont pour mission de converger vers Lorgues. Nous aurons notre petite armée républicaine, face à celle du préfet Pastoureau qui, connaissant mal la région, se déplacera difficilement.

— Auront-ils du canon ? interrompit Michot.

— Certainement. Quelques pièces de montagne. L'essentiel, si la colonne de répression nous serre de trop près, ce sera de se déployer en tirailleurs, comme nous l'avons fait autrefois en Algérie.

— Il sera nécessaire de faire le point à Vidauban. Dans le pire des cas, nous pourrions nous regrouper vers les Basses-Alpes. Nos amis y sont déjà prêts. Là-haut, ce sera plus difficile pour la colonne Travers-Pastoureau [1], affirma Serre.

— Il faut espérer un soulèvement des autres départements. Notre révolte doit servir d'exemple, entraîner tous les républicains de France, afin de s'opposer aux funestes desseins de Napoléon le Petit, déclara avec gravité Campdoras en enroulant sa carte. Allons prendre un peu de repos, en attendant le lever du jour. Les journées qui vont suivre vont être rudes. La neige et le froid seront contre nous. Nous aurons des couvertures, des vivres pour plusieurs jours.

Pauline et Paulien grimpèrent l'escalier conduisant à la chambre qui leur était réservée. Pauline ouvrit la fenêtre. On entendait au loin une sourde rumeur. Elle devina la colline où se cachait la Haute-Ferme. Là-haut reposait Marceau, leur fils, leur espérance.

Le commandement de la colonne principale d'insurrection où s'étaient regroupés paysans, artisans et une petite minorité bourgeoise de l'intérieur ne revint pas à des chefs expérimentés comme Campdoras ou Paulin David, mais à Camille Duteil. Poursuivi, ce dernier avait réussi à gagner Brignoles. Brignoles n'avait pas la fougue des autres cités. Il y avait de l'indécision dans les rangs des républicains.

1. Colonne de répression du nom du préfet et du colonel Travers.

Persuadés que le pays entier allait protester contre la violation de la Constitution, ils avaient décidé, dès le 3, que leur parti garderait une attitude prudente, et attendrait le résultat du mouvement dans les grandes villes du Midi. Lorsque Duteil arriva au café du Cours où se tenait la grande réunion, avec sabre pendu au côté, pistolets passés à la ceinture, il fit grande impression. Son attitude martiale réveilla l'ardeur des républicains. Dès le lendemain, la foule en armes occupa la mairie et la sous-préfecture. L'arrondissement entier imita l'exemple de Brignoles, tandis que Duteil, qui allait se mettre à la tête de l'insurrection, gagnait Le Luc.

La fougue de Duteil ne s'accompagnait pas, hélas, des qualités nécessaires à un chef de guerre. Sa conception des dispositions de résistance, ses exagérations de langage avaient éveillé chez les Brignolais une prudente méfiance. Aussi Duteil saisit-il avec empressement l'occasion qui lui était offerte, en recevant une lettre de Paulin David l'invitant à se mettre à la tête du mouvement insurrectionnel dans le nord du Var.

Lorsque le samedi 6 décembre Duteil arriva au Luc dans la matinée, la surprise fut grande au café Condroyer où se trouvaient Campdoras, Serre, Michot et Pauline.

— Ainsi, tu désires être notre général en chef à partir de Vidauban, fit Campdoras, perplexe.

— David est d'accord.

— Je n'étais pas au courant.

— J'ai fait mes preuves depuis des années, lorsque j'ai été poursuivi, que j'ai été le messager des républicains.

— C'est exact, mais attention, Camille, le journalisme, les débats dans nos réunions, les risques que tu as pris dans la clandestinité, n'apportent pas nécessairement les qualités d'un chef de guerre...

— Ce n'est pas avec tes revolvers passés à la ceinture, avec ton sabre de cavalerie que tu peux commander avec efficacité, dit Serre. Il y aura deux ou trois mille hommes sous tes ordres, prêts à se faire tuer pour la République, pour le respect de la Constitution. Peux-tu prendre sur toi de les exposer inutilement ?

— Lorsque j'ai tiré au sort en quarante, j'ai suivi des cours, participé à des manœuvres en montagne.

— Le départ vers Vidauban a lieu dans une heure. Nos volontaires, accompagnés de quelques femmes, sont rassemblés sur la place des Platanes. Nous allons y annoncer ta prise de commandement.

Pauline, au petit matin, s'était rendue à la Haute-Ferme pour embrasser son enfant, donner de nouvelles consignes à Poupette, et faire ses adieux aux Méric.

— Je suis trop vieux pour m'engager dans la colonne, mais, par la pensée, par le cœur ardent qui bat toujours en nous, nous serons près de vous. Gardez-vous, tous, et que toute la France enfin se réveille.

Dans le Midi, pendant que la colonne du Luc se préparait à se mettre en marche pour atteindre Vidauban, l'autorité, par des concentrations de troupes, avait réussi à sauver les chefs-lieux.

Journée d'échec dans le Gers, dans le Centre. Mais dans les localités plus à l'écart, le tambour avait résonné, on s'était soulevé, non seulement pour s'opposer à la violation de la Constitution, mais pour régler des différends locaux avec certains notables, certaines usurpations de droits.

Dans le Var, département qui résistait depuis longtemps, à cause du sang vif des républicains, plus touché que d'autres par le coup d'Etat, Draguignan, où le préfet était protégé par une petite garnison, était isolé du reste de la France.

Dans les Basses-Alpes, le signal de l'insurrection partit de la région de Manosque ; la sous-préfecture de Forcalquier tomba, et tout le sud du département s'insurgea et se rassembla, menaçant, là encore, Digne, le chef-lieu.

Dans la Drôme, enfin, où les villages étaient en effervescence depuis deux jours, les républicains de Valence se décidèrent à lancer le mot d'ordre attendu d'insurrection ; ils l'annulèrent quelques minutes après, les mauvaises nouvelles de Paris leur étant arrivées entre-temps ; mais il était trop tard, la moitié du département, surtout en pays protestant, s'était soulevée.

Le samedi 6 décembre, les forces de l'ordre réprimèrent à Bordeaux et à Strasbourg les dernières et tardives manifestations de rue. Elles continuèrent à reprendre en main la situation dans le Sud-Ouest et dans le Centre ; mais dans le Sud-Est le gouvernement n'en était encore qu'à préparer la répression dans ses bases urbaines. L'insurrection faisait tache d'huile et s'organisait dans les trois départements soulevés ; elle gagnait même, dans le Vaucluse, l'arrondissement d'Apt.

Au niveau du premier et du plus populaire échelon du pouvoir, le mouvement avait surtout été municipal, appuyé fortement par les sociétés républicaines. On avait prié le conseil municipal de se réunir, de constater la déchéance du chef de l'Etat et de se proclamer pour l'insurrection.

Là où les conseils ou les maires s'y étaient refusés, la victoire de l'insurrection avait consisté à les chasser de la mairie et à proclamer leur remplacement par une commission municipale provisoire.

L'opération municipale n'avait jamais été si enthousiaste que lorsqu'elle avait eu pour effet de rétablir à la mairie un maire rouge, régulièrement issu des élections trois ans plus tôt, et révoqué depuis, sous quelque prétexte, par un préfet répressif. Ainsi, le peuple rentrait dans ses droits. C'était ce qui exaltait la foule nombreuse, venue applaudir et encourager les hommes et les quelques femmes de la colonne d'insurrection quittant Le Luc en ce samedi 6 décembre, sous le commandement de Camille Duteil.

La jonction des colonnes se fit à Vidauban. On bivouaqua dans la petite cité. Pauline, revêtue d'un long manteau serré à la taille par sa taillole rouge, allait et venait avec quelques femmes d'insurgés. De bivouac en bivouac, elles réconfortaient, distribuaient de la soupe chaude que les habitants préparaient dans leur cuisine.

Les chefs de groupes vérifiaient les armes, se réunissaient autour de Duteil, de Campdoras, de Michot et d'un jeune chef, Arrambide, afin de bien connaître la route à suivre le lendemain.

La colonne s'ébranla le lendemain dimanche. Vers midi, elle arriva aux Arcs, bourgade dominée par un piton entouré d'une enceinte médiévale. Sur la petite place, des cris, des appels se firent entendre. C'étaient les insurgés du Muy, de Puget-sur-Argens, de Bagnols, qui venaient d'arriver.

On se regroupa pour se diriger vers Salernes. Un messager à cheval arriva, passa au galop le long de la colonne. Serre, un fusil en position de tir, l'interpella :

— D'où viens-tu ?

— De Cuers. J'ai pu m'enfuir. La troupe vient d'investir la cité. Elle se remettra en marche demain pour vous rejoindre.

Pendant que la colonne avançait lentement vers Salernes, Serre s'en détacha, courut vers le front des troupes pour avertir Duteil.

— C'est l'armée Travers-Pastoureau ! Il faut atteindre Salernes le plus tôt possible. Campdoras, Arrambide, David, demandez aux chefs de file de faire hâter la marche.

— Toi, ordonna Duteil au messager immobile sur son cheval, va à l'arrière dire aux conducteurs de charrettes de se hâter.

Paulien remonta en courant la colonne qui s'étirait sur plus de cinq cents mètres, pour retrouver Pauline.

Il l'aperçut au milieu d'un groupe où riaient quelques garçons d'une quinzaine d'années.

En voyant Michot, elle sortit des rangs et s'avança vers lui, cheveux au vent, un drapeau rouge sur l'épaule :

— Qu'arrive-t-il ?

— Informe ceux de ton groupe qu'il faut avancer à marche forcée. La colonne de répression est à Cuers et va nous poursuivre.

— Qu'en pensent nos chefs ? Campdoras ?

— Qu'il faut arriver très vite à Salernes, puis sur le plan d'Aups dans deux jours. Là-haut, on pourra résister. Au pire, la jonction avec les Bas-Alpins pourra s'opérer. Serre, qui connaît bien la région, nous servira d'éclaireur.

Pauline rejoignit ses compagnons, leur expliqua que les troupes de l'ordre de l'usurpateur avançaient vers eux pour les châtier.

— Nous serons là pour les recevoir ! clama l'un des jeunes garçons en brandissant une vieille carabine.

— Oui, nous serons prêts, Pauline ! crièrent les hommes en élevant leur fusil ou un sabre pris dans les gendarmeries tombées aux mains des insurgés.

Pauline éleva le drapeau et, de l'autre bras, entoura les épaules du garçon :

Allons enfants de la Patrie,
Le jour de gloire est arrivé !...

La marche fut longue et pénible.

L'état des chemins ne permettait pas à la colonne de hâter sa progression. La nuit tombe vite, en décembre. Au crépuscule, il y avait encore plusieurs heures d'efforts et d'arrêts pour attendre l'intendance alimentaire des insurgés qui avançait encore plus difficilement.

Mais il y avait cette fièvre, et ce rêve fou lancé vers le ciel qui commençait à se couvrir de pourpre. Une étoile parut au-dessus des falaises lointaines où se nichait Salernes.

— Voyez, l'étoile du Berger nous fait signe ! s'écria l'un des pâtres qui était parti avec la troupe en abandonnant son troupeau.

Ces hommes, relatera un écrivain, qui marchaient dans l'aveuglement de la fièvre que les événements de Paris avaient mise au cœur des républicains, s'exaltaient au spectacle de cette longue bande de terre toute secouée de révolte. Grisés par l'enthousiasme du soulèvement général dont ils rêvaient, ils croyaient que la France les suivait, ils s'imaginaient voir, au-delà de la Viorne [1], dans la vaste mer des clartés diffuses, des files d'hommes qui couraient, interminables, comme eux, à la défense de la République.

1. Petite rivière.

Et leur esprit rude, avec cette naïveté et cette illusion des foules, concevait une victoire facile et certaine.

A l'approche de la petite armée, les habitants se levaient en masse ; les femmes accouraient en leur souhaitant une prompte victoire ; des hommes à demi vêtus se joignaient à eux, après avoir pris la première arme qui leur tombait sous la main.

Artisans, ouvriers portant casquette, paysans en blouse flottante, armés de haches, de fusils ou de faux, bourgeois en costume sombre, armés de pistolets, se mêlaient dans cette rumeur, ces piétinements, d'où fusaient des appels...

Pauline avançait, noyée dans cette épopée, s'écartait par instants en élevant son drapeau, ajustant sa taillole autour de son manteau. Elle pressait cette large ceinture rouge qu'elle avait elle-même tressée avec amour. Elle y avait glissé un revolver, au départ du Luc. Elle le saisit et le jeta au loin dans un fourré épais. Pour elle, cette arme devenait inutile.

Un mystérieux appel venu de l'immensité la fit frissonner dans cette nuit de décembre où se noyait à présent la colonne.

Sa force à elle, Pauline Durand, était dans cet amour universel. Jamais les soldats qui les poursuivaient ne pourraient tirer sur leurs frères, anéantir cette grandeur de la liberté et de la terre pacifique.

Elle courut vers l'avant-garde où se trouvaient Serre et Michot ; serra Paulien contre elle :

— Que fait en ce moment notre Marceau ? lui murmura-t-elle.

— Il est bien au chaud, rêve à sa mère, peut-être. Dans quelques jours nous serons de nouveau près de lui. Nous l'emmènerons en Berry. Il sera bien chez sa grand-mère, le petit Michot !

En ce dimanche 7 décembre, vers onze heures du soir, les premiers détachements de la colonne commandée par Duteil entrèrent dans Salernes.

On savait dans la petite cité que les insurgés allaient

arriver d'un moment à l'autre. Les habitants, en anxieuse attente, se trouvaient devant leurs portes. Le plus grand nombre s'était réuni sur la place. Lorsque les républicains, avec leurs armes et leur accoutrement baroque, arrivèrent, une clameur s'éleva :

— Les voilà ! Vive la Bonne !

On applaudit frénétiquement. Le tambour résonna et l'on organisa à la clarté fumeuse de torches et de lampions une grandiose farandole autour d'un immense feu de bois où vinrent se réchauffer les insurgés.

On leur distribua des rations d'une soupe fumante tirée d'une grande cuve entourée de braises.

On parqua les charrettes et les chevaux sur la place.

Les femmes qui avaient suivi les insurgés furent logées dans des maisons pour y passer la nuit. Les hommes de la troupe furent conduits dans des fermes et des bergeries voisines. Certains bivouaquèrent sous des hangars.

Serre s'était porté volontaire avec quelques hommes du Luc pour veiller près des charrettes. Enroulés dans des couvertures, par les bâches entrouvertes, ils apercevaient le grand feu dont les flammes rougeoyaient dans la nuit.

Le lendemain 8 décembre, l'état-major comprenant Duteil, Campdoras, David, et où était présent le maire de Salernes, fit le point de la situation.

— La colonne de répression n'est plus très loin. J'ai appris, par un message que le maire a reçu, que de puissants renforts rejoignent la colonne Pastoureau. Il faut être prêts. Un succès sera le signal du soulèvement général, il ralliera les indécis.

— Il paraît, mais j'attends des nouvelles plus précises, que les Bouches-du-Rhône s'apprêtent à faire front, déclara Campdoras.

— Jamais des soldats ne tireront sur le peuple, assura le maire.

David restait silencieux. S'il avait pu s'exprimer librement, il aurait désiré, sans vexer Duteil, organiser la résistance. L'optimisme de ses amis le laissait pensif.

Au dernier moment, lorsque cet état-major improvisé allait quitter la salle, il s'avança vers la fenêtre :

— Un instant, s'il vous plaît. Voyez-vous ces hautes falaises abruptes entourant Salernes ? Nos hommes peuvent s'y retrancher et infliger de lourdes pertes à la troupe de répression. Ne vous bercez pas d'illusions. Les soldats vont obéir aux ordres. Si nous sommes cernés dans des rues ou des collines, ils tireront. Plus nombreux, mieux armés, plus aguerris et disciplinés, une défaite sanglante est possible. Notre insuccès, les dizaines de morts que nous pourrions avoir dans nos rangs, arrêteront peut-être les soulèvements qui se préparent dans le reste du pays.

— David a raison, affirma Campdoras, donnons le signal à nos hommes, qu'ils se postent là-haut. Aux premiers coups de la troupe qui arrivera dans le bas, nous riposterons et nous tiendrons.

— On m'a signalé qu'un renfort important de la troupe de répression se dirige vers Draguignan, qui est aux mains des bonapartistes. Nous pourrions être pris entre deux feux. Il nous serait possible de nous retrancher à Aups.

— Les positions seront moins assurées. Ne prenons pas de risques. Si cela tourne mal, nous pourrons décrocher, rejoindre les Bas-Alpins nombreux et bien protégés, au-dessus de la Durance.

— Notre colonne se déplace moins vite que celle des militaires, écoutons David.

— Si on nous bombarde avec des canons, nos positions sur les falaises seront précaires.

— Je ne pense pas que l'artillerie nous déloge. Ce qu'il faut, c'est résister le plus longtemps possible. Montrer aux Français notre résistance, dit Campdoras.

On apprit que des insurgés du nord-ouest du département se dirigeaient vers Aups. Ces nouveaux renforts qui s'annonçaient décidèrent Duteil à ordonner le mouvement et à quitter Salernes.

Pauline et Paulien, avant ce départ, avaient enfin pris une nuit de repos dans une grange. Serrés l'un contre l'autre, soûlés depuis des jours par les clameurs, les appels de ces milliers d'hommes, ils s'enlacèrent sur la paille. Elle cria son amour lorsqu'il entra dans son ventre. Dans ce cri se mêlaient celui de la chair et celui de vaincre et de vivre.

Au-dehors, dans le grand silence de cette nuit glacée, éclataient parfois un rire, un appel, qui semblaient jaillir de la terre pour rejoindre les étoiles.

Serre partit en éclaireur vers Aups, afin d'annoncer aux insurgés arrivés la veille que le gros de l'armée démocratique se portait vers la cité.

Elle y entra le 9 décembre au soir, et fit la jonction avec ceux du nord-ouest du département. Duteil, couvert de poussière, un vieux feutre orné d'un ruban tricolore, pistolets à la ceinture, passa les troupes en revue.

Les tambours battirent aux champs. Chefs et insurgés, après cette nouvelle marche, avaient un impérieux besoin de repos. On laissa donc au « général » Duteil le soin de disposer les avant-postes, et chacun chercha un lieu de retraite.

Cette confiance dans un homme dont la tête était à cette heure complètement bouleversée allait coûter cher aux républicains.

David et Campdoras, Michot lui-même, qui venait d'arriver, haletant, près de son ami, ne s'y trompèrent point :

— Duteil fait circuler des patrouilles dans les rues de la ville et sur les grands chemins, il prend de grands risques. Il faudrait au contraire garnir d'avant-postes les routes d'Aups, dit anxieusement David.

— Il faudrait aussi cacher des guérilleros sur les hauteurs et dans les défilés, comme nous l'avons conseillé à Salernes.

— Je ne suis pas un homme de guerre, mais je pense que vous avez raison, déclara Michot. Voulez-vous que j'avertisse Duteil du danger ?

— Va, Paulien ! ordonna Campdoras, il y va sûrement de la vie de nos hommes. Essaie de joindre notre « général » le plus vite possible.

Michot n'arriva pas à temps ; des coups de feu partaient déjà des hauteurs de Tourtour où l'un des chefs, Arrambide, avait massé ses hommes avant Aups. L'infanterie et la cavalerie du préfet Pastoureau entraient en action. Dérouté par cet assaut, car l'infanterie nombreuse se déployait à présent autour du piton, il donna le signal de se replier vers Aups.

Plus rapide que l'éclair, la cavalerie déboucha sur le plateau, et l'infanterie arriva au pas de charge. Les insurgés au nombre d'une centaine se débandèrent, mais comprirent rapidement qu'il fallait se replier vers le gros de la troupe : Duteil aurait pu défendre Aups avec succès, mais il eut le tort de disperser ses forces. Ses hommes firent héroïquement face, lorsque l'infanterie gravit les pentes de la cité :

— A moi Le Luc, La Garde-Freinet ! cria-t-il en levant son épée.

Ses revolvers rapidement déchargés, il les jeta sur les assaillants. Le contingent de la Garde, suivi de la compagnie de Saint-Tropez, s'ébranla tambour battant.

Campdoras essaya de les regrouper autour de la forteresse, en vain. Serre et Michot, à genoux derrière un parapet de la place avec une centaine d'hommes, tiraient sur les assaillants. Des deux côtés des hommes tombèrent.

Le gros de la troupe avait suivi Campdoras et David. Ce dernier criait, sur un mur :

— Courage ! Repliez-vous sur la hauteur !

Il était trop tard. Tout à coup, la cavalerie, sabre au clair, déboucha au galop par la porte Saint-Sébastien et se rua sur les insurgés. Des cris de « Sauve qui peut ! » retentirent à l'une des extrémités de la place, et la débâcle la plus épouvantable commença. On vit des actes héroïques, des hommes résister seuls, les larmes aux yeux.

Michot aperçut Pauline qui, debout sur l'une des charrettes du convoi, appelait ses compagnes, pour qu'elles se mettent à l'abri de la mitraille.

Michot, en se courbant derrière le parapet, courut vers elle. Il arriva trop tard. Désespérée de voir les soldats tirer sur le peuple qui avait tant souffert, elle éleva le drapeau rouge en l'agitant et en criant :

— Ne tirez plus sur vos frères ! Ils défendent leur pain et la République ! Arrêtez, soldats du peuple !

L'un d'eux l'ajusta et tira. Pauline, atteinte en pleine poitrine, s'écroula. Dans sa chute, elle tenait toujours le drapeau qui vint recouvrir son corps ensanglanté.

Paulien Michot la vit s'affaisser. Il se précipita sur le corps inerte qu'il tira à l'intérieur de la charrette. Il enleva le drapeau, cria comme un fou, sur ce visage aux yeux grands ouverts, qui semblaient encore fixer le ciel. Il couvrit de baisers ce corps, ce visage qu'il avait tant aimés.

Les femmes, repliées un instant sous la charrette, avaient pu s'enfuir.

Pendant que les soldats, là-haut, talonnaient et tuaient les républicains et les habitants qui avaient un drapeau tricolore au fronton de leurs maisons, profitant d'une accalmie, Paulien prit Pauline dans ses bras et s'enfuit dans la montagne.

Duteil put s'échapper avec Serre et le reste de la troupe décimée vers les hauteurs, pour atteindre les Basses-Alpes.

Campdoras et David, après s'être réfugiés dans un ravin, attendirent la nuit pour se diriger vers Quinson.

Pendant que la troupe poursuivait encore des rebelles à la lueur des torches, Campdoras, avant de quitter Aups, se glissa vers la charrette où il avait aperçu Pauline et Michot pour la dernière fois. Ses recherches furent vaines. Au milieu de la nuit, il rejoignit David qui avait regroupé quelques hommes qui s'étaient déployés dans les oliviers pendant le combat. Le petit groupe quitta la cité en feu et, trois jours après, arriva à Quinson où Campdoras put soigner quelques blessés qui s'étaient traînés à leur suite vers les hauteurs.

Dans les jours qui suivirent, toute la population du Var fut en deuil. C'était le 11 décembre. On fermait les volets au passage des troupes, les champs étaient déserts.

Les arrestations dans les cités reprises par le gouvernement se firent en masse, et sans discernement, sur simple dénonciation. On distribua internements et déportations.

A l'intérieur du département, plus de trois mille prisonniers furent faits. Les premiers insurgés arrêtés avaient été envoyés dans les prisons de Draguignan, de Brignoles et de Grasse.

Pendant le trajet, quand les prisonniers, poignets liés, traversaient les villages qu'ils avaient quittés pleins d'ardeur et d'impétuosité, des scènes navrantes avaient lieu. Des femmes, des vieillards, des enfants sanglotaient en les voyant revenir abattus, mornes, silencieux, au milieu des soldats. Des mères, des épouses, traînant pour la plupart de jeunes enfants, marchaient derrière les gendarmes qui formaient l'arrière-garde du détachement.

Après le combat d'Aups, Duteil avait réussi à regrouper trois cents hommes, et il se proposa de rejoindre les insurgés des Basses-Alpes qui continuaient le combat.

L'armée ayant réoccupé Digne, la troupe se divisa. Un premier contingent d'une centaine d'hommes réussit, de nuit, par des chemins de montagne, à gagner la région de Manosque. Le second groupe, dirigé par Duteil, à marche forcée, préféra traverser les Alpes et gagner la terre piémontaise.

Serre, Campdoras et David, arrivés à Quinson, se cachèrent plusieurs jours dans une ferme dont Serre connaissait le propriétaire. Malheureusement, la petite armée, commandée par le colonel Parson, qui avait quitté Marseille quelques jours auparavant, avait réussi à investir la région. Serre conseilla à ses amis de s'enfuir vers la côte niçoise où ils trouveraient asile et d'où ils pourraient passer en Italie si c'était nécessaire.

— Fuir comme Duteil ?

— Non, ce n'est pas une fuite, mais un nouvel espoir que la République place en vous. Louis-Napoléon va à sa perte. Un jour ou l'autre, la République renaîtra, plus radieuse, plus forte. Il faut continuer à résister dans l'ombre, pour une troisième et, cette fois, éternelle République. Allez, mes amis ! Ceux qui sont tombés à Aups ne doivent pas avoir donné leur sang pour que les patriotes abandonnent.

— Aups ! Aups ! cria Campdoras, les larmes aux yeux, quel carnage ! Nous aurions pu mieux résister si Duteil avait suivi nos conseils.

— N'en parlons plus, amis, laissa tomber David. Il faudra nous souvenir, toujours...

— Demain, je serai à Manosque, j'ai hâte de revoir mes vieux. La dernière fois, nous y étions avec Paulien et Pauline. On ne sait ce qu'ils sont devenus. Je retournerai à Aups dans quelques jours pour savoir.

En évoquant leurs compagnons si purs, si fougueux, les trois hommes, longuement, se recueillirent devant le feu, dans cette ferme isolée près du Verdon, à quelques lieues à peine des groupes bas-alpins qui continuaient le combat.

Dans les Basses-Alpes, la résistance au coup d'Etat n'avait pas faibli. A Digne, dès le 4 décembre, on avait allumé un grand feu sur la place du champ de foire. On y avait jeté les dossiers de contributions, les arrêtés du gouvernement, en faisant la farandole autour des flammes et en chantant *la Marseillaise*. Castellane, Barcelonnette avaient connu la même fièvre. Des armes avaient alors été distribuées ; on avait depuis longtemps prévu la résistance armée. Dès l'annonce de la remontée de la Durance par le régiment du colonel Parson, les républicains s'étaient rassemblés. A Digne, quatre mille hommes avaient décidé de résister jusqu'à la mort. Ailhaud en avait pris le commandement.

Le 9 décembre au matin, en bon stratège, il plaça ses hommes au-dessus du défilé des Mées dominant la vallée. Ce fut à ce passage étroit que la troupe de répression, décontenancée par la mitraille et la résistance fanatique des républicains, recula. Le colonel Parson, pour éviter de lourdes pertes, ordonna la retraite. Ce fut le seul grand succès des « Révoltés de Décembre ».

Malheureusement, des soldats faits prisonniers annoncèrent que le soulèvement était voué à l'échec, que le coup d'Etat avait réussi et qu'on l'acceptait dans le reste de la France.

Le département étant à présent encerclé par les forces de l'ordre, les chefs républicains ordonnèrent à leurs hommes de regagner leurs foyers.

Seul Ailhaud demeura irréductible. En compagnie de Serre qui avait pu passer quelques heures avec ses parents avant le combat, le chef ardent se jeta dans les montagnes de Forcalquier et de Lure avec quelques centaines d'hommes. Les troupes les y poursuivirent et firent de nombreux prisonniers. Certains furent fusillés sur place. C'était le 16 décembre.

Ailhaud, Serre et quelques partisans, connaissant parfaitement les lieux, réussirent à échapper aux poursuites. Ils traversèrent les plateaux de Vaucluse et se réfugièrent près de Fontaine-de-Vaucluse dans une grotte dominant la Sorgue. Ils furent trahis par un chasseur qui les aperçut, et la troupe qui venait de disperser les insurgés du département se porta vers le refuge. Serre, posté en sentinelle sur la falaise, avertit ses amis qui firent feu sur leurs agresseurs. Dépassés par le nombre, ils battirent en retraite vers les collines.

Au moment où Serre tirait une dernière fois avant de se replier, une balle le cloua au sol. Robert Serre, le compagnon du Tour de France, le héros de la révolte de Toulon, messager de l'impossible, s'affaissa sur la roche. Il vit un oiseau débusqué s'échapper vers le ciel, puis rendit l'âme, en ce lieu de Provence, non loin de Lagnes, pays de ses aïeux.

Le lendemain, lorsque la troupe se fut retirée, des républicains de L'Isle vinrent chercher les corps de ceux qui avaient été tués pendant la fusillade. De nuit, on les transporta sur des brancards, puis on les ensevelit non loin de la Sorgue. Ce n'est que quelques mois plus tard qu'ils eurent une sépulture décente, grâce à la déposition d'un Vauclusien qui les avait identifiés lors de la levée des corps. Serre fut enseveli au début de l'année 1852 dans le petit cimetière de Lagnes. Chaque année, en décembre, des républicains viennent toujours se recueillir devant sa tombe.

A force d'audace, se cachant le jour chez des amis, marchant la nuit, Ailhaud réussit à traverser toute la Provence et arriva à Marseille.

Au moment de s'embarquer, il fut reconnu, livré à un conseil de guerre qui le condamna à la déportation. Il devait mourir au bagne, à Cayenne. Son nom et celui de Buisson, autre chef de la résistance bas-alpine, demeurèrent à jamais gravés dans les mémoires.

Seule une humble pyramide dressée sur la fontaine du village des Mées perpétue de nos jours le soulèvement des Basses-Alpes. On peut y lire cette brève inscription :

Aux républicains des Basses-Alpes
qui ont lutté en décembre 1851
pour la Loi, le Droit et la République[1].

Au moment où le Var et les Basses-Alpes se soulevaient, le Vaucluse et la Drôme prenaient aussi part aux combats. Le plus important de ces combats allait se dérouler devant la petite cité de Crest.

Dory, lors du coup d'Etat, avait organisé une grande réunion dans la ferme de Lambesc. De Cazan et plusieurs patriotes aixois de *L'Ere nouvelle*, dès le début de l'année, avaient maintenu les contacts avec les Marseillais et les Avignonnais. Poncy, Maillet et Arnaud, malgré les interdictions de leur journal, des réunions au Cercle de l'Union, à la grande loge maçonnique, maintenaient la clandestinité. Les réunions s'organisaient chez les uns et chez les autres, jamais dans les mêmes lieux. Cette liaison et ce grand souffle de l'espoir maintenus, fortifiés ainsi dans l'adversité, expliquent que tous se soient dressés de la sorte lors du coup d'Etat, malgré les grandes désillusions de 1848.

1. A Aups, à Barjols, des monuments furent dressés sous la Troisième République, pour commémorer le soulèvement du Var. Celui de Barjols, consacré à un chef des révoltés, Martin Bidouré, est le plus important.

Lors de la réunion de Lambesc, le 3 décembre, plusieurs décisions cependant s'opposèrent :

— Joignons-nous aux Bas-Alpins. Dès demain, nous pouvons rassembler trois cents hommes et, par colonnes réduites, pour ne pas alerter la gendarmerie, gagner Mirabeau et Manosque !

— Organisons la résistance dans le Lubéron. Le trajet est plus court, plus sûr !

— Apt est tombé aux mains des républicains. Nous pouvons l'atteindre par la combe de Lourmarin !

Dory trancha :

— Formons deux groupes : l'un se dirigera le plus rapidement possible vers les Basses-Alpes par la vallée de la Durance, l'autre se portera vers le Lubéron et Apt. Dès demain, les volontaires seront arrivés, et les deux groupes devront marcher de nuit.

De Cazan et Dory se trouvèrent ainsi à la tête de la colonne du Lubéron. Le 4 décembre, en tête des républicains, ils entraient dans Apt.

La cité était en liesse. Les insurgés s'étaient emparés de la mairie et de la sous-préfecture. Ils avaient élu un comité insurrectionnel. La troupe aixoise fut ovationnée.

Place de la sous-préfecture, Dory prit la parole, en ce 5 décembre où les troupes de l'ordre, dispersées par ces insurrections simultanées dans tout le Midi, attendaient des renforts.

— Mes amis, les patriotes du Var ont donné l'exemple avec ceux des Alpes et de la Drôme. Le pouvoir va reculer.

— Il faudrait que les grandes villes se soulèvent. Paris, Lyon, et même Marseille, sont en état de siège, fit le chef du comité.

— Nous vaincrons. Le peuple des campagnes et notre Midi s'uniront pour délivrer les grandes cités. Un sursaut national fera à nouveau se dresser les républicains des villes. Pensez à notre grande révolution !

Ce soir-là, à la sous-préfecture où ils logeaient, Dory et son ami veillèrent tard dans la nuit. Avant de gagner sa chambre, de Cazan, malgré l'enthousiasme de la foule qui chantait sur la place, dit à Dory :

— Certes, il ne faut pas oublier le « Février des Barricades », retrouver l'espoir ; mais qui a porté Napoléon au pouvoir, si ce n'est la plus grande partie du peuple des campagnes ?

— Courage, tout peut encore basculer...

Et Dory quitta son ami perplexe en tournant la tête.

Le lendemain, Dory apprenait que Gent avait été libéré par un commando républicain de Lyon et s'apprêtait à gagner la Drôme.

— Si Gent rejoint ce département, c'est qu'il a de bonnes raisons, déclara Dory à son ami. Il y a trois grands foyers de révoltes : le Var, les Basses-Alpes et la Drôme. Les troupes de répression vont être à nouveau dispersées. Si l'ensemble de la vallée du Rhône se soulève, l'espoir sera grand. Reste avec nos amis et volontaires aptésiens. Arrivé dans la Drôme, Gent se rendra certainement chez l'abbé Pic qui habite un hameau près de Crest.

— Les Aixois qui se sont levés à notre appel vont être déçus.

— Avant de vous quitter, je vais les informer des raisons de mon départ : Gent doit avoir des renseignements précieux concernant les soulèvements dans le reste de la France. Je lui ferai part de la situation dans le Sud-Est.

— Va, Gabriel, tu as sans doute raison, et Dieu te garde ! Espérons nous retrouver un jour à la Tête Noire !

— Je partirai en début d'après-midi, muni d'un message cacheté à l'adresse du préfet de la Drôme. Ce sera en réalité un faux, qui me servira de sauf-conduit en cas de besoin.

En début d'après-midi, après avoir informé la colonne aixoise de sa décision, Dory sauta sur un cheval de la sous-préfecture et partit au galop. Il contourna le Ventoux et, à la tombée de la nuit, il arrivait sur les rives de l'Ouvèze. Le 6 décembre, il était aux portes de Crest, dans une région en effervescence. Il trouva l'abbé Pic non loin de la cité, entouré par une foule de patriotes en armes. Deux ans s'étaient écoulés depuis le jour où, en compagnie de Gent, il avait été reçu par l'abbé. Il se souvint avec un serrement de cœur de ces journées exaltantes, des assemblées dans les granges, de ces hommes des marches de Provence qui avaient jeté leur fougue, leur violent désir d'un monde meilleur, projetés dans cette République lumineuse qui s'annonçait en ce mois de janvier 1848...

Et Elodie l'attendait en cet Avignon où il l'avait laissée...

Il sauta brusquement de sa monture pour oublier, courut vers ces hommes assemblés, vers cette chaleur de l'action, pour étouffer ses souvenirs.

— Dory ! D'où sortez-vous ? s'exclama l'abbé en le pressant sur sa poitrine.

Le prêtre, la soutane serrée par une écharpe tricolore, exalté en ce jour décisif, l'assaillit de questions :

— En bas, tous les villages se sont soulevés, n'est-ce pas ?

— Oui, presque tous, surtout dans le Var, les Basses-Alpes. Des villes même sont aux mains de nos partisans. J'arrive d'Apt où un comité insurrectionnel dirige la cité. J'ai quitté les insurgés pour rejoindre Gent. Un messager nous a informés de son arrivée prochaine dans la Drôme après son évasion. Il est chargé de coordonner les mouvements insurrectionnels qui gagnent la région lyonnaise.

— Gent ? fit l'abbé, abasourdi. Je n'ai aucun renseignement sur son évasion. Ce qui est sûr, c'est qu'il n'est pas dans la région.

— Il a été arrêté en route, ou l'on nous a trompés.

— Peu importe, à présent vous devez rester à nos côtés. Nous allons essayer de libérer Crest. Le tocsin retentit dans les vallées. Deux mille républicains drômois avancent vers la cité. Il n'y a pas à hésiter. Que ce soit dans le Var, le Vaucluse ou la Drôme, notre combat est le même, termina Pic en entraînant Dory vers une ferme qui servait de quartier général.

Dans la journée du 7 décembre, sept mille républicains se lancèrent plusieurs fois à l'assaut. Dory, Pic et les chefs de colonnes entraînèrent les hommes en entonnant *la Mar-*

seillaise et *le Chant des Paysans*. Bien retranchée dans Crest, finalement la troupe obligea les insurgés ayant subi de lourdes pertes à se retirer. Les républicains de la région de Montélimar refoulèrent malgré tout une centaine de soldats du 63ᵉ de ligne, et arrivèrent aux portes de Montélimar. Découragés par l'échec de leurs frères de Crest, ils furent finalement tenus en échec par la garnison de la ville.

Ces braises ardentes s'éteignirent donc dans une poignante détresse à partir du 16 décembre. Des hauteurs à la mer, le Midi était en deuil.

Si les insurgés avaient tenu encore quelques jours, avaient eu des succès comme aux Mées ou dans la vallée du Rhône, sans doute d'autres régions, encouragées dans leur désir de refus par l'exemple des Méridionaux, auraient renforcé cet élan et, peut-être, changé le cours de l'Histoire. La France, après l'instabilité des mois ayant suivi la proclamation de la Deuxième République, était lasse. Cependant, les héroïques défenseurs de la liberté et du droit n'oublieront jamais.

En vain, après l'échec des républicains devant Crest, Dory attendit l'arrivée de Gent. En réalité, Gent était toujours en prison.

Le 17 décembre, ayant appris que la résistance varoise et bas-alpine avait cessé, que tant de morts, d'exécutions sommaires, de déportations endeuillaient la Provence, il envoya un messager à de Cazan, qui avait pu rejoindre Aix.

Dory, l'avocat rouge, la mort dans l'âme, recommandait ses biens à son ami, en une lettre qui était son testament :

Dieulefit, ce 17 décembre 1851.

Cher compagnon,

Tout est fini ici, comme partout. Une seule et grande consolation : la France et la République ne nous auront pas vus agenouillés devant l'usurpateur. Nul ne sait ce que l'avenir nous réserve. Un jour, la République renaîtra et se souviendra de nos morts, de notre sacrifice.

Je vous confie mes biens, ma propriété de Lambesc, tant que notre fermier qui m'a vu naître sera en vie. A sa mort, vendez le domaine. Partagez, selon votre conscience, le produit de la vente au profit des familles de ceux de L'Ere nouvelle *qui sont tombés au combat. Après entente avec la mère supérieure de Lambesc, qu'une messe soit célébrée chaque année le 25 février en souvenir d'Elodie.*

Adieu !

Dory.

Dory galopa deux jours dans la vallée du Rhône. Le 20 décembre au soir, il arrivait en vue des remparts d'Avignon. Il longea le fleuve, reconnut la cabane des mariniers, sauta de sa monture couverte d'écume qu'il lâcha dans la nuit. Il parcourut lentement la berge ; arrivé à l'endroit où Elodie avait été précipitée dans le fleuve, après une dernière prière, il s'élança dans les eaux tumultueuses en criant : « Elodie ! Me voici ! »

13

Paulien Michot, en cette soirée du 10 décembre, s'était enfui emportant Pauline dans ses bras, enfouissant sa tête dans la chevelure de celle qui, la veille, avait crié son amour au nom de la liberté. Il la déposa au creux d'une falaise dominant le plateau à présent jonché de morts. Il hurla sa douleur, sa haine, dans la nuit froide, tantôt debout, tantôt accroupi contre le corps sans vie. Hébété, il caressait le visage si beau et si calme dans la mort. Sur le manteau sombre de Pauline continuait à s'étaler une large tache de sang. En proie à un violent délire, il se cognait parfois le front sur la roche humide.

A l'aube du 11 décembre, il se dressa chancelant, et avança vers le bord de la falaise.

Tout à coup, un homme sauta d'un surplomb de la cavité, tomba près de lui, le saisit par la taille au moment où il allait se précipiter dans le vide. Paulien se débattit.

— Que fais-tu, Paulien ?

L'homme se retourna tout en maintenant solidement Michot, et aperçut Pauline les yeux grands ouverts, immobile au fond de la cavité.

— Paulien, c'est moi ! J'ai pu me cacher après le désastre, réfugié dans un buisson.

— Pauline, Pauline, articula Michot en se tournant vers celle qui, pour lui, avait toujours incarné la République. Il essaya de se lancer à nouveau vers elle, vers la Déesse rouge dont le sang se confondait à présent avec la pourpre de la ceinture. Couchée à jamais était l'indomptable, la liberté ; terrassée était la République.

Toujours maintenu par le Lucquois, Paulien se laissa tomber près du corps, entraînant avec lui l'homme dans sa chute. Ce dernier se redressa, tira une cordelette de sa poche, ligota Paulien à nouveau couché sur le corps sans vie. De longues heures s'écoulèrent. A la nuit, le Lucquois, après avoir fermé les yeux de Pauline, se glissa hors de l'abri. Avec d'infinies précautions, il redescendit vers le village.

La troupe s'était retirée, suivie des prisonniers enchaînés. Dans les maisons, on veillait les morts. Ceux d'Aups, mais aussi des centaines d'autres que le curé avait fait transporter dans l'église, et dont on ignorait encore l'identité.

Le Lucquois traversa le village. Des demeures incendiées la veille s'échappaient des flammes. Malgré le deuil, malgré les larmes, quelques survivants suivirent celui qui venait de leur annoncer la mort de Pauline et l'horrible souffrance de son compagnon. Ils trouvèrent Paulien toujours hébété, les lèvres entrouvertes posées sur la joue de la jeune femme. Ils descendirent le corps sur un brancard, éclairés par des torches. Paulien titubant, maintenu par deux hommes, suivit le cortège funèbre jusqu'au village. Une vieille femme lui fit boire une décoction de plantes qui le plongea vite dans un profond sommeil.

Le 13 décembre, Pauline Durand était ensevelie dans un champ au pied d'un olivier. Elle le disait souvent en riant à la fin d'une chambrée, à Paulien et à ses amis intimes : « Si ma vie s'arrête un jour dans un combat ou par une trahison, ensevelissez-moi au pied d'un olivier, sans cercueil, sans croix, revêtue de ma camisole avec ma taillole rouge. Glissez-moi simplement en cette terre de Provence où tant d'hommes et de femmes ont espéré. »

Paulien demeura plusieurs semaines dans une ferme éloignée du lieu du drame. Le Lucquois restait avec lui en ce jas où un ménage tirait sa vie de quelques chèvres et de quelques ruches. On craignit que Paulien ne perde la raison. Très souvent il prononçait des mots sans suite, dormait très peu et se nourrissait de lait de chèvre qu'on le forçait à boire. Malgré sa faiblesse de plus en plus grande, il obligeait le Lucquois à l'accompagner en le soutenant pour se rendre dans le champ d'oliviers où était ensevelie Pauline. Malgré le froid, il restait de longues heures près du tertre sous lequel reposait la Déesse rouge.

Peu à peu, ses amis, avec tendresse, fixèrent son esprit sur le devenir du petit Marceau.

— Il faut retourner à la Haute-Ferme, lui conseillait-on. Ton fils va avoir deux ans !

— J'aimerais que Poupette, sa seconde mère, nous rejoigne avec lui.

— C'est trop dangereux. Si on les arrête en chemin, on interrogera Poupette, on peut même retrouver ton refuge. La troupe, la police ne cessent de surveiller, de contrôler, et même d'emprisonner. Dans quelques mois, ce sera l'Empire.

— L'Empire ?

— Oui, Michot, l'Empire, pour notre malheur, et il faut penser à l'avenir de ton fils. Si Pauline était encore en vie, ce serait son désir le plus cher.

Paulien ne répondit pas. Le lendemain, il s'en alla, comme chaque jour, mais seul cette fois, vers le champ d'oliviers. Un instant, il demeura immobile devant le petit monticule, puis tomba à genoux et murmura :

— Mon amour, notre fils connaîtra un jour ton sacrifice, ta grandeur. Je jure qu'il suivra toujours ton exemple... Nous reviendrons vers ce champ, symbole, désormais, de combat et d'amour...

En prononçant ces dernières paroles, il recueillit une poignée de terre et, lentement, la fit glisser entre ses doigts.

Au mois de mars 1852, Paulien Michot et son fils quittaient la Haute-Ferme. Poupette sanglotait :

— C'est un peu de moi qui s'en va.

— Nous reviendrons avec Marceau en pèlerinage vers le champ d'oliviers, là-haut, où tant des nôtres sont tombés.

Garde bien notre petite maison du Luc, et quand tu le pourras, le 13 décembre de chaque année, va déposer quelques fleurs sur la tombe sacrée.

Poupette et les vieux Méric accompagnèrent le père et l'enfant sur la longue draille rejoignant la route où leur ami roulier qui, un lointain jour d'espérance, les avait conduits à Marseille, devait les prendre en charge discrètement, pour les amener, par étapes, à Lyon. Les charretiers étaient moins surveillés dans leurs déplacements.

Début avril, les deux fugitifs arrivèrent sans encombre à Lyon. C'est avec un serrement de cœur que Paulien prit le train avec son enfant. Ce voyage lui rappelait cruellement celui effectué avec Pauline pour rejoindre le Midi. L'enfant riait en voyant défiler le paysage, celui que sa mère avait aimé dans la lumière de l'été.

Au milieu du mois, le père et le fils arrivaient à la ferme familiale. La mère et le frère connurent les malheurs, les journées sanglantes de décembre, la mort héroïque de Pauline. En unissant le père et la belle-fille dans le même combat, la vieille femme et les deux frères, vêtus de noir, dès le lendemain, se recueillirent devant la tombe de Cyprien Michot.

Au retour du cimetière de Buzançais, Paulien s'en alla seul vers un autre pèlerinage. Il traversa les champs, les prés fleuris, en souvenir de Pauline. Il la revoyait courant avec lui dans l'air tiède et les blés de l'été, glissant un coquelicot dans son corsage et chantant à perdre haleine :

Quand apparut la République
Dans les éclairs de février,
Tenant en main sa longue pique,
La France fut comme un brasier :
Dans nos vallons et sur nos cimes
Verdit l'arbre de Liberté...

Paulien revint à la ferme. L'enfant jouait près de sa grand-mère. Tableau de paix que sa compagne ardente aurait tant aimé.

La boucle s'était ainsi refermée. Parti trois ans auparavant de son village natal, poursuivi après une révolte, il revenait après les plus grands malheurs. Mais comme il l'avait juré un soir, dans un champ d'oliviers, il conduirait toujours son enfant sur des chemins où le grand rêve de sa mère deviendrait un jour une réalité.

EPILOGUE

L'insurrection avait été écrasée mais non pas l'âme républicaine. Celle-ci allait survivre dans l'ombre et, quelques années après, flambées de révoltes et désastre de Sedan allaient sonner définitivement le glas de l'Empire.

Si le Midi avait été le symbole du refus lors du coup d'Etat de Louis-Napoléon, bien des villes et des villages avaient eu leurs « Révoltés de Décembre ». Chemins de dissidence auréolés d'une lointaine souffrance, feu de la liberté, sang des patriotes, hanteront toujours l'âme de ces compagnons combattant pour des lendemains qui chantent.

Le 18 décembre 1851, quand tout fut fini, le préfet Pastoureau proclama : « Une insurrection qui paraissait formidable a été comprimée, châtiée, anéantie en quelques jours. Savez-vous ce qui nous a donné la décision, l'énergie, l'autorité nécessaires pour purger notre département de ces hordes anarchiques qui le désolaient ? C'est notre confiance dans la force du gouvernement de Louis-Napoléon ; c'est la certitude que nous avions de son inébranlable résolution de protéger à tout prix le pays honnête contre l'invasion d'une abominable jacquerie, c'est le grand acte du 2 décembre qui, en un instant, a dégagé l'avenir de toutes les poignantes incertitudes et raffermi le cœur de tous les hommes de bien. »

Longtemps recherché, Michot revint au Luc bien des années après. Dix ans après la révolte, il retrouva Poupette qui avait épousé un ami de Serre-Cœur-Fidèle.

Dans son pèlerinage, il emmena Marceau auquel, dès qu'il fut en âge de comprendre, il avait raconté la fin héroïque de sa mère. Tous deux, en ce printemps de 1860, époque où un Empire plus libéral commençait à se dessiner, entreprirent le voyage en chemin de fer. Ce n'était plus l'épopée des voyages précédents : la longue route en compagnie de Serre, son voyage de noces qui ne cessait de hanter son souvenir, avec les jours heureux en Berry ; c'était un voyage plus rapide, mais nostalgique et douloureux, enveloppé de ces ombres, de ces cris ardents à jamais disparus.

Toutes ces clameurs, toutes ces poitrines offertes assaillirent Michot, lorsqu'il retrouva les paysages, les chemins qu'avaient parcourus les révoltés. Il revit Pauline entourée de jeunes garçons de quinze ans, les femmes et cette terre toute frémissante d'héroïsme ; et ce fut l'arrivée au champ d'oliviers éclaboussé de soleil, où reposait Pauline.

Poupette n'avait pas oublié tout ce qu'elle devait à ses amis depuis leur rencontre à la rue Thubaneau, jusqu'à la petite maison du Luc offerte par Michot au moment de la révolte. En accord avec son mari, ouvrier bouchonnier, elle consacra une partie des économies du ménage à l'achat du champ d'oliviers et à la mise en place d'une pierre tombale portant une inscription immortalisant la Déesse rouge.

Michot et Marceau s'agenouillèrent. Ce n'était pas la prière s'élevant vers la Vierge de marbre où avaient prié Elodie et Dory, mais un indicible recueillement sur la tombe incarnant la justice et l'amour entre les hommes, sans une quête vers l'au-delà effaçant la souffrance sur terre, mais une farouche détermination afin que les hommes sachent se sauver eux-mêmes, sans divinité, sans aucun secours céleste.

Dans le gris argent des oliviers, Michot avait longuement serré la main de son fils. Une chaleur transmise à la jeunesse, afin qu'elle fleurisse l'avenir et l'éternité.

Ce jour-là, ils continuèrent leur pèlerinage en gravissant

les falaises, lourdes encore du drame qui s'y était passé. Ils entrèrent dans la grotte où Michot s'imaginait encore tenir le corps de Pauline dans ses bras. L'enfant s'était approché de l'ouverture découpant l'immensité de l'azur. Au loin, il aperçut un troupeau qui, lentement, coulait vers le champ d'oliviers où reposait sa mère dont il avait oublié le visage.

Ils restèrent deux jours dans le village, hébergés par l'un de ceux qui avaient survécu en ce mois de décembre où tant des leurs avaient été massacrés. Ces hommes et ces femmes, des enfants même qui, la veille, avaient encore la fièvre d'une délivrance. Ils étaient encore là, devant Michot, dans le grand froid de la France meurtrie, agenouillée. Rêve de justice évanoui...

Ils revinrent vers Le Luc, restèrent encore quelques jours en compagnie de Poupette et de son mari : en cette maison, Michot était entouré de souvenirs. Il revoyait ses amours, la préparation exaltante des tournées en carriole. Il parcourut les villages, s'arrêta dans les granges, dans les cours de ferme où les réunions, dans l'attente d'un bonheur à venir, s'étaient tenues ; et il imaginait toujours Pauline, Campdoras, Duteil, David et tant d'autres, toujours sur la brèche pour hâter la victoire.

Un dimanche après-midi, Poupette et son mari emmenèrent Marceau à la Haute-Ferme pour lui montrer la bastide où, enfant, elle l'avait gardé dans la famille Méric. Les deux vieux fermiers étaient morts et leur fils tant attendu n'était pas revenu de la Nouvelle-Calédonie. Les nouveaux propriétaires étaient bonapartistes, et l'on préféra contourner la ferme pour montrer au jeune Michot le Trou du Corbeau, une merveilleuse réserve d'eau dont la source souterraine faisait monter des bulles à la surface. En ce lieu, insolite en cette aridité, Marceau avait fait ses premiers pas en tendant les mains vers ce bouillonnement d'écume.

Ce jour-là, en solitaire, Paulien avait parcouru les ruelles du village, s'était attardé devant le café Condroyer et près de l'écurie où Campdoras garait son attelage. Et, avec émotion, il revit son escapade avec Pauline, Campdoras et Serre dont il avait appris la mort.

Après le Décembre Noir, Campdoras avait pu rejoindre Duteil à Nice. Par un ami qui avait fréquenté les chambrées, Paulien apprit que le chirurgien s'était établi d'abord à New York, puis à Topeka dans le Kansas.

Duteil, de son côté, avait vécu des mois difficiles à Nice. A son tour, il réussit à traverser l'océan et à se réfugier en République Argentine. Il servit d'abord dans l'armée, où il fut nommé colonel du génie, puis, en ce pays où les diplômes comptaient peu, il devint professeur de physique à l'université de Buenos Aires.

En automne 1860, les deux Michot quittaient Le Luc en diligence. Marceau, oubliant la tristesse de la première partie de ce pèlerinage, aima ce voyage pittoresque à travers la Provence, qui les conduisit successivement à Marseille, à Aix, puis à Lagnes dans le Vaucluse.

A Marseille, étape d'un soir et d'une nuit, Paulien s'arrêta à la taverne du Corse. Le propriétaire était toujours le même. Contrairement à ses compatriotes et à la très grande majorité des Français, il n'était pas devenu bonapartiste.

Il se souvint de Paulien et ne l'interrogea pas sur ses malheurs, car, par le Rouge, le roulier, il avait appris la fin tragique de Pauline.

Il ne put renseigner Michot sur les dirigeants du Cercle de l'Union qui avait été dissous, et il y avait bien longtemps, aussi, que *Le Peuple souverain*, la gazette de Duteil, n'existait plus. La presse officielle avait été réservée aux « splendeurs » de l'Empire, aux voyages de Napoléon III accompagné de l'impératrice Eugénie. Cette dernière avait été accueillie en grande pompe au palais du Pharo.

Michot apprit cependant que Maillet demeurait toujours rue de Rome. Le matin du départ, il lui rendit visite, lui présenta Marceau, puis écouta le compagnon de Poncy. De ce dernier on n'avait pas de nouvelles. Avec une grande déception, il connut le ralliement d'Emile Ollivier au bonapartisme. Oui, c'était bien cela, très vite les indécis et même des républicains de la première heure comme Ollivier s'étaient ralliés à l'Empire, avaient baissé les bras.

Devant la stupeur de Michot, Maillet tenta d'expliquer :

— Ce n'est pas vraiment un traître à la cause de la liberté, lui dit-il. Lorsqu'il a été l'élu de l'opposition républicaine au parlement, en 1857, il a été convaincu qu'il serait vain de tenter de renverser l'Empire par une révolution, en dépit de la haine qu'il portait au despotisme du régime. Il a espéré qu'un jour il y aurait une République forte...

Michot ne fut pas convaincu : sous Louis-Philippe, son père avait été fusillé, son frère emprisonné et, plus tard, lui-même avait connu la prison. A l'aube de l'Empire, Pauline, sa « République » au visage si pur, au cœur si vaillant, avait été ensevelie avec sa taillole écarlate en terre de Provence, et tous les autres, innombrables, les sans nom, tombés en gravissant des collines projetées vers le ciel ou sur des barricades.

Tristement, il prit congé de Maillet. Ce dernier embrassa Marceau en disant :

— Sois rassuré, ton fils verra un jour la République une et indivisible.

A Aix, ils s'arrêtèrent quelques instants à l'hostellerie de la Tête Noire, grâce à l'obligeance du postillon de la diligence qui y fit halte et en profita, en les attendant, malgré l'humeur des voyageurs, pour désaltérer ses chevaux.

Ils contournèrent la bâtisse. Pendant que son fils admirait la grande salle à travers l'une des fenêtres, il se dirigea vers le jardin où, jadis, s'élevait le pavillon. Une construction nouvelle se dressait. Il interrogea un domestique : c'était une annexe avec plusieurs chambres. Il apprit aussi que de Cazan habitait Aix, qu'il avait vendu l'hostellerie après la disparition de Dory qui avait décidé de se donner la mort après avoir combattu dans la Drôme.

La dernière étape fut Lagnes. Paulien connaissait par un Manosquin travaillant au Luc la fin de son ami et le lieu de sa sépulture. Il avait tant de fois raconté sa fuite chez eux, en Berry, que le jeune Marceau aimait déjà ce compagnon, ce Cœur-Fidèle au ruban vert, dont il avait aussi si souvent caressé le bâton, suspendu à présent dans la cuisine de leur ferme.

Aussi partagea-t-il l'émotion de son père, lorsqu'ils se recueillirent sur sa tombe.

A la fin du mois d'octobre, ils étaient de retour en leur petite ferme berrichonne.

Julia, mariée et mère de famille, habitant Châteauroux, s'était occupée de leur vieille mère et de la propriété pendant leur absence.

Dix ans après ce pèlerinage, Marceau revint au Luc. Il avait vingt ans. Il fut accueilli avec joie par Poupette qui ne reconnut pas en ce gaillard blond et robuste l'enfant qu'elle avait en partie élevé et qui était là, devant elle, le sourire aux lèvres.

Après les embrassades, l'émotion d'être à nouveau dans cette demeure où il était né et où l'avait bercé sa mère, il tira de sa vareuse une lettre remise par son père. Les larmes aux yeux, Poupette lut la lettre de Paulien :

Buzançais, 25 juillet 1870.

Ma chère Poupette,

Marceau vient de revenir chez nous. Mobilisé dans cette guerre contre la Prusse, blessé, il a pu rejoindre son foyer. Fort heureusement, sa blessure est sans gravité. On lui a accordé une permission de convalescence qu'il désire passer dans le Midi. J'en suis heureux, car « en bas », il paraît que tout est calme. Soigne-le bien. Il ira s'incliner sur la tombe de sa mère et, s'il le peut, il rendra visite à Maillet, car, plus tard, la guerre finie, il désirerait entrer dans le service des douanes en cette terre où j'espère le rejoindre un jour.

J'ai eu enfin des nouvelles de Poncy par Maillet. Il continue à se battre dans l'ombre.

J'aurais aimé accompagner Marceau en Provence, mais je suis seul à présent pour m'occuper de la ferme et je dois rester auprès de notre mère très âgée. Le frère s'est engagé pour reprendre du service dans l'armée de la Loire où se trouve notre grand Gambetta.

Je vous embrasse tous très fort, et à bientôt, j'espère.

Paulien.

Marceau ne devait plus rejoindre le Berry et l'armée comme prévu. Début août, il avait retrouvé Maillet à Marseille. A la Taverne du Port où l'avait conduit son père dix ans auparavant, c'était à présent le fils qui était en place. Le vieux Corse avait rejoint le village de son île natale pour y terminer ses jours.

C'est à la taverne, où il s'était fait connaître, que Marceau avait rencontré André Bastelica, de trois ans son aîné, l'un des plus enthousiastes révolutionnaires marseillais.

Nourri depuis sa plus jeune enfance de récits vécus par ses parents aux premières heures des combats, Marceau, tout naturellement, fut aux côtés de Bastelica. Et ce fut dans un climat de fièvre, malgré les élans patriotiques, les défilés, lors de la déclaration de guerre à la Prusse, que les Marseillais, avant les Parisiens, donnèrent l'exemple de l'insurrection le 8 août 1870, dans laquelle le jeune Michot fut entraîné.

Au lendemain de la défaite de Forbach, le 7 août, une foule immense conduite par l'avocat Crémieux et Bastelica se massa devant la préfecture, puis s'empara de la mairie. Fort heureusement, Bastelica et Marceau n'étaient point dans la mairie lorsque les policiers cernèrent le quartier. Mais il y avait eu, une fois encore, ce refus d'absoudre les fautes de l'Empire.

Après le 8 août, l'agitation ne devait pas cesser de troubler la cité phocéenne.

Après Sedan et la proclamation de la République, Marceau fit corps avec les émeutiers. Il y avait l'occupation prussienne, Paris assiégé et, à Marseille, Bastelica fit de la ville un carrefour du socialisme, organisa des conférences, suivi par Marceau, par Maillet, consolida les liens avec les autres associations républicaines, avec les matelots et les ouvriers de tous les ports ; et ce furent les dockers qui déclenchèrent la première grève insurrectionnelle de la Commune marseillaise.

Et le Cercle de l'Union se remit à vivre, mais avec des éléments plus fougueux qu'à l'aube de la Deuxième République où le père de Marceau avait connu Poncy, Maillet, Arnaud. Ces *dilettanti* de l'émeute qui, parfois, se moquaient des anciens de 1848, applaudirent la République proclamée le 4 septembre 1870.

Marceau avait suivi avec passion l'épopée de Gambetta en ballon, de celui qui fut l'âme de la résistance et de la République. On connaît la fin tragique de ce début de sursaut national. Avec l'armistice du 28 janvier 1871, la France républicaine meurtrie capitulait devant le jeune et nouvel Empire allemand.

Parmi les conditions de l'armistice figurait l'élection d'une Assemblée nationale. Il y avait les partisans de la paix, de l'armistice avec ses dramatiques conditions, les partisans de la guerre à outrance, les républicains qui avaient formé, vingt-deux ans auparavant, les cohortes de la Montagne, fer de lance des « Révoltés de Décembre ».

Marceau, mêlé avec les plus exaltés, participa à la délivrance des prisonniers et revécut l'enthousiasme évoqué par son père lorsque, en février 1848, Michot fut libéré lui aussi de prison.

Comme vingt-deux ans auparavant, les prisonniers furent portés en triomphe à travers la ville. Avec stupeur, Marceau et ses jeunes amis apprirent la fin de la Commune parisienne. Les Communards pris les armes à la main furent massacrés devant le mur dit des Fédérés.

Lorsque Louise Michel, l'une des « Tricoteuses » de la Commune parisienne, fut arrêtée et déportée, Marceau pensa à sa mère, la Déesse rouge de son père dont il avait fait un mythe, un aérien message dans l'universel où la liberté se perd dans le ciel du rêve.

La Commune, la plus extraordinaire éclosion de rejets et d'ivresse du siècle, dont George Sand, cette grande amie de Poncy et des compagnons, qui avait assisté de son Nohant tout proche à la révolte de Buzançais, à vingt-cinq ans d'intervalle, déclarait non sans frayeur dans son *Journal* daté de mars 1871 :

« On a peur, on cède. On commence à se battre dans les rues, à la place Vendôme, ils ont fait du feu et tué plusieurs personnes d'une manifestation non amie. Ils ont pris toutes les mairies, tous les établissements publics. Ils pillent les munitions, les vivres...

...

« Je n'ai pas à me demander où sont mes amis et mes ennemis. Ils sont où la tourmente les a jetés. Ceux qui ont mérité que je les aime et qui ne voient pas par mes yeux ne me sont pas moins chers. Le blâme irréfléchi de ceux qui me quittent ne me les fait pas considérer comme ennemis. Toute amitié injustement retirée reste intacte dans le cœur qui n'a pas mérité l'outrage. Ce cœur-là est au-dessus de l'amour-propre ; il sait attendre le retour de la justice et de l'affection. »

L'une des plus importantes manifestations de foule qui eut lieu lors de la pré-Commune marseillaise s'était tenue à l'Alhambra où Bastelica et Marceau, qui était entré dans l'Internationale, jetèrent les bases d'un gouvernement du Midi que refusait Gambetta devenu chef du gouvernement provisoire.

C'était une véritable ligue qui s'était formée, essayant de renouveler les principes du fédéralisme marseillais de 1793. A Tours, Gambetta s'opposa, au nom de l'unité nationale, à cette scission.

Depuis les révoltes de 1851, le Midi se singularisait et l'on pouvait lire dans *Le Peuple* qui, à nouveau, reparaissait à Marseille : « ... Les départements voisins nous ont demandé de se rattacher à nous pour l'action commune, pour la défense du pays. Ce que nous voulons, ce n'est pas former une association politique méridionale en dehors des autres régions de France. La République doit rester une et indivisible, mais, vu les circonstances, il y a lieu de former une sorte de confédération provisoire qui nous permettrait d'agir de concert. Le Midi pourra peut-être sauver le Nord, si nous unissons les forces des départements du Midi. »

Les Marseillais installèrent alors, avant Paris, avec un déploiement grandiose, une Commune révolutionnaire dont les chefs clamèrent : « L'heure des armées populaires va sonner à l'horloge de la victoire. L'élection saura trouver parmi vous les Hoche, les Marceau, les Kléber de notre jeune République... »

Marceau, enthousiasmé comme l'avait été son père lors d'une réunion mémorable à la rue Thubaneau, devint l'un des partisans acharnés de la Ligue du Midi et de la Commune marseillaise.

Ce fut alors que Gent, l'âme de ces chemins tourmentés qui avaient conduit au Février des Barricades, fut nommé par Gambetta à la préfecture de Marseille, Avec lui, l'action révolutionnaire, trop virulente et séparatiste, allait perdre de sa force. La Commune marseillaise avait donné l'exemple, Paris allait s'insurger à son tour.

Gambetta, cet enfant de Cahors, élu député des Bouches-du-Rhône en 1869 et 1871, incarna, tant à Paris qu'en Provence, la grandeur républicaine. Malgré le désaccord qu'il eut avec les éléments extrémistes de la Commune marseillaise, Marseille le reçut en triomphateur.

Comme l'avait été Emile Ollivier quand Michot, avec Pauline, tendait les bras vers le libérateur de l'époque, en cette fabuleuse explosion de la Deuxième République.

« Je veux tâter le pouls à l'opinion, écrivait Gambetta, et je vais au Grand Théâtre Lyrique. La nouvelle s'est répandue comme une traînée de poudre, et Marseille est venue ; la foule a empli la place, la voiture a été arrêtée, il a fallu descendre, monter lentement à travers une muraille humaine les degrés de l'escalier qui conduit au théâtre. Le peuple nous a acclamés ; au-dedans, la salle était comble... Les spectateurs se sont levés aux cris de : " Vive Gambetta ! Vive la République ! " »

Paulien Michot avait eu la joie de suivre Charles Poncy dans son sillage semé de poèmes à la gloire du monde ouvrier. Son fils rencontra un soir, à la Taverne du Port, Clovis Hugues, un autre poète et journaliste qui se détachait avec vigueur dans la tourmente de la Commune provençale. Il avait l'âge de Marceau et connaissait Bastelica. Ce dernier, « monté à Paris », était devenu l'un des chefs de la Commune parisienne. Leur amitié pour Bastelica les rapprocha. Ses parents lui avaient conté la naissance de la Deuxième République, puis l'histoire pathétique des Révoltés de Décembre. Marceau, avant cette première rencontre, l'avait admiré lorsque, en tête de la foule qui marchait sur la mairie de Marseille, il portait le drapeau rouge. Hugues, qui essayait d'assembler les jeunes gens qui, comme lui, étaient contre Thiers, pour une vraie République des prolétaires, n'eut aucune peine à convaincre le jeune Michot.

Les rangs de ces fougueux révolutionnaires grossirent. Le poète communard, comme Marceau et tous les autres, ne cessait de clamer : « On a escamoté deux Républiques en vingt ans, la troisième doit être celle des prolétaires, vivre par le peuple... »

Maillet avait procuré un emploi à Marceau qui, très vite, se détacha de l'ancien quarante-huitard, pour lui trop modéré. Marceau vécut en bohème, fréquentait les marginaux de la République ; et, lorsque son ami Clovis fut jeté en prison, découragé, il regagna Le Luc, espérant y avoir des nouvelles de son père, emportant avec lui les poèmes que Clovis Hugues avait écrits en prison :

Six fois les menottes infâmes
Mordirent mes poignets brûlants...
J'avais vingt ans, l'âge où les femmes
Vous guettent sous les lilas blancs,

J'avais vingt ans, quelle chimère,
Quel beau rêve à peine né,
Du soleil au cœur et ma mère
Qui me vit passer enchaîné.

Un matin, je versais des larmes
Aux doux souvenirs de mes fleurs ;
Et ce matin-là deux gendarmes
Me lièrent à des voleurs.

Affront suprême ! Insulte inique !
Quel était mon crime exécré ?
J'avais aimé la République,
J'avais écrit, j'avais pleuré...

Après la libération du territoire par l'armée d'occupation, et les tragédies sanglantes des Communes marseillaise et parisienne, Paulien décida de rejoindre son fils au Luc. Sa mère, décédée, était aux côtés du fusillé de Buzançais, son frère s'était marié peu de temps après, et sa sœur Julia, depuis plusieurs années, habitait Châteauroux où son mari était commerçant.

L'arrivée de Michot dans la petite cité varoise fut un grand événement.

Il retrouva quelques amis de l'époque héroïque de 1851 : des prisonniers avaient été libérés, des déportés encore en vie furent amnistiés.

Duteil, depuis dix ans, était enseveli en terre argentine, et Campdoras, bien établi aux Etats-Unis, y achevait ses jours.

Le calme revenu, Marceau retourna à Marseille où, grâce à l'appui de ses amis corses, il put obtenir un emploi dans le service des douanes.

Michot décida de donner l'entière propriété de leur ferme à son frère. Celui-ci, en retour, lui remit une somme rondelette. Cela permit à Michot de réaliser un projet qui, depuis longtemps, tournait dans sa tête : acquérir une vieille maison à Aups, et subsister en jardinant et en pratiquant un petit élevage de volailles.

Mais la véritable raison était de vivre ses derniers jours près du champ d'oliviers où reposait Pauline, sa Déesse rouge.

Marceau, les troubles de la Commune passés, n'oublia jamais Clovis Hugues qui, sorti de prison, marqué pour la vie, se lança à nouveau dans le journalisme. Le jeune Michot applaudit lorsque le poète communard fit paraître, au moment où s'établissait la Troisième République, le premier numéro de son journal *La Jeune République*.

Ce fut l'occasion pour lui d'aller à Aups revoir son père qui, vieillissant, apprit avec joie les prochaines épousailles de son fils. Ce jour-là, Marceau apporta un exemplaire du journal du Poète rouge et, surtout, cette chanson qui devint célèbre, *le Temps des Cerises*.

Paulien, accompagné par son fils, la fredonna. Du haut de la terrasse, son regard se dirigea vers le champ d'oliviers. Dans la brume légère de l'été, il revit la soirée au cercle de la rue Thubaneau : Pauline la tête contre son épaule écoutant avec ferveur Maillet, en cette salle où, pour la première fois, *la Marseillaise* avait retenti.

Puis se mêlèrent les strophes des *Eclairs de Février* que Pauline avait chantées dans le jeune printemps berrichon, un coquelicot piqué dans son corsage et, enfin, cette chanson apportée par son fils qu'elle aurait tant aimé fredonner avec eux.

Avec le retour des communards proscrits, ne symbolisait-elle pas la romance du renouveau, de la jeunesse et de l'éternel printemps ?

Quand nous chanterons le temps des cerises,
Et gai rossignol, et merle moqueur
Seront tous en fête...
Les belles auront la folie en tête
Et les amoureux, du soleil au cœur !
Quand nous chanterons le temps des cerises
Sifflera bien mieux le merle moqueur.

J'aimerai toujours le temps des cerises,
C'est de ce temps-là que je garde au cœur
Une plaie ouverte !
Et dame Fortune en m'étant offerte
Ne pourra jamais fermer ma douleur...

Paulien détourna la tête, Marceau s'éloigna, comprit l'émotion qui enveloppait son père. De ce chant mélancolique, il ne voulait garder que la musique, le bercement vers un avenir meilleur.

Il était la jeunesse de la République, la projection vers un bonheur aux formes encore imprécises. Il pensa à son ami poète, qui avait fait éclater les barreaux de sa prison en composant des poèmes et des chansons.

Fils de l'invisible, vertige de ce ciel troué de cris et de prières, Marceau désirait ardemment fermer les plaies ouvertes, pour un nouveau voyage et d'autres lendemains.

Il allait prendre femme et, toujours, sa mère serait à ses côtés. Il fallait oublier le sang et les larmes et chanter en serrant des mains dans la nuit étoilée.

Révoltés de Décembre qui se donnent la main dans le ciel de nos rêves, hommes tout simplement, dont le souvenir se noie dans l'immensité de la terre et du ciel.

Là-bas, dans l'infini, brille une étoile, larme de solitude et d'éternité, que nous enfermons dans notre amour.

Annexe

SUR LES CHEMINS DE L'HISTOIRE

Source : A.D. Var 4 M 20/1

LA MORT DE MARTIN BIDOURÉ D'APRÈS UN JOURNAL D'ÉMIGRÉS

Nous avons déjà parlé de la mort du malheureux Martin de Barjols le jour de la surprise d'Aups, mais nous en avions ajourné les détails, jusqu'au moment où des renseignements précis, que nous refusait la réserve presque timorée des réfugiés français, nous seraient parvenus des localités mêmes où s'étaient passés les tristes événements que nous avons à raconter à nos lecteurs.

Ces renseignements, nous les avons reçus, et nous allons exposer les faits lugubres qu'ils nous ont appris.

Le brave et malheureux Martin fut rencontré sur la route d'Aups à Tourtour, et près de la première de ces localités, par l'avant-garde du corps de troupe dirigé contre les insurgés. Surpris à un détour de la route, Martin qui était à cheval chercha vainement à s'échapper et fut pris avant même d'avoir pu tourner bride. Amené devant M. le préfet Pastoureau qui était à quelque distance de là avec le gros de la troupe, Martin fut interrogé sur la route même par ce fonctionnaire sur les motifs qui le conduisaient d'Aups à Tourtour. C'est pendant cet interrogatoire que Martin fut interrompu par une balle qui ne l'atteignit pas à la poitrine comme nous l'avions dit d'abord mais bien à la figure. Cette balle sortait d'un des pistolets que Martin portait, que le préfet saisit et qu'il déchargea au même instant à bout portant sur Martin dont la figure était labourée et l'oreille emportée par le coup. Renversé de son cheval, le pauvre Martin fut aussitôt frappé de plusieurs coups de sabre par les gendarmes et par un gentilhomme de la commune du Luc qui ne craignit pas de teindre son épée du sang d'un adversaire couché par terre sans armes et sans connaissance. Dépouillé des papiers qu'il pouvait avoir, le corps de la victime fut poussé du pied jusque dans le fossé de la route où il fut abandonné comme à la voirie ; ainsi à devenir la pâture du premier animal affamé qui passerait par là.

Mais la providence en avait décidé autrement, elle voulut que la victime elle-même pût protester contre l'assassinat dont elle avait été l'objet. Après avoir resté plusieurs heures dans la situation où l'avaient laissé ses meurtriers, Martin reprit connaissance et trouva dans son énergique nature la force nécessaire pour se traîner jusqu'à une ferme voisine où il fut accueilli et reçut les premiers soins que son état réclamait. Aucune des blessures de la victime ne paraissait mortelle et son état ne s'aggravait pas, il put même lire ou faire écrire chez lui pour annoncer son prochain retour, mais le bruit s'étant répandu que tout individu qui donnerait asile à un insurgé serait puni comme l'insurgé lui-même, les fermiers qui avaient recueilli Martin craignant de se compromettre se décidèrent à aller prendre conseil de M. de la B... [1], propriétaire de la ferme, qui leur dit qu'il se chargeait de le faire conduire à l'hôpital.

En effet l'autorité d'Aups prévenue par M. de la B... s'empressa de faire arracher Martin à son lit de douleur le surlendemain de son arrivée à la ferme et de le faire traîner à l'hôpital. Mais là ne devait pas finir le drame si émouvant dont le brave Martin devait être victime et dès le lendemain de son entrée à l'hôpital il se vit de nouveau arraché de son lit et traîné à un nouveau supplice. On lui avait déjà annoncé qu'il était condamné à être fusillé et un ecclésiastique qu'il connaissait personnellement avait

1. D'après V. Fournier, M. de la Baume.

pu lui porter quelques paroles de consolation [1]. Pendant le trajet de l'hôpital au cimetière, où l'exécution devait avoir lieu, Martin rencontra plusieurs personnes de sa connaissance et à toutes il fit les adieux les plus affectueux et les plus touchants en s'écriant avec l'accent de la satisfaction qu'il allait verser son sang pour la démocratie mais que la République ne périrait pas affirmant même que sa cause triompherait en France à l'heure même où il allait mourir pour elle. Chemin faisant, il rencontra l'ecclésiastique qui l'avait déjà visité et il l'invita à l'assister dans ses derniers moments, ce qu'il s'empressa de faire.

Arrivé sur le lieu du supplice, Martin se prépare à mourir en pardonnant à ses ennemis et se place avec une héroïque résignation au poste qui lui est assigné pour y recevoir la mort qui semblait ne pas vouloir de la victime et protester par sa lenteur à venir contre l'acharnement si empressé de ses bourreaux. En effet Martin tombe bientôt frappé de plusieurs balles mais il se relève aussitôt sur ses deux mains et s'écrie : « Vous ne pouvez donc pas en finir, je ne suis pas mort ; tuez-moi donc, malheureux. » Et à l'instant un canon de fusil appliqué sur son oreille le délivre de tant de tortures mais il a encore la force de s'écrier avant de mourir : « Oh ! cette fois je suis bien mort, vous pouvez vous en aller... ! » et il tombe pour ne plus se relever. Nous n'ajouterons rien à l'éloquence de tant de sauvagerie. Echappé à un premier supplice le trop malheureux Martin devait en subir un second qui devait assurer son silence sur le premier épisode de ce double et horrible assassinat.

Mais le ciel a voulu que Martin pût raconter lui-même une partie de cette épouvantable histoire et que l'indignation publique complétât ce sombre et lugubre récit que l'atrocité des faits semble rendre incroyable.

Les détails que nous venons de donner sur la mort de Martin sont si monstrueux qu'ils paraissaient impossibles. Pourtant ils sont attestés par des personnes de la localité

1. D'après N. Blache, l'abbé Bonnet, curé de Vérignon, dont la sœur habitait Barjols, pays de Martin. Ferdinand Martin, dit Bidouré, était né à Barjols le 24 août 1825.

très bien informées de tout ce qui s'est passé. Néanmoins tout en reproduisant ces détails qui courent les rues et sont dans toutes les bouches à Nice comme de l'autre côté du Var, nous devons prévenir les personnes intéressées à relever certains de ces faits qui ne leur paraîtraient pas d'une complète exactitude que nous tenons nos colonnes à leur disposition. C'est avec bonheur, nous le déclarons, que nous insérerions les rectifications qui tendraient à donner à cette horrible affaire une couleur moins sombre.

On a fait circuler dans le département du Var une souscription dont le montant est destiné à offrir une épée d'honneur à M. Pastoureau. Les souscripteurs se trompent, c'est un pistolet qu'ils doivent voter à l'ex-préfet du Var, aujourd'hui préfet du Lot, en commémoration expiatoire de l'assassinat de Martin.

Article du 8 juin, *L'Echo du Peuple* n° 7.

ROLE DES SOCIÉTÉS SECRÈTES DANS LA RÉSISTANCE AU COUP D'ÉTAT DE DÉCEMBRE 1851 [1]

Ce rôle décisif joué par les sociétés secrètes explique que le mouvement insurrectionnel, bien organisé à la base, ait été si mal coordonné au sommet. C'est une conséquence de la provincialisation du parti montagnard et de ses sociétés, ainsi que l'échec partiel des tentatives d'unification de Gent et de ses amis, dont le souvenir reste vivant dans la région en décembre 1851. Les députés montagnards de la région alpine — le fait est symptomatique — n'ont aucune part de responsabilité dans les mouvements insurrectionnels locaux : les décisions ont été prises à l'échelon départemental sinon dans un cadre encore plus restreint. Dans les Basses-Alpes, les événements de décembre prouvent que l'œuvre de Langomazino et Gent s'est maintenue intacte, dans le cadre départemental, après leur arrestation : la société de la Nouvelle Montagne apparaît fort bien organisée, avec des chefs communaux, cantonaux, sans doute des comités d'arrondissement, et un comité départemental qui est à l'origine du comité de résistance constitué à Digne le 7 décembre. Dans le Vaucluse, en revanche, l'existence de plusieurs organisations occultes, et les rivalités virulentes existant entre les chefs républicains, ont fait que les

1. Extrait de l'ouvrage de Philippe Vigier : *La Seconde République dans la Région alpine* (O.C.).

décisions n'ont pu être prises à l'échelon départemental ; elles sont dues à l'initiative des chefs locaux — d'où le décalage constaté entre les mouvements insurrectionnels des arrondissements d'Orange et d'Apt.

La Drôme présente un cas intermédiaire. La Nouvelle Montagne y est, comme dans les Basses-Alpes, la principale organisation occulte, constituée dans le cadre départemental. Mais, si l'on en croit E. Ténot — dont le récit semble, en ce qui concerne la Drôme, emprunté aux meilleures sources —, « le président du comité directeur », nommé à la suite d'obscures intrigues, était « un jeune homme sans influence, d'une intelligence et d'une énergie fort ordinaires ». L'instruction révèle en effet son attitude hésitante durant ces journées critiques ; déconcerté sans doute par le calme régnant à Lyon et à Marseille, il multiplie ordres et contrordres, se montre incapable de coordonner l'action des insurgés drômois. Ténot peut conclure : « Ce qui fit le salut de l'autorité dans la Drôme fut ce qui devait assurer le succès de l'insurrection, c'est-à-dire l'organisation secrète », cette organisation qui permet seule d'expliquer, ici comme partout, la façon dont la région alpine a réagi à la nouvelle du coup d'Etat.

Source : A.D. Var 4U4/195.

RÈGLEMENT D'UNE CHAMBRÉE DU VAR

Article Premier : Aucun individu ne pourra faire partie de la société ni être inscrit sur le catalogue sans au préalable que ses nom et prénoms aient resté affichés dans le lieu ordinaire pendant huit jours consécutifs, et si pendant ce délai ses nom et prénoms n'ont pas été enlevés, il sera admis à la société.

Article Second : Tout sociétaire sera obligé de faire à son tour le service de la société, de la tenir propre, de servir ses confrères, proprement, honnêtement ouvrir la chambre après son souper, de faire attention de tenir ses comptes en règle, et d'en rendre les comptes exacts après ses huit jours passés au trésorier, dans le cas qu'il ne rendrait point ses comptes exacts comme il est dit ci-dessus, il sera exclu de la société.

Article Trois : Le sociétaire qui sera de semaine est obligé en donnant la clef à son successeur de ne laisser aucune dette, et tout sociétaire qui fera des dettes qui ne les acquittera pas dans huit jours sera aussi exclu.

Article Quatre : Tout sociétaire évitera de faire du bruit, et de chercher des disputes à ses confrères, dans le cas que deux sociétaires eussent quelque difficulté parmi eux, c'est à leurs confrères à les faire arranger amicalement et de leur faire imposer silence, si toutefois ils voulaient persister et que cela leur arrivât quelquefois ils seraient exclus de la société.

Article Cinq : Tout sociétaire qui ne voudra plus faire partie de la société, ou qui sera exclu par sa mauvaise conduite, n'aura rien à réclamer à la société, d'aucune manière que ce soit.

Article Six : Tout sociétaire qui se permettra d'aller redire ce qui se sera dit, et ce qui se sera fait dans la société, qui lui sera prouvé, sera aussi exclu.

Article Sept : Le trésorier sera obligé de présenter ses comptes à la société toutes les fois qu'elle le jugera nécessaire, pour voir s'ils sont en règle. Tous les trois mois le président, le trésorier et le secrétaire de la société seront renouvelés, et mis à la pluralité des voix ; les mêmes pourront continuer leurs fonctions s'ils obtiennent l'unanimité des suffrages.

Article Huit : Le jeu de hasard appelé Vendôme est totalement défendu dans la société.

RÉVOLTE DE DÉCEMBRE 1851
DANS LES BASSES-ALPES

Entrée des insurgés à Digne relatée par un témoin :

« Malgré la fatigue tous ces paysans avaient le visage épanoui en accomplissant leur devoir. Ils avaient pour la population des paroles rassurantes. Ils caressaient de la main les enfants de la rue qui leur demandaient à porter leur fusil, puis ils reprenaient en chœur le refrain de *la Marseillaise*... La blouse bleue était le vêtement du plus grand nombre, mais la diversité des costumes n'en était pas moins étrange. Les uns, surpris au moment du labourage, avaient pris, qui un vieux fusil, qui une fourche, et avaient suivi les autres avec la grosse bure fauve qu'ils portaient en travaillant. Les autres avaient soit un pantalon rouge, soit une veste de soldat s'arrêtant à la taille, ramenés jadis du régiment où ils avaient fait leur "congé". D'autres, qui avaient aidé à s'emparer de quelque gendarmerie, portaient des vestons noirs, dont les aiguillettes et les parements blancs avaient été en partie arrachés. Les contingents des sous-préfectures, Sisteron et Forcalquier, se remarquaient à leurs costumes noirs disparates. Leurs chefs laissaient voir parfois leur redingote noire sous la blouse et dominaient la foule avec leur chapeau haut de forme. Ceux-là on les reconnaissait presque tous.

» Ils saluaient de la main ou d'un sourire ceux de leurs

amis qui, au milieu de la population de Digne, faisaient la haie de chaque côté du boulevard... Parmi les coiffures les plus diverses ornées de rubans rouges ou tricolores, un grand oiseau tout rouge, naturalisé, perché sur le feutre gris d'un paysan, attirait les yeux. J'ai retrouvé la scène peinte par le peintre Victor Camouin, *l'Homme à l'oiseau rouge*. »

RÉVOLTE DE DÉCEMBRE 1851
DANS LA DROME

relatée par l'abbé Becque, prisonnier et otage des insurgés lors de l'attaque de Crest

A Crest, devant le soulèvement des paysans républicains, les autorités ont fortifié la ville. Dans la campagne, les tocsins sonnent du 3 au 6 décembre et rassemblent près de deux mille paysans qui donnent l'assaut à la cité. Dans le village de Grane, l'abbé Becque, dans un récit, présente les paysans armés de fusils, de coutelas, de fourches, de broches et de faux renversées, prêts à se joindre aux autres insurgés :

« A l'arrivée au Champ-de-Mars, j'y vis un attroupement de 6 à 700 hommes, dont la plupart armés et leurs faces horribles à voir. Je fus grandement étonné d'y trouver tant d'hommes jadis bons et paisibles, mais les mauvais traitements qu'ils reçurent plus tard m'apprirent que la violence et la force les y avaient conduits. Les moins suspects avaient conservé leurs armes et s'en seraient servis contre les villes afin d'échapper à la mort... Le chef parcourait le recensement de la population pour envoyer à la recherche de ceux qui avaient échappé. L'ordre du départ fut commandé ; mais il ne fit aucune impression sur cette horde qui ne savait comment obéir...

» La nuit tombe, le froid vient, les attroupés s'échauffent

en chantant *la Marseillaise* et *la Montagne*. Arrivés devant Crest, les otages, au nombre d'une trentaine, sont placés en tête. A vingt-cinq pas des barricades édifiées par les soldats à la sortie du pont, une sentinelle crie : “ Qui vive ? ” Les insurgés répondent : “ La Montagne... ” Après des sommations réciproques, les soldats tirent et les insurgés se débandent. Dans le désordre et l'obscurité, les otages réussissent à s'esquiver et à se cacher dans des maisons de tanneurs le long de la Drôme. Le lendemain, dimanche 7, les insurgés venus de huit communes attaquent de nouveau. La bataille dure plus de quatre heures. Quand les républicains se résignent à la retraite, ils laissent derrière eux une centaine de morts. »

LE CHANT DES PAYSANS

1

Quand apparut la République
Dans les éclairs de février,
Tenant en main sa longue pique,
La France fut comme un brasier :
Dans nos vallons et sur nos cimes
Verdit l'arbre de liberté ;
Mais les quarante-cinq centimes
Et juin plus tard ont tout gâté.

Oh ! quand viendra la belle ?
Voilà des mille et des cents ans
Que Jean Guêtré t'appelle,
République des paysans ! (bis)

2

Mais ce beau feu s'écroule en cendres ;
Le diable en passant l'a soufflé,
Le crédit n'a fait que descendre,
Et l'ouvrage est ensorcelé ;
La souffrance a fait prendre en grippe
La jeune Révolution
Comme le vieux Louis-Philippe,
Et nous nommons Napoléon.
Oh ! quand, etc.

3

Napoléon est sur son siège,
Non point l'ancien, mais un nouveau
Qui laisse les blés sous la neige
Et les loups manger son troupeau.
Quand l'aigle noir fond sur tes plaines,
Terre d'Arcole et de Lodi,
Il se tient coi... dedans ses veines
Le sang du Corse est refroidi.
Oh! quand, etc.

4

Que va donc devenir la France,
Si rien n'en sort à ce moment
Où le cri de l'indépendance
Nous appelle au grand armement?
Soldats, citadins, faites place
Aux paysans sous vos drapeaux;
Nous allons nous lever en masse
Avec les fourches et les faux.
Oh! quand, etc.

5

Les noirs et les blancs sans vergogne
Voudraient nous mener sur Paris,
Pour en faire une autre Pologne,
Et nous atteler aux débris:
A bas les menteurs et les traîtres
Les tyrans et les usuriers!
Les paysans seront les maîtres,
Unis avec les ouvriers.
Oh! quand, etc.

6

La terre va briser ses chaînes,
La misère a fini son bail ;
Les monts, les vallons et les plaines
Vont engendrer par le travail.
Affamés, venez tous en foule
Comme les mouches sur le thym ;
Les blés sont mûrs, le pressoir coule :
Voilà du pain, voilà du vin !

Oh ! quand viendra la belle ?
Voilà des mille et des cents ans
Que Jean Guêtré t'appelle,
République des paysans ! (bis)

Qui travaille la terre ? c'est bien toi. Qui souffre la misère ? toujours toi. Quand le soleil se lève, que le riche est au lit, qui travaille dans les champs ? c'est bien toi, paysan !

Qui travaille la vigne ? c'est bien toi. Le soleil sur le dos ? toujours toi. De vin tu n'en tâtes guère ; mais qui fait tous les ans, le vin rouge et le vin blanc ? c'est bien toi, paysan !

Qui va à la frontière ? c'est bien toi. Qui fait trembler la terre ? toujours toi. Quand le drapeau se lève, et qu'on crie : « En avant ! », qui marche en galopant ? c'est bien toi, paysan !

MARSEILLAISE DES PAYSANS

par M. Chaulanges[1]

Qu trabalha la terra ?
Qu'oi be tu.
Qu sefre la misera ?
Toutjourn tu.
Quan lou soulelh se leva,
Que lou riche es sur lou flan,
Qu trabalha dinz lous cham ?
Qu'oi be tu, païsan !

Qu trabalha la vinha ?
Qu'oi be tu.
Lou soulelh sus l'eschina ?
Toutjourn tu.
De vi n'en tasta gaire ;
Mas qu faï touz lous ans,
Lou vi routge e lou vi blanc ?
Qu'oi be tu, païsan !

Qu vai a la frountiera,
Qu'oi be tu
Qu fai trambla la terra ?
Toutjourn tu.
Quan lou drapel se leva,
E qu credon : « En avan ! »
E qu marcha en galoupan ?
Qu'oi be tu, païsan !

1. Voir R. Brécy, *Florilège de la chanson révolutionnaire*, Editions Hier et Demain.

DOCUMENTS

extraits des Archives du département du Var,
recueillis par M. Michel Bellenfant
G.R.D.P. de Nice

Habitants du Var,

Vous allez exercer l'acte le plus solennellement souverain qui ait jamais été demandé à un peuple !

Le OUI que vous allez déposer dans l'urne renferme la fortune, la gloire, l'existence même de notre France, le bonheur, la paix de vos familles ; le bien-être, l'honneur de chacun de vous !

Et, ne l'oubliez pas !

Ceux qui vous diraient de voter NON, ce ne seraient pas des adversaires politiques ; ce seraient les hommes que répudient tous les partis honorables ; ce seraient les hommes qui appellent sur le pays le désordre et l'anarchie, qui sympathisent avec ceux qui ont naguère promené l'assassinat, l'incendie et le vol à Cuers, au Luc, à Vidauban, à Lorgues, à Aups ! ce seraient ceux qui ont insulté vos femmes, enlevé, maltraité tant d'honorables citoyens, qu'un bonheur providentiel nous a permis d'arracher à la mort ; ce seraient ceux qui convoitent vos épargnes, l'héritage de vos enfants ; ceux qui, au jour de leur triomphe, ne connaîtraient d'autres règles que leurs passions, d'autres lois qu'un effroyable brigandage !

Soyez donc bien avertis !
Sauvez la France, sauvez-vous vous-mêmes !
Vous le pouvez, vous le voulez !
Vous voterez OUI !

Fait à Draguignan, en l'hôtel de la préfecture,
le 18 décembre 1851.

Le préfet du Var,
T. PASTOUREAU.

Source : A.D. Var 2 M 1/3

LE PLÉBISCITE DES 20 ET 21 DÉCEMBRE 1851

En dehors de quelques communes dispersées à travers le département, des résultats détaillés existent pour l'arrondissement de Toulon, les cantons de La Roquebrussane, Saint-Tropez et Grimaud (sauf Sainte-Maxime). Tout cela forme un bloc de 44 communes, c'est-à-dire pratiquement 1/3 des communes du Var de 1851 ; il était donc possible d'en dresser une carte [1].

En raison des pressions de l'administration et du parti de l'ordre, compte tenu du fait que le vote n'était pas secret, le nombre des NON est très faible, sauf à Toulon, La Seyne et La Roquebrussane. Mais beaucoup d'électeurs ne se sont pas dérangés : conditions climatiques, abstentionnisme habituel, emprisonnements, mais aussi refus de participer à ce qui devait apparaître à certains comme une mascarade politique.

La carte représente le pourcentage des approbateurs du coup d'Etat par rapport au nombre total des électeurs inscrits : c'est, pour ainsi dire, un « négatif » de l'opposition.

Il sera instructif de comparer cette carte avec celle des élections de 1849, avec la marche des colonnes de répression, et peut-être aussi avec le relief et la végétation.

1. Carte incluse dans *Le coup d'Etat du 2 décembre 1851 dans le département du Var*, C.R.D.P., Nice, 1978.

Source : Actes de la préfecture, année 1851, n° 28.

LE DÉSARMEMENT DE LA POPULATION

Arrêté

Nous, préfet du Var,

Vu l'arrêté de M. le général commandant l'état de siège du département du Var, en date du 12 décembre 1851, qui ordonne le désarmement général des habitants ;

Vu la lettre de M. le général qui subordonne à notre appréciation l'exécution dudit arrêté dans les diverses communes du département ;

Considérant que, dans les communes où le désarmement est en cours d'exécution, les habitants opposent aux réquisitions de l'autorité une résistance passive, en ce sens qu'ils refusent ou négligent d'apporter dans les dépôts indiqués les armes dont ils sont détenteurs ;

Considérant que cette résistance est coupable ; qu'elle oblige l'autorité civile et militaire à consacrer un temps précieux à faire des visites domiciliaires ; qu'il importe, par conséquent, de la faire cesser ;

Considérant que tous les bons citoyens doivent s'empresser de faciliter l'exécution des mesures commandées par les circonstances ; que les entraves et les difficultés dont les autorités ont à se plaindre ne peuvent leur être suscitées que par les hommes qui ont trempé dans l'insurrection ou qui prêtent aide et concours à ses auteurs ;

Avons arrêté :

Article premier. Dans toutes les communes du département où le désarmement sera ordonné par l'autorité compétente, les habitants seront prévenus de cette mesure par des annonces publiques et seront en même temps mis en demeure d'apporter ou faire déposer, dans les lieux indiqués par l'autorité, les armes de guerre et autres qui seront en leur possession.

Article 2. Un délai de vingt-quatre heures sera accordé pour effectuer cette remise.

Article 3. Tout individu qui, après le délai fixé par l'article 2, sera trouvé porteur ou détenteur d'une arme quelconque, sera, par suite de la constatation seule de ce fait, mis en état d'arrestation et livré à l'autorité militaire.

Article 4. Le présent arrêté sera publié et affiché dans toutes les communes du département.

Les autorités civiles et militaires sont chargées de son exécution.

Fait à Draguignan, en l'hôtel de la préfecture,
le 24 décembre 1851.

T. PASTOUREAU.

Cet arrêté est reproduit dans Le Moniteur universel, *n° 2, du 2 janvier 1852.*

Source : Actes de la préfecture, année 1852, n° 1.

SUPPRESSION DES INSCRIPTIONS RÉPUBLICAINES

Circulaire à MM. les maires pour faire disparaître les emblèmes révolutionnaires

Draguignan, le 10 janvier 1852

Messieurs,

Les emblèmes les plus respectables perdent ce caractère quand ils ne rappellent que de mauvais jours. Ainsi, ces trois mots : liberté, égalité, fraternité forment par eux-mêmes une touchante devise ; mais, comme on ne les a vus paraître qu'à des époques de troubles et de guerre civile, leur inscription grossière sur nos édifices publics attriste et inquiète les passants.

Je vous prie, en conséquence, de donner des ordres pour faire effacer, sans retard, cet emblème sur tous les édifices publics de votre commune où il pourrait se trouver.

Recevez, etc.

Le préfet du Var :
T. PASTOUREAU.

Source : Actes de la préfecture, année 1852, n° 2.

CIRCULAIRE SUR LA FERMETURE DES CHAMBRÉES

Circulaire à MM. les sous-préfets, les juges de paix, les maires, officiers de gendarmerie et commissaires de police

Draguignan, le 19 janvier 1852

Messieurs,

Vous avez eu connaissance de l'arrêté en date du 12 décembre dernier, de M. le général commandant l'état de siège du département, qui prescrit la fermeture de toutes les sociétés et réunions connues sous le nom de chambrées. Je reçois, de plusieurs communes, des sollicitations ayant pour but d'obtenir, sous divers prétextes, la réouverture de quelques-uns de ces établissements désignés sous les noms divers de sociétés de bienfaisance, chambrées, cercles, réunions, etc. J'ai résolu de ne faire droit à aucune de ces demandes, sans distinction ni exception.

Cette décision, que je n'ai prise qu'après de mûres réflexions, aura pour résultat de modifier profondément les habitudes de vos administrés. Je tiens, par conséquent, à vous faire connaître les motifs qui m'ont déterminé ; je suis convaincu que vous les partagerez et que vous emploierez votre légitime influence à en faire apprécier, dans vos communes, la haute gravité.

Les chambrées ont produit dans ce département des effets extrêmement pernicieux; composées presque exclusivement d'ouvriers et d'agriculteurs, c'est-à-dire d'hommes voués à un travail pénible et quotidien, elles ont eu pour première conséquence de porter une déplorable atteinte aux habitudes laborieuses de cette population.

Il est facile, en effet, de comprendre que l'homme dont un travail rude et assidu a fatigué le corps pendant tout le jour, a besoin, pour se préparer aux labeurs du lendemain, d'un repos suffisamment prolongé et réparateur; aussi, partout, le cultivateur est-il dans l'usage de se livrer au sommeil immédiatement après le repas du soir.

Comment, à la suite d'une journée de fatigue, celui qui prolonge la veille pendant les longues heures de la chambrée, pourrait-il le lendemain apporter à ses travaux cette ardeur laborieuse qui est la gloire et l'honneur de l'ouvrier?

La chambrée détruit donc progressivement les habitudes de travail et les forces de l'homme.

Envisagées au point de vue moral, les chambrées ont produit des effets bien plus fâcheux encore.

L'ouvrier doit à son travail toutes ses forces, toutes ses heures; c'est à cette condition qu'il peut assurer honorablement l'existence de sa famille; constamment préoccupé de ce soin respectable, il a peu cultivé son esprit, le temps lui a manqué pour apprendre. Mais Dieu a placé près de lui un enseignement providentiel: c'est la famille qui le lui offre. C'est à son foyer, le soir, après le travail, au milieu de sa femme et de ses enfants, que l'ouvrier doit chercher ses jouissances, ses consolations, sa force; c'est là qu'il se moralise, qu'il apprend à devenir bon, honnête, affectueux: sublime loi de la Providence qui a voulu que l'homme trouvât le bonheur et se formât à la morale, dans le sein même de sa famille, dont l'existence lui coûte tant de fatigues et tant de sueur!

L'ouvrier qui ne donne pas à son intérieur les moments de repos qui s'écoulent entre l'heure du travail et celle du sommeil devient bientôt étranger aux sollicitudes de la famille; le funeste usage de la chambrée lui fait perdre promptement le sentiment de tous ses devoirs; la tendresse du père et de l'époux fait place aux plus tristes passions, et le prix de son travail, employé à les satisfaire, n'apporte plus la joie et l'aisance à son foyer.

Demandez aux honnêtes mères de famille combien de privations et de larmes leur ont coûtées les veillées de la chambrée !

Vous échappez à peine à une crise terrible suscitée par la démagogie ; savez-vous pourquoi votre département était devenu la proie de toutes les passions anarchiques, le théâtre de cette immense conspiration contre notre état social ? Serait-ce donc la misère qui aurait été l'inspiratrice de l'insurrection ? Grâce à Dieu, vous le savez, le Var est peut-être le département qui en renferme le moins. Votre sol est riche, votre climat favorisé entre tous : le travail ne manque à aucun et en aucun temps, son prix rémunérateur est plus élevé que nulle autre part.

Ces crimes qui ont jeté la consternation parmi vous, n'en cherchez la cause que dans les chambrées. C'est dans ces réunions que les agitateurs et les ambitieux de bas étage ont semé leurs funestes doctrines ; la famille ne leur eût pas livré son foyer ; c'est la chambrée qui leur a donné des auditeurs ; ils en ont facilement fait des sectaires et des victimes.

L'autorité ne permettra pas que ces excitations puissent se reproduire ; qu'elles en trouvent la facilité.

Les chambrées ne seront plus rouvertes.

Je fais appel à votre concours ; faites comprendre à tous que ces réunions quotidiennes sont incompatibles avec l'existence et les devoirs de l'ouvrier honnête et laborieux ; les bons vous remercieront bientôt de les avoir rendus à la vie de famille ; quant aux pervers, nous leur aurons arraché une arme puissante pour faire le mal.

Vous avez donc, messieurs, à veiller attentivement à ce qu'aucune infraction ne soit commise à l'arrêté du 12 décembre, et vous me signaleriez sans retard toutes celles qui pourraient se produire. Les coupables seraient sévèrement punis.

Recevez, etc.

Le préfet du Var :
T. PASTOUREAU.

Source : *Le Moniteur universel*, n° 29, 29 janvier 1852, page 154, 1re colonne.

CONSÉQUENCES ÉCONOMIQUES DE LA RÉPRESSION

On écrit de Marseille le 24 janvier : Il y a maintenant des communes du Var et des Basses-Alpes où le nombre des insurgés, et par conséquent des incarcérés, est si considérable, que les bras manquent pour les travaux des champs. La plupart de ces hommes, appartenant à la dernière classe des paysans, à la catégorie des terrassiers que les propriétaires emploient pour les travaux les plus pénibles, il y a dans certains lieux impossibilité de les remplacer.

Cela ne sera que momentané, sans doute ; mais provisoirement beaucoup de travaux demeurent suspendus. On voit même dans certaines propriétés les olives restées sur l'arbre, faute de bras pour les cueillir. Si l'on ajoute à la cessation des gains que le paysan apportait à sa famille les sacrifices de divers genres résultant de l'emprisonnement, on sera effrayé du total des misères que l'insurrection traîne à sa suite, alors surtout qu'elle s'est généralisée. Pour comble de disgrâce, les familles des fugitifs viennent d'être soumises au régime des garnisaires ; ainsi l'ordonne un arrêté du général Levaillant, commandant l'état de siège dans le Var...

Source : A.D. Var 4 M 22

LE DÉSARMEMENT DE LA POPULATION : PROTESTATIONS

Extrait des registres de délibérations
du conseil municipal de Villecroze
Séance du 20 février 1853

Le conseil municipal de la commune de Villecroze, réuni ce jourd'hui 20 février mil huit cent cinquante-trois dans le lieu ordinaire de ses séances, présents MM. Serre, Cotte, Gassin Jacques, Gassin Louis, Autran, Maunier, Hugolin, Guers, Pons, Malbec et Miollis, maire.

La séance ouverte, le maire a fait connaître au conseil les différentes réclamations qu'il reçoit journellement des habitants de cette commune, tendant à la restitution des armes qu'ils ont spontanément apportées sur un ordre émané de l'autorité supérieure, d'en faire le dépôt entre les mains de l'autorité locale.

Monsieur le maire exprime ensuite ses regrets sur la reddition de ces armes qui servent à la sûreté de la plupart des habitants de la campagne et qui sont la propriété exclusive de ceux à qui elles ont été enlevées ; il témoigne, en même temps, son vif désir qu'elles soient rendues aux propriétaires bien famés qui n'ont jamais cherché à en faire mauvais usage et qui, par leur conduite exempte de tous reproches, méritent cette faveur.

Le conseil municipal, considérant que toute arme doit être rendue à son propriétaire, lorsque la conduite de l'individu n'est pas en opposition avec la loi, et lorsqu'il a toujours manifesté des sentiments d'ordre et d'équité,

Délibère à l'unanimité, que copie de la présente délibération sera adressée à monsieur le préfet du Var, pour qu'il veuille accueillir la juste demande des habitants de Villecroze et leur faire rendre les armes qu'ils avaient déposées entre les mains de l'autorité locale.

Fait à Villecroze les jour, mois et an susdits. Signé, Serre, Cotte, Gassin Jacques, Gassin Louis, Autran, Maunier, Hugolin, Guers, Pons, Malbec, et Miollis, maire.

Pour copie conforme,
le maire : MIOLLIS.

Draguignan, le 1er mars 1853

Monsieur le maire de Villecroze,

Le conseil municipal de votre commune m'a adressé copie de la délibération qu'il a prise le 20 courant, dans le but de me demander la restitution des armes déposées en décembre 1851.

Veuillez, je vous prie, lui faire connaître qu'il est probable qu'un travail général sera fait pour la reddition de toutes les armes placées dans cette catégorie ; mais qu'il m'est, jusqu'alors, impossible d'accéder à sa demande.

(Brouillon de la réponse du préfet)

TABLE

ACHEVÉ D'IMPRIMER
SUR LES PRESSES
DE L'IMPRIMERIE S.E.G.
33, RUE BÉRANGER
CHATILLON-SOUS-BAGNEUX
POUR LES PRESSES DE LA
CITÉ 8, RUE GARANCIÈRE,
75006 PARIS

Dépôt légal : janvier 1990
Numéro d'impression : 4582